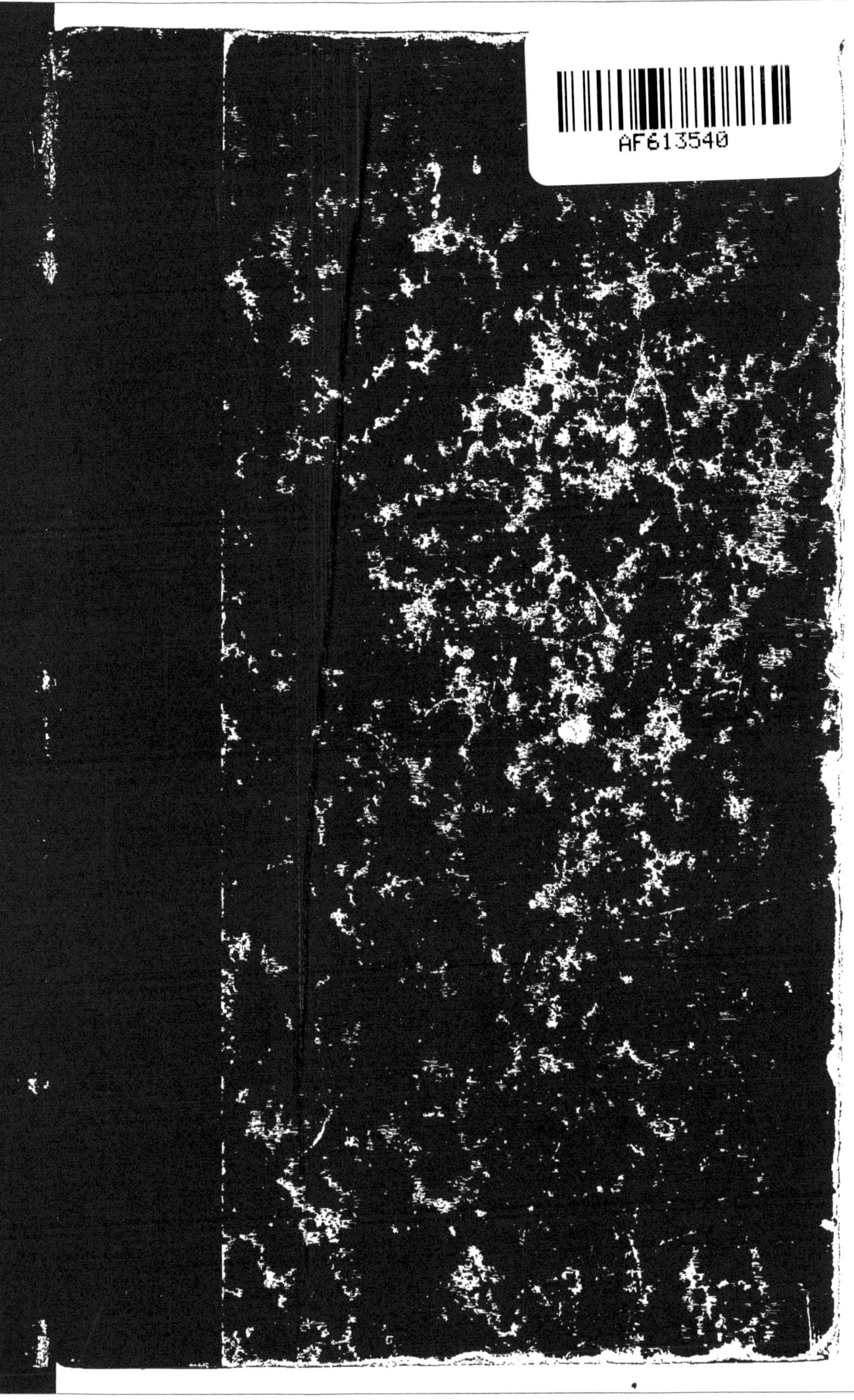

PROLÉGOMÈNES

DE

L'HISTOIRE DES RELIGIONS

OUVRAGES DU MÊME AUTEUR

Essais de critique religieuse. L'Église chrétienne aux deux premiers siècles. — L'épître de Clément Romain. — Néron l'antéchrist. — De l'histoire du dogme. — Le Cantique des Cantiques. — La Légende aux bords du Rhin. — Curiosités théologiques. — Renaissance des études religieuses en France. — Nouvelle édition. 1 vol. in-8. .... 7 fr.

Études critiques sur l'Évangile selon saint Matthieu. 1 vol. in-8. (Épuisé)................................ 25 fr.

Histoire du dogme de la Divinité de Jésus-Christ. 1. vol. in-12.. 2 fr. 50

De la Rédemption. Études historiques et dogmatiques. 1 vol. in-8 .... 1 fr. 50

La Résurrection de Jésus-Christ. Conférence donnée à Neuchâtel, au Temple du Bas, le 22 avril 1869. In-18........ 50 c.

Réponse aux partisans de la Résurrection ou contre-notes à propos du supplément de la brochure de M. le professeur Godet, intitulée l'Hypothèse des visions. In-18................ 25 c.

L'Enseignement de Jésus-Christ comparé à celui de ses Disciples. In-12.................................. 1 fr.

X **La Vie de Jésus de M. Renan devant les orthodoxies et devant la critique.** 2e édition. In-8............... 1 fr. 50

Théodore Parker, sa vie et ses œuvres. Un chapitre de l'Histoire de l'abolition de l'esclavage aux États-Unis. 1 vol. in-12 .... 3 fr. 50

Manuel d'instruction religieuse. 2e édit. 1 vol. in-8. 2 fr.

Quatre conférences sur le christianisme prêchées à Strasbourg, à Nîmes, à Montpellier, à Montauban, à Clairac et dans plusieurs autres Églises réformées du midi de la France. In-8. 1 fr. 50

Douze sermons. 1 vol. in-8 avec portrait............ 6 fr. 50

Le sel de la Terre. Sermon prêché en 1864 dans plusieurs Églises réformées de Hollande et de France, et qui n'a pu l'être à Genève ni à Paris (même année). Seconde édition. In-8.......... .. 50 c.

Notre christianisme et notre bon droit. Trois lettres à M. le pasteur Poulain au sujet de sa critique de la Théologie moderne. In-8 .... 1 fr. 50

Le major Frans. Scènes de la vie néerlandaise. Réduction d'après madame Bosboom-Toussaint. 1 vol. in-12............ 2 fr. 50

Leçon d'ouverture du Cours d'Histoire des Religions au Collège de France. Brochure in-8....................... 1 fr.

PROLÉGOMÈNES

DE

L'HISTOIRE DES RELIGIONS

PAR

A. RÉVILLE

PROFESSEUR AU COLLÈGE DE FRANCE

PARIS

G. FISCHBACHER, ÉDITEUR

33, RUE DE SEINE, 33

—

1881

Libourne. — Jules STEEG, imprimeur.

AVANT-PROPOS

Ce livre est la reproduction, sous forme condensée, des leçons que j'ai faites au Collège de France pendant quelques mois du printemps et de l'été derniers. Je ne les reproduis pas littéralement, *in extenso*, parce qu'il me semble que les mêmes formes qui conviennent à la leçon orale ne conviennent pas au livre. Ce que le professeur dit dans la première, pour tâcher d'être clair et bien compris de ses auditeurs, dégénère dans le livre en redondance et en prolixité. La lecture permet plus de réflexion que l'audition, elle exige aussi plus de rapidité dans les développements.

Je n'ai pas non plus la prétention d'avoir épuisé dans ces quelques chapitres tout ce qui aurait pu rentrer dans une introduction générale à l'histoire des religions. Il est des sujets, que ceux qui sont au courant de ce genre d'études indiqueraient sans peine, qui ne sont pas même abordés, parce que, plus tard seulement, ils pourront l'être utilement. Au début d'un cours, où les forces manqueront plus vite au professeur que les matières à traiter, j'ai voulu simplement réunir les données et les appréciations les plus nécessaires à ceux qui voudront le suivre avec quelque fruit. C'est un répertoire auquel plus d'une fois il me sera permis de référer pour ne pas allonger la route par des répétitions ou des digressions fatigantes. Plus d'un malentendu sera par la suite évité par cet exposé des principes et de la tendance qui dirigent mes recherches sur un domaine où les confusions d'idées et de mots sont aussi faciles que fréquentes. J'ose espérer qu'à défaut d'autre mérite, on y trouvera la marque de l'esprit strictement scientifique qui doit présider à un tel genre d'études. Je ne considère pas comme contraire à cet esprit la sympathie très réelle que je professe ouvertement pour leur objet. Je crois, au contraire, que l'amour de la religion en soi, comme l'amour de la nature au naturaliste, comme l'amour de l'art au théoricien du beau, est indispensable à l'historien des religions. Ces divers amours ne combattent pas, au contraire, ils nourrissent et inspirent l'amour de la vérité.

Paris, novembre 1880.

ALBERT RÉVILLE.

PROLÉGOMÈNES

DE

L'HISTOIRE DES RELIGIONS

PREMIÈRE PARTIE

I

LA RELIGION

A — L'ANTIQUITÉ ET LE MOYEN-AGE

La religion est peut-être de tous les objets d'étude celui qui a le plus à souffrir des malentendus. Il n'en est pas dont on s'entretienne plus souvent sans posséder les connaissances positives élémentaires qui pourtant seraient indispensables à la compétence du jugement. Il est des esprits par centaines de milliers pour qui les termes « religion, christianisme, catholicisme, théologie », sont tellement synonymes qu'ils emploient indifféremment les uns pour les autres. La religion est un de ces domaines où l'on confond à chaque instant l'accident et la substance, l'accessoire et l'essentiel. On étend à l'humanité ce qui n'est vrai que d'une fraction et à l'éternité ce qui n'a lieu qu'en un moment de la durée.

De là la nécessité, avant d'entreprendre la tâche historique dont nous sommes chargé, d'une sorte d'introduction générale, destinée à nous orienter dans notre long voyage en précisant des notions et des termes dont la valeur est loin d'être suffisamment connue. Nous procéderons de la surface au centre pour revenir du centre à la surface et déterminer avec plus d'assurance le sens et la portée de certains phénomènes généraux qui se présentaient à nous dès l'abord, mais qu'il était impossible de bien comprendre détachés de leur tronc commun.

La première chose qui frappe, lorsqu'on porte les yeux sur une carte religieuse de notre globe, c'est la multiplicité et la diversité des religions. Croyances, rites, préceptes moraux ou simplement d'observance religieuse ; fétichisme, animisme, polythéisme, dualisme, monothéisme, panthéisme ; obligations rituelles allant du crime à l'héroïsme, de la prostitution à la pureté immaculée, de l'immolation cruelle des autres au sacrifice complet de soi-même, tout, principes et formes, fait au premier abord l'effet d'un mélange confus de phénomènes disparates auquel il semble téméraire d'assigner d'avance un principe commun quelconque.

Il y a plus. On peut poser en règle ordinaire que rien n'est tenace comme une religion, rien ne défie avec plus d'opiniâtreté les proscriptions et les essais d'extirpation, rien ne résiste avec plus de constance aux démentis eux-mêmes de la réalité palpable. Il y en a dans l'histoire des exemples presque effrayants. Cependant le nombre des religions éteintes ou disparues est grand aussi. Le bouddhisme, après avoir été pendant des siècles la religion populaire et officielle de l'Hindoustan, en a été éliminé assez promptement à partir d'un certain moment et, semble-t-il, sans que des persécutions très violentes aient été dirigées contre ses sectateurs. La grande religion de Zoroastre, l'une des plus belles et des plus intéressantes de l'antiquité, ne compte plus aujourd'hui que quelques centaines de professants à la veille de disparaître. En France, notre histoire religieuse compte au moins quatre étages superposés, la vieille religion du sol, sur laquelle s'étendit le mystérieux druidisme ; puis la religion des conquérants qui absorba l'une et proscrivit l'autre ; enfin le christianisme, point de départ à son tour d'évolutions nouvelles. Les mythologies gréco-romaine, germanique, scandinave, les polythéismes sémitiques de Ninive, de Babylone, de Byblos, de Tyr et de Carthage, l'opulent panthéon de la vieille Égypte, la religion solaire des Incas, tout cela est mort, mort pour toujours. Et nous pourrions ajouter à cette liste funèbre d'autres noms moins connus. De sorte que les religions nous présentent ce double phénomène d'une vitalité qu'on pourrait croire indestructible et d'une caducité qui mainte fois aboutit au néant. Nous aurons plus tard à démêler les raisons cachées de ce phénomène contradictoire ; nous nous bornons en ce moment à relever un fait qui emprunte précisément à cette contradiction un relief très prononcé.

Ce fait, c'est que si les religions sont mortelles, la religion ne meurt pas, ou, si l'on veut, ne meurt sous une forme que pour renaître sous une autre.

Il y a donc, au fond et à l'intérieur de ce développement multicolore, un élément permanent, substantiel, quelque chose de stable et d'impérissable qui doit tenir à la nature humaine elle-même. Ce doit être comme la tendance de l'homme à vivre en société, ou comme la faculté du langage, deux choses qui persistent à travers toutes les variétés, toutes les successions, toutes les révolutions des états et des langues. Si nous étions appelé à faire une histoire comparée des législations ou une histoire générale de l'art, nous devrions définir en premier lieu l'idée de la loi ou celle de l'art. De même ici, notre premier travail doit être consacré à rechercher ce que la *Religion*, raison commune de tous ces phénomènes ondoyants, divers et successifs, est en elle-même.

Si la question est élémentaire, il s'en faut bien qu'elle soit d'une solution facile. Il en est de la religion, au sens abstrait du mot, comme de l'homme lui-même, comme de l'État, de l'art, de la philosophie et de tant d'autres objets de la pensée réfléchie. Leur définition rigoureuse exige des efforts soutenus que le succès ne récompense pas toujours. On s'en rendra compte en résumant ce qu'on pourrait appeler l'histoire de la définition de la religion.

Le sens étymologique du mot lui-même ne saurait nous fournir de grandes lumières, quand même il contient une indication qu'il ne faut pas négliger. Malgré les objections de quelques philologues, nous persistons à penser que le mot *religion*, venu du latin *religionem*, emporte l'idée d'un lien, de quelque chose qui rattache et relie, et le fait est que nous retrouverons cette idée dans la définition qui résultera de notre recherche (1).

(1) Le grec ne possède pas de terme correspondant exactement au latin *religio*. Θρησκεία, θεοσέβεια, εὐσέβεια se rapportent plutôt soit au culte rituel, soit à la disposition que nous appelons la piété. L'expression grecque Τὰ περὶ τούς θεούς ou περὶ τὸν Θεόν, ce qui concerne les dieux ou Dieu, est trop vague pour servir d'équivalent. L'allemand *Gottesdienst* qu'on retrouve dans toutes les langues de la famille germanique, sauf en anglais, signifie littéralement *service de Dieu*, c'est la pratique religieuse plutôt que la religion elle-même. C'est pourquoi les philosophes et les théologiens d'Outre-Rhin nous empruntent le terme de *religion* dans leurs ouvrages techniques. Cela, pour le dire en passant, affaiblit singulièrement la force du raisonnement en vertu duquel on a souvent voulu stipuler l'absence d'une notion, ou d'une faculté, ou d'une disposition morale, chez certains peuples, en se fondant sur ce que leur langue ne renfermait pas de mot précis pour la désigner.

Les étymologistes, dont nous ne partageons pas l'opinion, ramènent le terme de religion à *re-legere*, recueillir de nouveau, re-collecter, reprendre quelque chose pour y consacrer son attention. C'est ainsi, ajoute-t-on, que *intelligere* veut dire recueillir plusieurs choses, les coordonner, les arranger, les comprendre ; que *nec-ligere* (*negligere*) a le sens de ne pas recueillir, laisser de côté, négliger ; que *di-ligere* suppose qu'on a recueilli, mis à part quelque chose au milieu d'autres; d'où le sens d'aimer, de préférer, de chérir. *Relegere* équivaudrait à notre mot *repasser* (dans son esprit ou sa mémoire), et de fait c'est le sens que des Latins eux-mêmes ont assigné au mot *religion*. Cicéron, par exemple (*De Nat. D.* II, 28, 72), dit à ce propos : *Qui omnia quæ ad cultum Deorum pertinerent diligenter retractarent et tanquam relegerent, sunt dicti* RELIGIOSI *ex* RELEGENDO, *ut eleganter ex eligendo, tanquam a deligendo diligenter, ex intelli-*

Mais en admettant que la religion soit un lien, cela ne nous dit pas en quoi ce lien consiste, ni surtout ce qu'il unit ou rattache.

Les anciens n'ont pu envisager la religion en soi, indépendamment de ses formes historiques. Pour

gendo intelligenter ; his enim in verbis omnibus inest vis legendi eadem quæ in religioso.

N'en déplaise pourtant à Cicéron, dont les étymologies laissent souvent fort à désirer, son rapprochement prête le flanc à des objections très graves. La plupart des substantifs formés avec *intelligere*, *diligere*, *eligere*, *negligere* prennent la terminaison *entia*, *intelligentia*, *diligentia*, *elegantia*, *negligentia*, et par conséquent *relegere* aurait dû donner *religentia*, et non *religio*. — *Religiosus* avait si peu le sens de *repassant*, de revoyant avec attention, qu'un autre Latin cité par Aulu-Gelle (IV, 9) distingue nettement entre le sens de *religens* et celui de *religiosus*, ce dernier compris comme équivalent de notre mot « superstitieux » : *Religentem esse oportet, religiosum nefas.* — Enfin le mot de *religio* s'employait en latin dans le sens de lien sacré ou solennel qu'il n'est pas licite de rompre, sens que nous avons conservé dans ces locutions « religion du serment », « religion du drapeau ». *Religione jusjurandi ac metu Deorum in testimoniis dicendis commoveri*, dit Fonteius IX, 20.

D'accord avec Servius, Lactance et Augustin, nous pensons qu'il faut rapprocher le mot religion de *religare*, relier, rattacher. Pott (*Etymol. Forsch.* I. p. 20) objecte que *religare* aurait dû donner *religatio* comme *obligare* fait *obligatio*. Mais on peut lui répondre que la terminaison *are* des verbes latins de la première conjugaison n'est pas primitive, qu'elle est pour *a-ere*. C'est pourquoi la pénultième des substantifs formés sur ces verbes peut varier. Nous avons, par exemple, *opinio* à côté d'*opinari*, *optio* à côté d'*optare*, *rebellio* à côté de *rebellare*. Rien donc ne s'oppose philologiquement à faire dériver *religio* de *religa-ere* ou plutôt de la racine *lig* qui leur est commune. M. Max Muller, à qui nous empruntons plusieurs des observations qui précèdent, paraît aussi préférer cette étymologie.

eux, en effet, la religion n'avait pas d'histoire. On ne peut donner ce nom aux mythes parlant de dieux plus jeunes substitués à des divinités plus vieilles, comme ceux qui racontaient le détrônement d'Uranus remplacé par Kronos et celui de Kronos dépossédé par Zeus ou Jupiter. Ces révolutions divines faisaient elles-mêmes partie de la mythologie traditionnelle que les penseurs de l'antiquité combattirent rarement de front. Ils voyaient en elle quelque chose d'établi, de séculaire, de vénérable et d'inévitable, dont il fallait savoir s'accommoder, quand même on en discernait le caractère puéril ou fabuleux. Les philosophes grecs connaissaient fort mal le monde, et ceux qui commençaient à le connaître un peu mieux n'étaient ni grecs ni philosophes. Ce que les premiers savaient de l'Asie, de l'Égypte, des régions du nord, ne leur montrait rien qui différât essentiellement de ce polythéisme hellénique au sein duquel ils naissaient et mouraient. La religion, en tant que distincte des religions, et constituant le ressort interne de leur développement, ne pouvait être pour eux un sujet d'études.

Toutefois, s'ils ne donnaient pas dans le scepticisme ou dans un grossier matérialisme, ils cherchaient à se faire une idée rationnelle du rapport normal devant exister entre l'homme et la puissance supérieure dont la volonté ou la nature détermine la destinée humaine. La religion populaire se présentait à leur esprit comme une forme appropriée à la faiblesse intellectuelle du grand nombre pour lui présenter la vérité supérieure sous un déguisement qui la rendît accessible aux intelligences incultes. Le caractère très peu dogmatique, fluide pour ainsi dire, des traditions mythologiques, leur facilitait beaucoup cette position mi-dédaigneuse, mi-bienveillante. C'est surtout dans l'école platonicienne, ainsi que dans les associations pythagoriciennes, que nous trouvons cette notion philosophique de la religion, qu'on a souvent essayé de rétablir de nos jours, mais sans grand succès, parce qu'on avait affaire à des religions infiniment plus systématisées, plus dogmatiques et plus dominatrices que l'ancien paganisme.

Pour Platon, l'absolu est le bien idéal et réel, le *Soleil intelligible*, dont l'action consiste à pétrir la matière par le moyen des *idées*, ce qui lui imprime ce qu'elle révèle de raison, d'ordre et de beauté. L'âme humaine, combinaison de divin et de matériel, participe aux choses divines par son côté divin, de même que, par son côté matériel, elle est entraînée vers la région troublée des passions aveuglantes et délétères. L'esprit encore très mythologique de Platon mêle à cette notion fondamentale des éléments qui rentrent plutôt dans la poésie que dans la rigueur d'un système purement rationnel (réminiscences d'une vie antérieure, extase divinatoire, etc.), mais on peut dire que pour lui la destinée religieuse de l'âme, l'essence et la fin de la religion, c'est l'ὁμοίωσις τῷ Θεῷ, l'assimilation à Dieu, fondée sur la coessentialité de l'âme humaine et de la divinité.

Cette manière de comprendre la religion, déjà indiquée par Socrate, supposée par la réforme pythagoricienne, est typique dans l'histoire de l'ancienne philosophie. Nous la retrouvons, avec des variantes qui n'en altèrent pas le fond, dans le stoïcisme, dans le judaïsme alexandrin, dans le christianisme de même nom et dans le néo-platonisme. Il est facile de comprendre que des rapports en somme assez paisibles pouvaient s'établir entre le point de vue philosophique et la foi populaire. Il faut bien se garder d'appliquer l'intolérance de notre logique moderne à ces antiques relations de la philosophie et de la tradition religieuse. Là où nous aurions vu tout de suite deux religions distinctes et hostiles, les anciens n'en voyaient qu'une. Il est vrai que Socrate, Anaxagore, Platon, d'autres encore éveillèrent chez un certain nombre d'esprits des craintes qui se traduisirent par une véritable persécution. Cela tint en partie à des animosités politiques, en partie à ce qu'en fin de compte le polythéisme populaire se crut un moment attaqué dans son principe. Mais la preuve que ces émotions passagères ne pénétraient pas bien loin, se trouve dans le fait même que les doctrines qui les avaient soulevées continuèrent d'être enseignées et propagées sans qu'aucune opposition sérieuse leur fût déclarée de la part des États ou des sacerdoces. La question du vrai et du faux en religion n'était pas posée devant la conscience des peuples comme elle l'a été depuis. De là une certaine sérénité, un optimisme bienveillant dans les rapports mutuels de la philosophie et de la foi populaire. Les religions anciennes étaient dénuées de tout esprit de propagande. Les philosophes ne se distinguaient pas du peuple dans l'observation des rites traditionnels. Le peuple, de son côté, n'y regardait pas de si près. Il souffrait très bien que la poésie, le drame, la comédie en prissent à leur aise avec les vieux mythes et les dieux héréditaires. Les philosophes cherchaient volontiers des points d'appui à leurs systèmes en relevant les analogies de forme ou de fond que pouvait leur offrir la tradition populaire. Leur langage est presque toujours à moitié mythologique. Ils aiment à personnifier les idées abstraites, tendance qui remonte jusqu'à Hésiode. Or une idée personnifiée aura bien du malheur si elle ne trouve pas dans le panthéon traditionnel quelque divinité qui lui ressemble. Platon pourra s'élever contre l'efficacité que la superstition attribue aux sacrifices et contre l'emploi des mythes scandaleux dans l'éducation de la jeunesse ; Cicéron laissera percer son scepticisme à l'endroit de la divination, des oracles, des augures. Cela ne les empêchera pas de sacrifier ni de prendre part à des cérémonies divinatoires. Hérodote chez les Grecs, César et Tacite chez les Romains, nous fournissent des exemples bien connus de la facilité avec laquelle on identifiait les dieux des nations étrangères ou barbares avec ceux du polythéisme gréco-romain. Quant aux éléments grotesques ou décidément immoraux de la tradition mythique, il est à présumer que les sages leur appliquaient le plus souvent un procédé analogue à celui dont beaucoup de chrétiens de nos jours se servent pour éliminer de leur for intérieur l'impression pénible que devraient leur causer bien des passages de l'Ancien Testament. Ils n'y pensent pas, ou bien ils les interprètent allégoriquement ou dans un sens atténué, complaisant; en tout cas, ils n'accordent à leur sens réel aucune influence sur la pensée ni sur la vie.

L'école d'Épicure passa toutefois pour irréligieuse, parce que, malgré la πρόληψις, l'*antecœpta quædam informatio Deorum* qu'il constatait dans l'âme humaine, Épicure, en reléguant la puissance divine dans les espaces sans admettre un lien actuel quelconque entre elle et l'humanité, supprimait du même coup tout rapport religieux entre les deux termes. Il n'y avait plus de relation positive entre l'homme et la Divinité. Mais l'épicurien se montrait dans sa vie conservateur scrupuleux de la religion établie. Chez Lucrèce, il est vrai, la pensée philosophique prit un plus haut essor. Lucrèce n'est pas athée, comme on l'a dit, il serait plutôt panthéiste, et parfois on sent passer, en lisant son grand poème, comme un souffle de religiosité profonde et mystique. Il est faux, contrairement à une idée très répandue, qu'il soit l'auteur du fameux vers qui attribue à la terreur la formation des premières croyances. Mais tout en sentant, lorsqu'il contemple l'univers, le *mens agitans molem* (ce qui le sépare absolument d'Épicure), il éprouve, à un plus haut degré que les autres penseurs indépendants de cette période, une répulsion violente contre la religion populaire et il aime à lui reprocher tous les maux qu'elle a pu faire aux hommes. Ce point de vue tout négatif ne pouvait alors, pas plus qu'aujourd'hui, le préparer à l'étude sérieuse, à ce que nous pourrions appeler « l'histoire naturelle » de la religion.

En résumé l'antiquité ne sut et ne put acquérir une notion expérimentale, historique, de la religion en soi et en tant que raison commune de ses manifestations multiples. La matière à étudier lui fit défaut et cette espèce d'innocence intellectuelle qui provient de l'absence de contradiction lui cacha jusqu'à l'existence même du problème.

La situation changea singulièrement de face lorsqu'une religion nouvelle vint se poser en antagoniste de la religion antique. Une chose surtout émut les esprits élevés dans le polythéisme, habitués à n'accorder jamais qu'une très mince importance à la question du vrai en religion. La nouvelle croyance se présentait à leur acceptation en leur disant : Votre religion est l'erreur et je suis la vérité ; vous êtes plongés dans les ténèbres, je plane en pleine lumière ; vos dieux sont faux, vos mythes sont des mensonges, votre culte est de trop sur la terre. — Jamais pareil langage n'avait retenti jusqu'alors dans le monde occidental.

L'Église chrétienne, quand elle fut en état de le faire entendre avec quelque autorité, était déjà en possession d'une orthodoxie, c'est-à-dire d'une liste canonique de doctrines qu'il fallait professer sous peine d'exclusion. Quand même cette orthodoxie était encore bien modeste en comparaison de ce qu'elle devint plus tard, elle n'en contribuait pas moins à creuser encore la fosse de séparation entre les deux puissances. De plus, l'Église avait hérité du judaïsme une manière péremptoire d'expliquer la naissance et la durée de la religion mythologique. C'était purement et simplement l'œuvre du diable, et si l'on observait que pourtant, même à son point de vue, l'Église devait reconnaître la présence de quelques rayons divins dans l'épaisse nuit des traditions populaires, elle répondait par la bouche de ses apologistes les plus goûtés que le diable, cet imitateur, ce « singe » de Dieu, les avait à dessein glissés dans l'amas des corruptions et des mensonges pour mieux séduire les hommes. En réalité ce n'était pas une religion qu'elle avait devant elle, c'était tout le contraire, il n'y avait qu'une seule religion, la sienne.

Il est évident qu'un pareil antagonisme, adouci seulement dans la grande école chrétienne d'Alexandrie, n'était pas plus favorable que l'état de choses antérieur à une véritable science historique des religions. En fait on ne sortit pas de ce dualisme étroit avant les temps modernes. La théorie platonisante d'Alexandrie, celle qui compta parmi ses plus illustres représentants Clément d'Alexandrie et Origène, aurait pu élargir les horizons de la pensée religieuse. En développant l'idée philonienne du Logos divin, de la pensée divine, concentrée il est vrai dans ses organes de l'Ancien et du Nouveau Testament, mais ayant disséminé dans tous les temps et dans tous les lieux des germes de vérité et de moralité, on aurait pu arriver à une notion compréhensive du développement religieux de l'humanité qui eût pu suggérer tout au moins l'idée d'en faire une histoire au sens sérieux du mot. Mais l'Église, dont l'orthodoxie devenait toujours plus la passion principale, ne prit des théories alexandrines que ce qui pouvait confirmer ses prétentions absolutistes. C'est-à-dire qu'elle identifia le Logos ou le Verbe divin avec son fondateur, son chef permanent, de manière à revendiquer le monopole de toute vérité religieuse et morale, et elle se refusa fièrement à toute concession qui aurait pu établir un lien quelconque de coordination entre elle et les religions qui l'avaient précédée ou qui continuaient de vivre à côté d'elle. L'Islamisme lui-même lui fit l'effet d'être un paganisme comme un autre, et la chrétienté du moyen-âge vécut dans l'idée que Mahomet était un faux dieu, une idole, une espèce de Jupiter asiatique, suscité tout exprès par le diable pour détruire la religion, la seule qui eût le droit d'exister. On ne connaissait pas plus, on connaissait peut-être un peu moins le monde réel que dans l'antiquité. L'humanité — c'est-à-dire la fraction connue — était chrétienne et catholique, le vieux paganisme passait pour tué, absolument mort. Au dedans quelques misérables mouvements sectaires, sans importance ; au dehors, sur les frontières de l'inconnu, l'islamisme, toujours menaçant, mais hors la loi, — voilà les seules forces opposantes dont on se préoccupât, et elles ne semblaient pas de nature à ébranler la confiance implicite inspirée par la grandeur, l'incomparable majesté de l'édifice catholique. La distinction possible entre la religion en soi et le christianisme catholique eût été absolument incomprise.

B — LES TEMPS MODERNES

Une des lois de l'histoire religieuse qu'il est le plus facile de vérifier, c'est qu'il s'établit toujours tôt ou tard un rapport étroit entre les idées religieuses des hommes et la connaissance qu'ils ont du monde. Jamais les mythologies ne seraient nées si l'homme, dès les premiers jours, avait possédé une connaissance scientifique de la nature. Jamais l'orthodoxie chrétienne n'aurait été formulée telle qu'elle est, si, au temps de son élaboration, il avait été possible de se rendre compte de la place réelle que notre pauvre petite planète occupe dans l'immensité de l'espace. Jamais l'Église ne se serait vantée de son caractère universel, si l'on avait su au moyen âge qu'en définitive elle n'englobait qu'une fraction relativement minime de l'humanité. Il est vrai qu'une croyance une fois formée, propagée et revêtue du prestige traditionnel, peut résister longtemps aux faits d'un ordre non-religieux qui concordent mal ou même qui sont en conflit patent avec les suppositions dont elle part. Mais l'action lente et directe de ces faits n'en est pas moins sensible à la longue. Déjà les croisades eurent pour conséquence une diminution de ce que j'appellerai la sécurité de la foi.

Ce fut bien autre chose à partir du quinzième siècle. La résurrection d'un monde, la découverte du globe, la pénétration du ciel s'opèrent en quelque sorte simultanément. L'antiquité grecque et romaine sort de son tombeau, les princes de l'Église eux-mêmes applaudissent, et le moyen désormais d'attribuer purement et simplement au diable toute cette splendide culture dont on cherche avec avidité, dont on étudie avec passion les monuments littéraires et les œuvres d'art! La terre à son tour se déroule à perte de vue. C'est la vieille Asie dont on découvre l'immensité avec une surprise mêlée d'effroi; c'est l'Afrique dont on a suivi les contours, mais dont on n'ose pas encore sonder les mystérieuses profondeurs; c'est l'Amérique et ses deux énormes presqu'îles. Si du moins on n'avait rencontré sur ces terres, la veille inconnues, que des sauvages, des êtres abrutis ou à peine sortis de l'animalité, en face desquels notre Europe chrétienne et civilisée eût pu nourrir encore la pensée qu'elle était toujours l'humanité proprement dite, l'humanité *de jure* en attendant le *de facto*! Mais non. Les navigateurs ont trouvé de vieilles sociétés, d'antiques civilisations au Mexique, aux Indes, en Chine, de vieilles religions aussi, avec leurs institutions, leurs rites, leurs sacerdoces, leurs prétentions à la vérité divine. Joignez à ces expériences celles qui résultent des progrès de la physique et de l'astronomie, ce silence des espaces qui épouvantait Pascal, l'insignifiance de notre planète au milieu des grandeurs disséminées à profusion dans l'immensité, cette voûte bleue du firmament qui n'est plus autre chose que l'air qui finit, et qui n'a plus rien de commun avec le parvis céleste où la naïve poésie du moyen âge contemplait le sol du séjour bienheureux. Vous comprendrez alors le regard inquiet que l'homme de réflexion jette à partir de cette époque sur le monde et sur lui-même. Peut-on considérer la célèbre *Melancolia* d'Albert Durer, cette belle et robuste femme assise au milieu de tous les instruments de la nouvelle science et regardant, morne et soucieuse, un soleil qui disparaît à l'horizon, sans y voir le reflet de cette tristesse involontaire qui s'empare de l'âme, lorsqu'elle doit dire adieu pour toujours aux rêves de l'enfance et aux illusions de la jeunesse ? N'est-ce pas l'ébranlement des certitudes dont on avait vécu jusqu'alors qui explique l'aimable et contagieux scepticisme de Montaigne ? Chez lui et chez bien d'autres se forme le sentiment toujours plus vif d'une disproportion entre les prétentions absolutistes de l'Église et la réalité qui démontre que dans le monde c'est le relatif qui règne.

C'est depuis lors, en effet, que commencent à s'accumuler les éléments de l'histoire des religions. Mais il se passera bien du temps encore avant qu'elle soit moralement possible. L'esprit longtemps encore sera arrêté par des préjugés théologiques, ou bien rendu circonspect, au moins autant par la peur qu'il a de s'attaquer à un sujet aussi difficile, que par les sévérités des orthodoxies dominantes. Samuel Bochart, l'évêque Huet, Jurieu, essaient de systématiser les connaissances acquises de leur temps. Ces essais sont absolument manqués. D'ailleurs on n'oserait pas encore se détacher de l'idée que les religions opposées à celle qui est enseignée dans la Bible soient autre chose que sa défiguration continue. Les violentes querelles entre catholiques et protestants absorbent l'attention des penseurs religieux. Le cartésianisme s'occupe très peu, pour mieux dire, ne s'occupe pas du tout de l'histoire. Les études classiques ne s'attachent qu'à la forme littéraire, qu'à l'esthétique de la vieille civilisation. La mythologie gréco-romaine ne paraît bonne qu'à fournir des symboles gracieux, des sujets de peinture noble ou galante, des types élégants d'architecture et de statuaire. On est à cent lieues de s'imaginer qu'elle puisse contenir des éléments dignes de l'attention des hommes sérieux. Il faut que bien des voyages, bien des découvertes s'ajoutant à ce qu'on sait déjà, forcent enfin les regards à se diriger sur l'immense panorama des religions qui commence à se dérouler. Encore ne les saisit-on que par leur côté extérieur, superficiel; on en fait un répertoire de curiosités, comme ce grand ouvrage en sept volumes in-folio qui parut en 1741 sous le titre de *Cérémonies et coutumes religieuses de tous les peuples*, et dont les auteurs principaux furent Picart et Antoine Banier.

Le dix-huitième siècle émancipa enfin la science historique de toutes ces entraves qui, surtout sur le domaine religieux, l'empêchaient de se constituer. Mais il faut reconnaître que cette émancipation, par cela même qu'elle était récente, ne disposa que très imparfaitement les esprits à entreprendre l'histoire des religions avec l'impartialité qui lui est absolument nécessaire. Ce qu'on en savait fut le plus souvent employé à battre en brèche la tradition chrétienne. Dans son désir de faire table rase des abus et des erreurs qu'il découvrait partout, le dix-huitième siècle pensa qu'il fallait en toute chose, en religion surtout, revenir autant que possible à la nature. Mais ne s'imagina-t-il pas que la religion naturelle, la religion que l'esprit humain avait dû professer dans cet âge de vertu idyllique où il avait élaboré le contrat social, avant d'être corrompu par les artifices des prêtres et des rois, n'était autre chose que le déisme philosophique ? Il ne s'aperçut pas que cette prétendue religion naturelle n'était qu'un extrait subtilement tiré de la tradition chrétienne, le fruit d'une civilisation déjà vieille, artificielle, déjà saturée de critique et de rationalisme, tout le contraire d'une religion éclose spontanément dans l'esprit humain encore livré à ses inspirations primitives.

Cependant, bien des éléments de recherche positive se déposaient dans l'opinion générale. Qu'on relise le chapitre intitulé *Religion* dans le *Dictionnaire philosophique*, de Voltaire. On y trouvera des aperçus d'une grande fécondité. Par exemple, Voltaire assimile l'état d'esprit des premiers hommes en matière religieuse à celui que nous pouvons étudier chez les enfants. C'est, il est vrai, pour tomber aussitôt après dans de graves erreurs historiques. Il confond le polythéisme sémitique avec les autres. Il croit à un monothéisme primitif. Il s'imagine que les sages de la Grèce et de Rome étaient déistes comme lui. Il n'y en a pas moins, dans le point de vue que nous signalons, une intuition d'une profonde justesse. Jean-Jacques Rousseau, inférieur à Voltaire en divination de l'histoire, l'emporte sur lui dans l'analyse du fait religieux où il relève l'importance toute spéciale du sentiment. C'est par là qu'il devient le père d'un mysticisme d'un nouveau genre, qui ne tardera pas à s'épanouir en Allemagne et qui aura cet avantage que, détaché du dogme traditionnel, il permettra de comprendre les mysticismes non-chrétiens. Du reste, pour se faire une idée du chaos où l'on piétine encore en matière d'histoire religieuse, il suffit de parcourir l'indigeste fatras du *Monde primitif* de Court de Gébelin, l'un des hommes les meilleurs, les plus dignes d'estime, les plus dévoués à la science que son siècle ait connus. Lorsque, avec des lumières nouvelles et plus de rigueur logique, Dupuis écrira son *Origine de tous les cultes* (1801), on verra encore, dans ce dernier produit de l'esprit du dix-huitième siècle, se perpétuer sa grande erreur, celle qui consiste à faire intervenir le calcul et la réflexion subtile là où la spontanéité naïve de l'esprit humain se déploya au contraire sans contrepoids.

Une autre erreur du dix-huitième siècle, tenant de fort près à la précédente, c'est qu'il ne chercha guère dans toute religion que son enseignement moral ; puis, dominé par l'intérêt polémique, il attribua une moralité supérieure à beaucoup de religions dont le premier titre à son estime était d'être très distantes. Il crut, ou parut croire, avec une docilité merveilleuse, aux vertus des bonzes, des mandarins, des lamas et des talapoins. Il aurait voulu une religion ne se composant que de préceptes moraux, identique avec la morale. Il fut beaucoup trop ce que Kant appelle *statutaire*, c'est-à-dire qu'il pensa trop facilement que les croyances et les institutions religieuses se font à coups de décrets. Les sages, les législateurs, les prêtres éclairés décident que pour le bien général il faut professer telle croyance, pratiquer tel rite, ils statuent, ils décrètent, et les choses marchent d'elles-mêmes dans la direction voulue. Ce fut, on le sait, une des illusions de notre grande Révolution.

C'est en Allemagne que s'opérèrent les progrès intellectuels et scientifiques auxquels on doit enfin une juste notion de l'histoire religieuse et de ce que la religion est essentiellement.

Lessing ouvre la marche en familiarisant ses lecteurs avec une idée encore très peu comprise, celle du développement religieux de l'humanité. L'histoire religieuse n'est pour lui que l'éducation du genre humain qui s'élève graduellement à des notions plus pures de Dieu et du devoir. Chaque religion historique marquera donc une phase ou une étape de ce développement. Voilà une idée nouvelle qui dépasse de haut l'antithèse dont avait vécu le moyen-âge entre la religion révélée, seule digne de son nom de religion, et les soi-disant religions, filles du mensonge. Il n'y a plus de *salto mortale*, d'abîme infranchissable entre les religions. Toute religion a sa légitimité relative. Mais, en vrai fils de son siècle, Lessing aussi cherche trop exclusivement dans la morale l'essence des religions. Il distingue dans toutes le *positif*, c'est-à-dire les enseignements moraux, et le *conventionnel*, c'est-à-dire les dogmes, les rites, les institutions sacerdotales ou disciplinaires, qui sont pour lui l'accessoire. En cela il se trompe. Il n'y a pas plus de conventionnel dans les dogmes ou les préceptes rituels d'une religion déterminée que dans ses préceptes moraux. Tout dérive toujours du principe religieux qui en constitue l'essence.

Kant partagea la même erreur. On sait comment ce puissant penseur, après avoir broyé sous les dents de sa dialectique tous les arguments des théodicées antérieures, ne trouva de résistant et d'invincible que la notion du devoir et comment, sur la base inébranlable de l'impératif catégorique, il réédifia la fameuse trilogie : Dieu, la vertu et l'immortalité. Il est donc facile de comprendre qu'il n'y eût pour lui d'autre élément substantiel de la religion que l'enseignement moral. Mais comment ne s'aperçoit-il pas de la contradiction ? Sa définition de la religion en soi consiste à dire que « la religion est la reconnaissance de nos » devoirs comme ordres *divins* » ! Des ordres *divins*, c'est-à-dire des ordres qui empruntent leur caractère auguste, irrésistible, à leur origine divine, en d'autres termes à leur caractère religieux ! Ne voit-on pas que ce qu'il s'agissait de définir a été mis dans la prétendue définition?

Plus encore que Lessing dont la nature d'artiste est souvent rebelle aux rigueurs de ses théories, et qui avait aussi son mysticisme, Kant méconnait l'élément, si essentiel en religion, du sentiment. L'espèce de volupté avec laquelle l'âme religieuse peut savourer l'absurde, si l'absurde est nécessaire à la satisfaction de ses besoins, demeure sans explication possible dans son système, et c'est surtout l'intellectualisme trop exclusif de ses vues religieuses qui provoqua la réaction du sentiment mystique dont Hamann, « le mage du nord », esprit original, mais bizarre et obscur, puis et surtout Jacobi furent les représentants. Ce dernier voulut que l'intuition immédiate, le saisissement subit de l'âme par une vérité supérieure fût le critère et la révélation par excellence des réalités divines, et il trouva moyen de saisir « intuitivement » la plupart des doctrines orthodoxes.

On ne lui ménagea le reproche mérité d'arbitraire, ni du côté philosophique, ni du côté religieux. Son influence comme penseur fut petite à côté de celle de Herder, l'éloquent et lyrique fondateur de la philosophie de l'histoire. Du moins il partage cette gloire avec Vico. Mort en 1803, on peut dire qu'il a inauguré en Allemagne et en Europe le sens de l'antiquité. C'est lui qui le premier a vu clairement que nos procédés de raisonnement, notre manière de sentir et de comprendre les choses ne doivent pas être appliqués à l'antiquité, si nous voulons en avoir une idée réelle. C'est par là qu'il a pu faire abondamment jaillir la poésie de mille sources ignorées et nous préparer à respirer les parfums des vieilles traditions. Si le vague trop fréquent de sa pensée rend la lecture de ses écrits assez fatigante pour nos intelligences françaises toujours amoureuses de clarté et de précision, il n'en faut pas moins admirer ce disciple de Rousseau qui prépare les voies à Hegel. Il eut au plus haut degré le sentiment de l'action divine, continue, sans interruption ni faiblesse, dont le monde est le théâtre. L'histoire n'est plus pour lui que le prolongement de la nature, et la contemplation attentive de l'une comme de l'autre permet d'en saisir les lois immanentes.

Sa notion de la religion est en rapport étroit avec ce principe dominant de sa philosophie. La religion, dit-il, est l'appropriation intérieure (*das Innewerden*) de l'activité divine ordonnatrice des choses, de telle sorte que nous nous subordonnons sciemment à cet ordre divin. Ou bien, la religion est en nous la conscience intime de ce que nous sommes en tant qu'hommes faisant partie de l'univers. Nous remarquons surtout dans cette double définition, dont l'obscurité et le vague sont regrettables, l'intention très légitime de faire droit à ce facteur indispensable, le monde, le non-moi, que les théories de Lessing et de Kant laissaient si bien de côté. Toutefois nous ne saurions nous contenter de si peu. En supposant qu'on puisse tirer au clair le sens exact de l'abstraction germanique de l'*Innewerden*, que fera-t-on de cette définition abstruse en face des religions naïves des peuples dépourvus de toute culture? Et qu'est-ce que « l'appropriation intérieure de l'activité divine » deviendra en présence de cette religion qui tient une si grande place dans l'histoire religieuse, le bouddhisme, où la perfection divine consiste précisément à n'avoir pas la moindre activité, de même que la perfection humaine est de renoncer à toute espèce d'activité? Rappelons-nous que nous cherchons une notion de la religion en soi qui puisse trouver son application et par conséquent sa justification dans toutes les formes historiques qu'elle a pu revêtir.

Fichte, d'abord très kantien dans son idée de la religion, comprit plus tard le caractère synthétique de toute religion en tant que conciliation pratique du moi et du non-moi. Mais le caractère abstrait et nuageux de sa pensée, toujours dominée par un subjectivisme qui ne lui permettait pas d'affirmer sans contradiction l'existence réelle du non-moi, nous empêche de ramener à une notion positive et claire celle qu'il se faisait de la nature de cette conciliation. Pour Schelling, la religion n'était autre chose que Dieu se cherchant lui-même à travers toute la série des intermédiaires allant de la matière brute à l'esprit, c'était Dieu en voie de formation ou pour mieux dire de reconstitution; car le système si original et si bizarre du grand théosophe posait en principe l'idée d'une chute divine. Schleiermacher fit entendre une parole de grand sens au milieu de toutes ces orgies spéculatives. Appliquant au fait religieux sa merveilleuse faculté d'analyse, Schleiermacher se rattache à Jacobi et à Herder en montrant dans le sentiment le siége proprement dit de la religion; mais il précise ce que cette thèse a de vague en spécifiant qu'elle se ramène à la conscience de notre dépendance absolue d'une puissance qui nous détermine et que nous ne pouvons déterminer. Cette définition à son tour est trop étroite. Si le célèbre théologien eût dit que dans tout sentiment religieux se retrouve le sentiment d'une dépendance, il eût constaté un fait indéniable. Mais le sentiment de dépendance ne constitue pas à lui seul le sentiment religieux. D'autres éléments en font aussi partie intégrante, tels que l'admiration, la vénération, la confiance, l'amour. Purement négatif, le sentiment de dépendance ne sort pas de l'opposition, de l'antithèse, et la religion vise précisément à concilier une opposition. Et puis, sans dire brutalement avec Hegel que, si la religion consistait essentiellement dans le sentiment de dépendance, le chien serait le plus religieux de tous les êtres, on a le droit de s'élever contre la définition d'un fait aussi spécifiquement humain que la religion lorsqu'elle la résume dans un sentiment qui tient une si grande place dans la vie purement animale.

Comte, en France, et Feuerbach, en Allemagne, relevèrent de préférence un autre élément du fait religieux qu'ils comprirent aussi d'une manière trop étroite. Ils s'appuyèrent sur l'anthropomorphisme inhérent à toutes les religions pour les ramener toutes à l'adoration de l'homme par l'homme. Comte, il est vrai, ne faisait pas de l'homme individuel l'objet du culte normal ; il proposait à nos adorations l'homme en tant qu'espèce, en tant qu'humanité, et parvenait à déployer une véritable mysticité sur cette étroite base. Feuerbach fut moins poète. Il posa carrément la thèse que l'homme ne fait autre chose en religion que s'adorer égoïstement lui-même. Dieu, disait-il, n'est jamais autre chose que l'égoïsme jouissant de lui-même, le *Selbstgenuss des Egoïsmus*. L'homme s'idéalise, se crée son Dieu en le frappant à son image embellie.

Nous savons que, de ce qui fut le premier positivisme, c'est le chapitre relatif à la religion qui a le moins réussi. Il y a un sentiment de la réalité religieuse bien autrement profond dans cet *Inconnaissable*, enveloppé d'un mystère insondable, que malgré leurs divergences, des penseurs tels que MM. Littré et Herbert Spencer découvrent aux limites du champ accessible à nos connaissances. Là, du moins, nous retrouvons ce qui est indispensable à toute notion religieuse réelle, le sentiment de l'objet s'imposant au sujet, dût-il ne s'imposer que comme le plus tourmentant et le plus insoluble des problèmes. C'est à la philosophie religieuse de rechercher si la nécessité d'un certain anthropomorphisme mène fatalement l'esprit humain dans le sens de l'erreur ou dans celui de la vérité. Pour nous, sur le terrain historique où nous nous renfermons, nous devons dire que ni la théorie de Comte, ni celle de Feuerbach, ne cadrent avec les faits de l'histoire. L'homme en religion a toujours voulu, et pour cause, adorer un autre que lui-même. Admettons un moment que cette adoration n'ait jamais été que le résultat d'une illusion ; toujours est-il que cette illusion est le fait historique, et nous cherchons précisément à savoir ce qui la constitue. Il sera toujours vain, dans une définition de la religion, de se borner à l'homme et de faire abstraction du monde. Toute religion suppose l'homme, d'une part, l'univers, d'autre part, et aspire à fournir au premier le principe ou la méthode de l'harmonie entre lui et la destinée.

C'est encore à Hegel, et moins à son système, brisé comme tant d'autres, qu'aux points de vue qu'il a semés dans la conscience de notre siècle, qu'il faut revenir pour trouver la notion philosophique de la religion qui cadre le mieux avec les faits de l'histoire.

Conformément à son système, Hegel définit la religion « le savoir que l'esprit fini possède de son » essence comme esprit absolu ». En termes plus clairs, l'esprit dans l'homme porte avec lui la conscience d'être *de jure* supérieur à toutes les limitations qui font obstacle à son plein développement. Il tend à devenir absolu. Si l'on objecte qu'alors l'esprit absolu n'est plus que le produit de l'esprit fini, cela n'est vrai, répond Hegel, qu'au point de vue de la dialectique, qui part nécessairement de l'esprit fini; en réalité, c'est l'esprit absolu qui est la cause première à la fois et la cause finale, c'est lui qui détermine les choses pour qu'elles s'élèvent vers lui. Sur ce point, disons-le en passant, on a souvent méconnu la pensée vraie de Hegel (1). Les religions historiques seront donc autant de degrés de développement de l'esprit tendant à réaliser l'absolu qu'il possède en puissance. C'est à l'historien de déterminer pour chacune d'elles l'idée centrale qui lui assigne sa place logique dans le mouvement ascensionnel de l'humanité. Il distinguera les religions de l'enfance, ce sont celles des peuples sans culture; puis celles de la jeunesse où l'esprit revendique déjà une certaine liberté, telles que le judaïsme, qui est la religion du sublime, l'hellénisme qui est la religion du beau, la religion

(1) Comparez, à ce propos, les belles discussions auxquelles M. le professeur Pfleiderer, de Berlin, a soumis les divers systèmes de philosophie religieuse dans son remarquable ouvrage intitulé *Religionsphilosophie*, Berlin, 1868; 2e édit. révisée et corrigée, 1878. Nous lui sommes redevable d'un grand nombre des observations qui précèdent; d'autres fois nous avons pu constater des coïncidences de jugement dont le savant professeur nous permettra de nous féliciter.

romaine qui est celle du droit et de la finalité. Le christianisme, qui est pour Hegel la religion absolue, correspond à l'âge mûr de l'humanité. A la philosophie appartient la tâche de dégager des symboles, des mythes, des dogmes de chaque époque l'idée qu'ils cherchent à exprimer, mais dont ils ne sauraient donner la formule abstraite. Car la religion et la philosophie ont le même contenu, enseignent au fond la même chose ; seulement, la religion, fille du sentiment, du cœur, de l'imagination, exprime sous forme symbolique et par conséquent inadéquate la même vérité que la philosophie présentera sous forme rigoureuse, strictement rationnelle et scientifique. On sait comment, fort de cette théorie sur les rapports de la philosophie et de la religion, Hegel trouva moyen de reconstituer la plupart des dogmes de l'orthodoxie chrétienne. Celle-ci, un moment enchantée de ce secours inespéré, revêtit avec enthousiasme le nouveau costume. Mais, le premier engouement passé, elle s'avisa de se regarder dans le miroir de la critique indépendante, et elle découvrit qu'elle était devenue méconnaissable. Strauss lui démontra magistralement qu'elle n'était plus elle-même, et le charme fut rompu.

On peut voir, dans tout ce qui précède, l'effort constant de l'esprit humain cherchant à se faire une notion claire et positive de ce grand fait de la religion, qu'il étudie désormais libre de préjugés, et dont il reconnaît plus que jamais l'importance, l'universalité, le caractère profondément humain. On dirait que chacun des penseurs dont nous avons rappelé le point de vue personnel a été frappé tout particulièrement de l'un des éléments constitutifs du fait qu'il s'agissait d'analyser et que leur tort a moins été de relever cet élément avec insistance que de lui faire une place trop exclusive. La définition proposée par Hegel, la plus compréhensive de toutes, a pourtant le défaut d'être trop étroitement liée à son système métaphysique et de ne se plier qu'avec peine aux exigences de l'histoire. Comment, par exemple, pourrait-on, sans en forcer les termes, l'appliquer au bouddhisme ? Est-il conforme à la réalité d'appliquer au développement religieux de l'humanité dans son ensemble ces catégories d'enfance, de jeunesse, de maturité, qui supposeraient un développement continu et simultané ? N'y a-t-il qu'une différence de forme entre la religion et la philosophie, et la doctrine hégélienne a-t-elle tenu assez de compte de ce réalisme pratique, si différent de l'abstraction théorique, et qui fait, par exemple, qu'une religion peut bien devenir philosophique, mais qu'on ne voit jamais la philosophie fonder une religion en possession d'une véritable puissance historique ? Et l'illusion dans laquelle l'illustre maître est tombé quand il a cru reconstituer victorieusement l'orthodoxie chrétienne en l'ajustant aux formules de sa philosophie, ne prouve-t-elle pas déjà qu'il y avait de l'arbitraire, non seulement dans sa méthode, mais aussi dans le principe d'identité dont il partait ?

C'est sans doute par réaction contre tout ce que les définitions antérieures avaient de trop intellectualiste que, sans revenir aux mièvreries sentimentales de l'école romantique, M. Max Müller, dont le nom fait à juste titre une si grande autorité quand il s'agit d'histoire religieuse, a préféré mettre surtout en avant comme essence de la religion la faculté humaine de « saisir l'infini » sous différentes formes. « La religion », dit l'éminent indianiste (1), « est une » faculté mentale qui, indépendamment, parfois » même en dépit du bon sens et de la raison, rend » l'homme capable de saisir l'infini sous différents » noms et diverses formes. Sans cette faculté, au- » cune religion, pas même la plus grossière adora- » tion d'idoles et de fétiches, ne serait possible, et à » la seule condition de prêter une oreille attentive, » nous pouvons entendre dans toutes les religions un » gémissement de l'esprit, un effort pour concevoir » l'inconcevable, pour exprimer l'inexprimable, un » soupir vers l'Infini. »

M. Max Müller avertit lui-même qu'il présente sa formule religieuse comme une caractéristique plutôt que comme une définition de la religion, et il est certain qu'il a raison de mettre en relief un élément beaucoup trop négligé par ses devanciers, celui du mystère, dans lequel s'enveloppe l'objet des religions et qui attire l'esprit curieux et anxieux de l'homme en raison même de son impénétrabilité. L'infini n'est pour le professeur d'Oxford que la plus haute généralisation de tout ce qui peut s'appeler indéfini, suprasensible, surnaturel, absolu ou divin (2).

(1) *Lectures on the Origin and Growth of Religion as illustrated by the religions of India.* London, 1878.

(2) *Lectures*, etc., p. 28.

L'infini, dit-il, n'est pas une simple abstraction, puisqu'on ne pourrait le tirer du fini ; c'est une réalité que nous affirmons nécessairement en affirmant le fini, puisque nous ne pouvons pas poser la limite sans poser l'illimité, le visible et le palpable sans supposer l'invisible et l'impalpable, etc. Sans doute le concept philosophique de l'infini n'a pas été présent à l'esprit humain depuis son origine. Mais on peut en surprendre le *not yet*, le pressentiment dans les plus anciennes impressions de l'homme sur la terre. Ce n'est qu'une question de développement (1).

Nous inclinons pourtant à penser qu'ici encore nous nous trouvons en face d'un élément des religions mis en avant de façon trop exclusive. Oui, il y a dans toute religion, sinon l'idée, du moins le sentiment, l'aperception plus ou moins vague de l'infini, de même que, dans toutes, il y a quelque chose qui rentre dans le sentiment de dépendance, d'obligation, ou de synthèse suprême. Mais le sentiment de l'infini pur et simple est-il religieux ? Remarquons bien que l'infini ne parle au sentiment religieux qu'à la condi-

(1) M. Max Müller croit trouver une confirmation historique de son opinion dans le nom de l'ancienne divinité védique *Aditi*, personnification de l'aurore. Ce nom signifie l'*ab-soluta*, de *a* négatif et de *diti*, participe féminin de *dâ*, *dyati*, *nectere*, lier. Au crépuscule, quand l'aurore ramène la lumière et le soleil des régions mystérieuses, la pensée primitive s'élançait dans le *par-delà*, dans l'espace inconnu, sans limites où tout se préparait. C'était une révélation de l'infini. — L'explication est poétique et charmante. Mais le nom de la *déliée* ne signifierait-il pas simplement qu'on se représentait l'aurore ou la lumière matinale comme retenue dans la prison de la nuit et dégagée de ses liens au moment où elle devait reparaître?

tion d'être l'attribut de quelque chose ou de quelqu'un. Les infinités abstraites, le temps infini, l'espace infini sont des notions vides, muettes pour l'âme religieuse. Il faut donc une réalité ayant pour prédicat l'infini, pour que son infinité ajoute à l'impression religieuse qu'elle était déjà en possession de faire sur l'esprit humain. Ce que nous retenons de la caractéristique de la religion formulée par M. Max Müller, c'est la nécessité de faire droit, dans la définition que nous allons proposer à notre tour, à cet élément du mystère et de son attrait puissant qui tient une place incontestable et éminente au milieu des facteurs divers dont l'action convergente a pour résultat la religion.

II

DÉFINITION DE LA RELIGION

Nous rappelons qu'il s'agit avant tout dans ces *Prolégomènes d'histoire religieuse*, non pas de définir la religion telle qu'elle devrait ou pourrait être, mais d'en dégager l'essence et l'idée centrale de manière à la retrouver sous toutes les formes qu'elle a pu revêtir dans l'histoire.

Sur ce terrain strictement historique et en tenant compte de ce qui nous a paru vrai ou défectueux dans les définitions antérieures, nous dirons que :

La religion est la détermination de la vie humaine par le sentiment d'un lien unissant l'esprit humain à l'esprit mystérieux dont il reconnaît la domination sur le monde et sur lui-même et auquel il aime à se sentir uni.

Je reprends chacun des termes de cette définition pour en montrer la légitimité.

Qu'est-ce qu'une détermination de la vie humaine?

La vie se compose d'une série de déterminations multiples de la simple existence consciente. Toutes les déterminations qui la modifient dans un sens ou dans l'autre ont pour raison commune le *besoin de vivre*, le plus impérieux de tous, c'est-à-dire de conserver l'existence, d'écarter ce qui pourrait lui nuire ou la détruire, de déployer les facultés actives dont nous apportons le germe en naissant. En y pensant bien, on verra que la morale la plus élevée rentre dans la définition. A un certain degré de son développement, l'homme repousse le mal moral avec la même horreur qu'en règle ordinaire il fuit du mieux qu'il peut la souffrance physique et les agents capables de lui donner la mort.

C'est ainsi que nous pouvons rattacher à cette tendance primordiale les déterminations dérivant des nécessités physiques ; puis celles qui, moins immédiates, touchent pourtant de fort près au même genre de besoins, le logement, le vêtement, la perpétuation de l'espèce. Comme conséquence, l'homme se voit poussé à se procurer ce que la nature ne lui fournit pas immédiatement, des armes défensives et offensives, des moyens de protection contre les intempéries et les animaux dangereux, des outils, des instruments, des meubles. Il invente l'art de faire du feu, il amasse des provisions, il observe la nature, il voit que les fruits mûrissent au bout d'un certain temps après que la plante qui les porte a fleuri, et que cette plante elle-même ne fleurit qu'au bout d'un certain temps après qu'elle a été semée. Dès lors il fait comme la nature, il sème, et il attend. Sociable, il arrive à déployer la faculté sociale par excellence, le langage ; la famille, le clan, la tribu, plus tard la cité, la nation sortiront de là. Et puis, dès que ses besoins élémentaires sont satisfaits, l'homme devient un animal extrêmement curieux. Il y a en lui un étrange besoin de tout savoir, même ce dont la connaissance ne peut lui servir à rien. C'est le point de départ de la science. De plus il éprouve un plaisir tout particulier, dont il devient toujours plus friand, à voir les choses combinées selon certaines lois d'harmonie ou de contraste. C'est le commencement de l'art. Enfin il éprouve certains mouvements de plaisir ou de déplaisir selon qu'il agit d'une manière ou d'une autre, indépendamment du profit qu'il en tire, et même ne percevant jamais mieux ces impressions d'un genre tout particulier que lorsqu'il éprouve du déplaisir après avoir satisfait un désir égoïste au détriment d'un autre, ou que lorsqu'il s'est privé d'une satisfaction désirable pour ne pas nuire à cet autre. C'est le commencement de la morale.

Voilà des déterminations comptant parmi les plus générales, les plus vastes de l'existence ou de la vie humaine. Innombrables sont les variétés d'application qui se rattachent à chacune d'elles.

Mais avons-nous fini ?

Supposons qu'un habitant de Sirius ou de Saturne, doué d'intelligence, capable de juger tout ce qui se passe parmi nous, mais absolument borné, quant à sa faculté de connaître, aux notions de besoins physiques, de travail prévoyant, de vie sociale, d'art, de science et de morale, ait trouvé moyen de venir sur notre terre et d'assister invisible à tout ce qui s'y fait. Il verrait que notre espèce a beaucoup travaillé depuis qu'elle est sur notre planète, il observerait nos sociétés, nos armées, nos gouvernements, nos arts, nos sciences, nos mœurs, et il comprendrait tout cela. Pourtant il y aurait tout un groupe de faits terrestres qui serait pour lui absolument incompréhensible. Il verrait des édifices très nombreux et de formes différentes se remplir à certains jours, à certaines heures : pourquoi faire ? Il verrait des multitudes s'astreindre à des mouvements bizarres, génuflexions, mains jointes, têtes baissées, modifier leur nourriture ou même s'en abstenir, parler, ou chanter, ou se taire, des hommes autrement vêtus que les autres, des images, les unes hideuses, les autres ravissantes, des sacrifices, des processions, des discussions, des livres, peut-être des supplices, peut-être des guerres sanglantes, — et le motif, la raison de tout cela lui échapperait absolument. C'est en vain qu'il s'ingénierait à la conjecturer. Son dépit redoublerait si quelqu'un pouvait lui dire qu'il ne découvre en tout cela que la surface très extérieure d'un monde à part qui plonge dans les profondeurs de la vie terrestre, soit collective, soit individuelle. Il se verrait forcé de retourner dans son étoile, ayant tout compris dans la vie terrestre, excepté cette détermination-là, qui est la religion.

Quelle est donc la nature spécifique de cette direction de la vie humaine ?

Nous disons qu'elle se rattache au sentiment d'un *lien*, c'est-à-dire d'un rapport qui ne rapproche pas seulement en théorie, logiquement, philosophiquement, mais d'un lien positif, concret, aussi réel par exemple que la force de la pesanteur qui nous maintient à la surface du sol ou que l'affinité qui existe entre notre sang et les éléments de composition similaire que nous lui fournissons par la nutrition et la respiration. Je ne préjuge pas en ce moment la question de savoir si ce sentiment est fondé ou illusoire. J'atteste simplement qu'il a pour l'homme religieux tout autant d'évidence et d'intensité que la conscience de vivre au milieu des autres hommes ou de s'éclairer aux rayons du soleil.

Ce lien unit l'esprit humain, disons-nous, à un autre esprit. Ici dégageons autant que possible notre recherche des questions adjacentes, quelque graves qu'elles soient. Nous n'allons pas nous lancer dans la discussion du grand problème du spiritualisme et du matérialisme. Tâchons seulement de bien nous entendre. Il est dans l'ensemble des réalités deux grandes divisions qui s'imposent, celle des réalités que nos sens perçoivent ou qu'ils pourraient percevoir à la condition d'être suffisamment armés, et celle des réalités qui échappent absolument à nos moyens de perception sensible, même lorsque nous multiplions indéfiniment leur puissance par l'instrument. Je range dans cette seconde catégorie les faits de conscience, impressions, sentiments, pensées, volitions, raisonnements, dispositions intellectuelles, morales, esthétiques, etc. Voilà tout un genre de faits ou de réalités imperceptibles à nos sens, que nous rangeons dans la catégorie de l'esprit. Ramenez-le à ce que vous voudrez, dites que ce n'est qu'une forme de la matière en prenant garde qu'on ne vous démontre plus facilement encore que la matière n'est qu'une forme de l'esprit; ou bien admettez, ce qui est notre conviction, que dans les profondeurs de l'être, pour celui qui saurait tout et comprendrait tout, il n'y a point de dualisme irréductible, et que cette division ne peut être que provisoire, en rapport avec les limitations de notre faculté de connaître. Vous avez le choix. Mais vous ne pouvez faire que, dans le clair obscur où nous sommes forcés de vivre et de raisonner, il n'y ait une distinction tranchée entre les réalités de l'ordre invisible et impalpable et les autres. Hé bien ! nous disons que les premières sont le domaine de l'esprit. Et nous ajoutons que ce domaine n'est pas restreint à l'intérieur de l'homme, qu'il s'étend aussi au monde autour de lui.

Là encore écartons systématiquement toute métaphysique. Constatons simplement ce qu'aucun savant ne peut contester, c'est-à-dire que les choses du monde extérieur ne sont pas un amas confus, un amalgame, un tas. Elles ont entre elles des rapports réguliers de toute espèce, des rapports de proportion, d'affinité ou de répulsion, de cause et d'effet, d'antécédent et de conséquent, de concomitance ou d'exclusion réciproque. La science depuis l'origine n'a jamais cherché autre chose que l'*au dessous* ou l'*au dedans* de la surface visible et tangible des êtres pour arriver à la formule de ces rapports. L'homme, de son côté, depuis l'origine aussi, a toujours été porté à croire qu'il y avait dans le monde où il vivait, et lors même qu'il n'en pouvait observer qu'une minime partie, autre chose qu'une masse bariolée et confuse de sons, de couleurs et de formes, que dans tout cela il y avait un certain ordre, un certain enchaînement, quelque chose qui ressemblait à son intelligence à lui-même. Et quelles que soient les erreurs grossières où il a pu tomber en se représentant cette intelligence ou cette raison qui se révélait dans les choses, qu'il l'ait appelée loi, divinité, ordre cosmique, raison cachée, ou bien *fatum*, génie, *numen*, *mens agitans molem*, il reste toujours que, pour l'homme n'écoutant encore que son instinct, il y a en face de son esprit un autre esprit manifesté dans les choses, un esprit en affinité avec le sien, — car autrement il ne soupçonnerait pas même son existence, — et la religion est essentiellement le lien qui unit son esprit à cet esprit.

En fait, la supposition d'où part toute science et qu'elle vérifie dans chacun de ses progrès est identique à celle que la religion fait instinctivement.

Ajoutons que l'esprit, objet de la religion, peut être pris au sens collectif ou au sens unique, conçu comme impersonnel ou personnel: cette distinction, si importante en histoire, ne modifie en rien notre définition.

Cela posé, la religion dérive du sentiment que l'homme est vis-à-vis de cet esprit dans un rapport tel que, pour son bonheur et pour satisfaire une impulsion spontanée de son être, il doit entretenir avec lui des relations qui lui fournissent des garanties contre l'inconnu de la destinée. L'homme en face du monde se sent petit, borné, misérable. C'est une opposition qui appelle impérieusement sa synthèse.

Or, l'esprit dont il reconnait l'existence au travers et au-dessus de ce qui l'entoure, est un esprit supérieur (nous ne disons pas encore infini, ou absolu, ou parfait, pour ne pas devancer les données de la stricte expérience) et d'une supériorité telle que, s'il se sent en harmonie avec lui, il devient, sinon le maître, au moins le supérieur, lui aussi, de cette destinée, de cet inconnu qui le limite et l'inquiète. Assurément nous ne pourrions exagérer l'amplitude de l'angle qui devra comprendre les innombrables façons dont il se représente cette relation et les manières de la réaliser. Observons seulement que, depuis le culte rendu par le sauvage au fétiche à qui il attribue le pouvoir de lui procurer bonne chasse ou bonne pêche, depuis le pénitent bouddhiste qui cherche dans le renoncement à tout désir terrestre la méthode infaillible menant à la félicité suprême de ne plus se sentir vivre, jusqu'au Romain faisant dépendre le salut de sa patrie, en dehors de laquelle il ne conçoit pas la vie, de la ponctualité des rites célébrés par ses flamines, jusqu'à la pieuse confiance dans le Dieu de miséricorde du chrétien spiritualiste, — tous les degrés de la religion rentrent dans le cadre que nous venons de tracer.

Ajoutons pourtant un côté de la question beaucoup trop négligé dans les théories contemporaines sur les origines religieuses. Il serait très inexact de ne voir dans la religion, même originelle, qu'un calcul basé sur le besoin de s'entendre avec une puissance supérieure dont on cherche à capter les bonnes grâces pour dominer la destinée. C'est, bien certainement, un des facteurs de la religion, ce n'est pas le seul. N'oublions jamais que si l'homme est religieux, ce n'est pas seulement parce qu'il croit y trouver son avantage, c'est aussi parce qu'il aime à l'être, indépendamment même de l'avantage qu'il croit y trouver. Celui qui ne comprend pas ce double élément de la conscience religieuse est condamné par cela même à ne rien comprendre à la genèse ni à la permanence de la religion dans l'humanité. Cette assertion peut sembler paradoxale, elle n'en est pas moins d'une vérité incontestable. L'homme *aime* à adorer même les dieux qui lui font peur, même ceux qu'il se représente sous des traits qui font horreur. Nous reviendrons sur ce point, mais dès à présent, à ceux que cet énoncé surprendrait, nous dirions : Expliquez-nous donc pourquoi l'homme aime le tragique, ce qui l'ébranle, ce qui l'émeut, jusqu'à un certain point ce qui le remplit d'épouvante ? Pourquoi, lui qui craint d'avoir à verser des larmes, se porte-t-il en foule à des spectacles où il ne va pas chercher autre chose ? Nous touchons ici à cet autre élément de la religion que nous appelons le mystère. L'esprit, objet de la religion, est *mystérieux*.

L'esprit ou les esprits dominateurs qu'il discerne au travers des choses, qu'il aime à savoir ses alliés dans le combat avec la destinée, l'homme aspire ardemment à les connaître de près, à les comprendre, et il s'aperçoit toujours assez vite qu'il n'y parvient pas. S'il s'élève à l'idée d'un esprit unique, directeur souverain et *ultima ratio* de toutes choses, il lui semble un moment que tout s'explique. Mais bientôt il doit s'avouer que cet esprit unique lui-même est incompréhensible, impénétrable, que sa supériorité n'est pas seulement très grande, qu'elle est immense, infinie, écrasante, et que c'est tout au plus s'il peut le contempler en partie. L'ange lui-même, dans le poétique symbolisme de la mythologie chrétienne, se couvre le front de ses ailes en passant devant le trône dont il ne peut regarder en face la splendeur et nous ne voyons pas mieux dans la clarté qui aveugle que dans les ténèbres. L'homme doit appliquer, peut appliquer à cet esprit supérieur l'idéal le plus plus élevé dont il ait conscience. Cet esprit divin sans doute possède dans leur réalité pleine et entière toutes les perfections dont l'esprit humain porte le germe ou concoit l'idée. Mais ces perfections elles-mêmes ne font qu'augmenter le mystère. La raison peut en être désespérée, mais la religion n'y perd rien. C'est par là bien plutôt qu'elle fait vibrer dans l'âme ses cordes mystérieuses, elles aussi, qui semblent frémir aux lointains accords d'une harmonie réservée aux sphères éternelles. Nous parlons ici d'une religion déjà bien purifiée, bien dégagée des scories originelles. Mais on trouve déjà de très bonne heure comme un sentiment confus de cette vérité que l'attrait qu'exerce sur nous l'idée de Dieu est en raison même du mystère dans lequel s'enveloppe son ineffable majesté. Ne la voyons-nous pas inspirer l'un des mythes à la fois les plus grossiers et les plus riches de sens de l'antiquité hébraïque, cette lutte nocturne du patriarche avec l'Être mystérieux qui refuse de lui dire son nom, de se laisser voir et dont il se sépare en même temps blessé et béni? (Genèse, XXXII, 24-29.)

Voilà pourquoi c'est une erreur de croire que la religion est fille uniquement de la crainte, engendrée elle-même par l'ignorance. S'il en était ainsi, une fois que le sujet de crainte aurait disparu, la religion devrait disparaître elle-même. Assurément la crainte fait partie, surtout à l'origine, des mobiles qui provoquent en l'homme l'éveil de la religion. Mais elle n'est pas seule, non plus que le calcul. Disons-nous bien qu'il faut aussi faire entrer largement en ligne de compte une sorte de volupté secrète, capable d'acquérir un degré d'intensité extraordinaire, et qui, même ramenée à de faibles proportions, n'en est pas moins une des principales causes formatrices de la religion. Celui qui se laisserait entièrement subjuguer par le mysticisme serait très mal préparé à l'étude rationnelle que nous entreprenons. Mais celui qui ne connaîtrait pas, par expérience, au moins un peu de ce charme souverainement doux à l'âme ne le serait pas davantage. Il faut avoir l'oreille religieuse pour étudier avec compétence les phénomènes de l'ordre religieux. L'homme qui n'aurait aucun sentiment du beau dans l'art pourrait-il en faire l'histoire?

La religion, telle que nous la définissons, est inhérente à l'esprit humain et *naturelle*. On a en effet le droit d'appliquer ces termes à ce qui, tout le long de l'histoire et sur toute la face de la terre habitée, se montre inséparable de la nature humaine. Les anciens, quand ils commencèrent à regarder au-delà du pays natal, furent très frappés de ce *consensus gentium* résultant de ce que, malgré toutes les diversités, on trouvait partout une religion. Plus la connaissance du monde s'est élargie, plus la même observation a reçu de confirmations. La vieille Asie, l'Amérique, l'Afrique, la Malaisie, la Polynésie, l'Australie, les régions polaires ont fourni l'une après l'autre leur témoignage. La religion est un fait humain dans toute la rigueur du mot, et nous nous rencontrons ici avec Benjamin Constant qui, dans un ouvrage aussi remarquable par les aperçus sagaces et pénétrants qui s'y trouvent disséminés qu'insuffisant et devenu hors d'usage par suite du progrès de l'histoire religieuse, a énoncé ce principe, toujours plus vérifié depuis lors, que la religion est un attribut indéfectible et perfectible de notre espèce.

Il est vrai que, de nos jours, cette universalité a été contestée. On parle assez souvent depuis quelques années de tribus sauvages qu'on dépeint comme privées de toute espèce d'idées religieuses. La discussion détaillée de ce genre d'assertions viendra à sa place, quand nous aborderons l'histoire religieuse des peuples dénués de toute culture. Qu'il nous suffise en ce moment de peser les deux considérations que voici :

1° Les rapports des voyageurs au sujet de peuples qu'ils auraient trouvés sans aucune espèce de religion ne doivent être accueillis qu'avec la plus grande circonspection. Trop souvent ils fondent leur jugement soit sur des informations inexactes, soit sur des observations très superficielles. Beaucoup d'entre eux, étrangers à toute critique religieuse, de l'absence des formes auxquelles ils sont habitués à rattacher l'idée d'une religion, concluent à l'absence de la religion elle-même. Le nombre est déjà relativement élevé des peuplades dont on avait dit pareille chose et à propos desquelles un examen ultérieur, plus attentif et mieux dirigé, a mis le contraire en évidence. Parfois même on peut signaler la contradiction étrange où tombent des narrateurs éminents quand ils décrivent les croyances en matière de magie, de sorcellerie, de divination, d'indigènes auxquels ils refusaient quelques pages auparavant toute espèce de foi religieuse (1).

2° *A priori* pourtant, le fait en lui-même ne pourrait être nié. L'esprit humain peut monter très haut, mais il part de très bas. Rien ne démontre que l'homme n'a pas passé par une période initiale dans laquelle, tout en possédant déjà quelques traits de sa physionomie distincte, il ne possédait pas encore celui que nous appelons la religion. Mais cela ne prouverait rien contre le caractère naturellement *humain* de la religion. Y aurait-il, parmi les très nombreuses familles dont l'humanité se compose, quelques spécimens encore existants qui seraient restés dans l'immobilité au point de n'avoir pas encore at-

(1) Cette contradiction est surtout manifeste dans l'ouvrage de sir John Lubbock, *les Origines de la Civilisation*, traduction française de M. Ed. Barbier. M. Roskoff, professeur à Vienne, a péremptoirement réfuté ce genre d'erreur ethnographique dans son livre encore récent, *das Religionswesen der rohesten Naturvœlker, Leipzig, 1880*.

teint le niveau où l'esprit humain devient religieux? Ou bien, ce qu'on ne peut nier non plus d'avance, quelques tribus déshéritées seraient-elles retombées par dégénérescence dans l'état voisin de l'abrutissement? Ou bien encore devrions-nous constater parmi les familles humaines ce qu'il est si facile de constater au milieu de nous, c'est-à-dire que les hommes sont très inégalement doués au point de vue religieux? Il est des hommes dont l'âme frémit au souffle de la religion comme une harpe éolienne à la brise, des hommes chez qui le sentiment religieux, les convictions religieuses, l'enthousiasme religieux atteignent une intensité absorbante. En revanche d'autres sont de glace, restent sourds à ce qui retentit si puissamment chez les premiers. C'est comme un sens qui leur manque. Toujours est-il que des faits exceptionnels et accidentels ne sauraient être érigés en caractères permanents et fondamentaux de l'espèce humaine. La capacité mathématique de l'esprit humain n'est pas détruite par le fait que les enfants sont encore incapables d'en user et que certains sauvages, dit-on, ne peuvent s'élever à des calculs pour nous élémentaires. On pourrait dire la même chose de l'art, de la science, de la politique, toutes catégories essentiellement humaines. Ne donnons jamais à l'anormal, à l'exception douteuse, à l'infirmité, une valeur telle qu'elle fasse méconnaître les traits caractéristiques de la collectivité. Quand nous voudrons décrire le type de l'Européen, ce n'est pas chez les goitreux du Valais que nous irons chercher nos modèles.

Nous partirons donc du fait que la religion est

chose essentiellement humaine pour en commencer l'histoire. Malheureusement, avant d'aller plus loin, nous nous trouvons en face d'une doctrine théologique qui se met en travers de notre route et qu'il nous faut discuter. Car, selon la solution à lui donner, l'histoire que nous avons à faire change complètement de physionomie. Il s'agit de l'hypothèse d'une *Révélation primitive*.

III

LA RÉVÉLATION PRIMITIVE

Si nous avions à faire l'histoire de l'art, ou de la civilisation, ou celle de la philosophie, la question qu'il nous faut envisager ne se poserait même pas. Nous commencerions par les tout premiers et grossiers rudiments de chacun de ces produits supérieurs de l'esprit humain, et nous n'aurions qu'à suivre leur développement continu.

Notre histoire, au contraire, est arrêtée d'emblée par la prétention de ceux qui veulent qu'à l'origine même de l'espèce humaine la puissance créatrice ait révélé aux premiers hommes par voie surnaturelle les principes essentiels de la vérité religieuse. Si cette prétention est fondée, notre histoire ne pourra être, du moins fort longtemps, que l'exposé des dégradations et des corruptions de cette vérité révélée. C'est seulement si elle ne l'est pas que nous rentrons dans les conditions de toute histoire.

C'est bien malgré nous que nous nous engageons exceptionnellement dans une de ces discussions théologiques que nous préférerions éviter. Il y aurait, il est vrai, un terrain neutre sur lequel l'accord serait peut-être possible. Si Dieu a constitué la nature humaine de telle sorte qu'à un moment de son développement elle devait s'ouvrir au sentiment d'une réalité supérieure aux phénomènes purement sensibles, et si cette première éclosion du sentiment religieux devait, en vertu de la même constitution de l'esprit humain, le mener par une série d'expériences, de réflexions, d'inspirations géniales, à la notion de la puissance suprême et souverainement adorable, — il est évident que ce moment, auguste entre tous, où une âme humaine se sentit comme effleurée par un esprit dont jusqu'alors elle ne soupçonnait pas l'existence, fut le point initial de tout un développement qui devait remplir l'histoire. Peu importe, à ce point de vue, que cette aurore du sentiment religieux dans l'âme humaine ait été associée à des notions naïves et grossières du monde et de l'objet de la croyance. Le point de départ est donné, et le voyage se fera. Au fond, il revient absolument au même de dire : Dieu s'est révélé en principe à l'homme, lorsque celui-ci eut atteint un certain point de son développement psychique — ou de dire : l'homme était constitué de telle sorte qu'arrivé à un certain point de son développement psychique, il devait être sensible à la réalité de l'esprit divin. En ce sens, qui laisse une entière liberté à l'histoire, nous pourrions accepter aussi l'idée d'une révélation primitive.

Mais, vu le sens très déterminé que l'on donne habituellement à cette doctrine, nous aurions l'air ıe jouer avec les mots et d'endosser à nos idées un evêtement orthodoxe qui ne leur convient pas. En ait, les écoles religieuses, qui soutiennent la réalité ’une révélation primitive, sont guidées par un intéêt théologique très visible. Chez les catholiques on spère jeter ainsi la pierre de fondation sur laquelle ’élèvera plus tard le dogme de l'infaillibilité de l'Élise ; chez les protestants, l'orthodoxie croit cette octrine enseignée par la Bible, et son maintien néessaire à l'autorité du Livre saint.

Cette distinction est en rapport avec les deux maières dont la question elle-même peut être envisaée. On peut la prendre d'abord par son côté purenent théorique, abstrait, indépendamment de tout apport immédiat avec l'Église ou la Bible ; on peut ussi s'appuyer immédiatement sur ce que l'on croit ire dans le premier livre de la Bible, dans la Genèse.

On sait que la première manière a trouvé un ingéieux et subtil défenseur dans M. de Bonald. L'origiıalité de son système provient de ce qu'il a fait d'une évélation surnaturelle primitive la condition absoue de la vie humaine telle qu'elle s'est déroulée dans ’histoire. Ce n'est pas seulement la religion qui auait été donnée miraculeusement à l'homme, c'est ussi le langage et même l'écriture. Et comme, d'arès les données essentielles du système, l'homme ıe pense qu'à la condition de parler, il en résulterait ue, sans cette dotation surnaturelle, nous ne sauions rien, nous serions restés enfouis dans l'animaité, nous ne penserions même pas.

Nous pourrions répondre à cette théorie par la fin

de non-recevoir que la science est toujours en droit d'opposer aux explications se résumant dans un appel au surnaturel. Voici, d'une part, l'homme encore semblable de tous points à l'animal, ne parlant pas, ne pensant pas. Quelque temps après il se trouve que cet homme parle et pense. Supposons que nous soyons absolument incapables de marquer les points de transition qui ont pu mener de l'état primitif à l'état ultérieur et supérieur. Aurons-nous pour cela, en saine logique, le droit de conclure qu'une intervention surnaturelle a eu lieu et qu'elle a opéré ce changement inexplicable ? Nullement. Quand on ignorait les causes physiques de la pluie, ce n'était pas une explication rationnelle que celle qui, pour rendre raison du phénomène, mettait en action une volonté divine particulière et voyait le doigt de Dieu là où nous parlons aujourd'hui de refroidissement, de courants d'air et de condensation de vapeurs.

Mais, d'ailleurs, comment, dans l'hypothèse, la Puissance divine aurait-elle communiqué des idées à l'homme encore incapable de parler et de penser ? Révéler quelque chose à quelqu'un, c'est lui parler. Peu importe ici que le langage soit extérieur, frappant les oreilles, ou intérieur. Toujours est-il qu'il ne faut pas moins penser pour comprendre ce qui vous est communiqué que pour communiquer ce qu'on veut faire comprendre. C'est pour cela, entre autres conséquences de cet axiome, qu'un être incapable de parler par lui-même ne peut pas non plus apprendre à parler. L'oiseau, organisé de manière à imiter les sons de la voix humaine, n'arrive pas pour cela au langage. Tout enfant sait ce qu'on veut lui dire quand on lui reproche de réciter sa leçon comme un perroquet. C'est que le langage, comme le vieux Philon l'avait déjà vu, n'est pas seulement la pensée parlée; il est aussi et d'abord la pensée *pensée*. Si l'animal crie et ne parle pas, c'est qu'il a des sensations à exprimer et que du reste il n'a rien à dire. En résumé, si l'homme a appris à parler, c'est qu'il était capable de parler.

On en appelle au fait d'expérience que l'homme ne parle que parce qu'il entend parler; donc, dit-on, l'homme primitif, qui n'entendait pas parler, ne serait jamais arrivé au langage, si le Créateur ne le lui avait appris, et on cite l'exemple des sourds-muets (1). C'est toujours le même paradoxe que celui que nous signalions plus haut à propos du caractère humain, naturel, de la religion. Nous supposons l'homme en possession de ses facultés normales, et on nous répond par des exemples tirés de l'infirmité exceptionnelle. Dans la question qui nous occupe, nous avons le droit d'exiger qu'on prenne l'homme tel qu'il est normalement, avec des oreilles qui entendent, avec

(1) N'a-t-on pas invoqué aussi la vieille histoire rapportée par Hérodote de ce roi Psammétique d'Égypte qui fit enfermer deux nourrissons dans une écurie avec une chèvre laitière pour toute compagnie, et qu'on trouva deux ans après, ne prononçant que le mot *békos*, *békos !* Les savants d'alors auraient ouvert une consultation et prononcé gravement que, ce mot signifiant *nourriture* en Arménie, la langue de ce pays devait être la langue primordiale. En supposant l'histoire authentique, on peut s'étonner de ce qu'aucun des observateurs ne s'avisa de découvrir que les pauvres bébés articulaient le seul son que leur nourrice eût pu leur faire entendre.

une organisation rendant le langage articulé possible, avec cet instinct d'imitation que nous voyons se reproduire chez tout enfant venu au monde, avec sa tendance à tirer de ses organes et de la nature tout ce qui peut lui rendre la vie plus facile et plus agréable, enfin avec ce besoin, si marqué chez lui, d'objectiver, de représenter à lui-même et aux autres les impressions, les désirs, les émotions, les prétentions qui l'agitent. Car le langage n'est qu'une détermination de la catégorie plus générale du signe. Il rentre dans la même famille que le geste, la posture, le rire, le pleur, la grimace, la parure et toutes les manifestations possibles de la pensée cachée. Il n'est le signe le plus usuel que parce qu'il est le plus commode et le plus clair. Eh bien ! l'homme qu'il faut considérer n'est pas un sourd-muet. Il entend les bruits de la nature, le mugissement du vent dans les branches, le fracas de la cascade, la chanson du ruisseau, le roulement du tonnerre, le crépitement de la pluie, les innombrables cris de la nature animée. Étant ce qu'il est, nous pouvons être certains qu'il imitera, soit pour son plaisir, soit pour son utilité, soit pour sa sécurité. Son premier langage se composera d'onomatopées, de même que sa première écriture consistera dans le dessin grossier des objets qu'il voudra indiquer. Et de même que l'hiéroglyphie primitive se change en idéographie, c'est-à-dire que les dessins prennent une signification abstraite, syllabique, et représentent désormais des sons, non plus des objets, de même les onomatopées premières se changent en mots correspondant à des idées générales, et c'est dans ce vase que l'homme verse sans s'en rendre compte la merveilleuse logique instinctive de son esprit. Toute langue formée est en effet une merveille de logique inconsciente. Tout cela est admirable, mais nous ne voyons pas un seul point de ce développement où il soit nécessaire de recourir à une action surnaturelle pour passer au point suivant.

Mais ne pourrait-on pas objecter que la doctrine d'une révélation primitive de la vérité religieuse a plus perdu que gagné à son association avec la théorie insoutenable de M. de Bonald sur l'origine du langage et qu'il serait équitable de l'envisager en elle-même ?

Il est des théories qui ont dû un certain temps de vogue à ce que les études historiques étaient encore peu avancées, surtout pour ce qui concernait la haute antiquité. On pouvait encore croire que l'homme est récent sur la terre. Les preuves de sa haute ancienneté sur le globe n'avaient pas encore été fournies. Sa première existence faisait l'effet d'une vie déjà raisonnée, industrieuse, bien réglée, quasi-idyllique. On ne voyait donc aucune difficulté à attribuer aux premiers hommes des idées déjà très élevées sur la Divinité et ses rapports avec eux, et comme on n'avait pas non plus de griefs invincibles contre les explications de l'ordre surnaturel, on ne trouvait pas qu'une hypothèse comme celle d'une révélation primitive jurât trop avec ce que l'on croyait savoir du monde primitif (1).

(1) On peut voir un spécimen curieux de cette manière de considérer les temps préhistoriques dans l'ouvrage de M. de Rougemont, *le Peuple primitif*.

Mais aujourd'hui, quand nous savons que l'humanité a laissé des traces de son existence aux époques où le mammouth, le renne et l'ours des cavernes habitaient encore les régions centrales et méridionales de notre pays; quand des découvertes sérieuses sont venues dévoiler l'état de barbarie, de grossièreté extrême, dans lequel ont vécu nos ancêtres pendant des périodes interminables ; quand on peut s'assurer que plus on remonte la chaîne des temps, plus l'homme se rapproche de l'animalité, — il faut avouer qu'on éprouve une peine infinie à s'imaginer qu'à l'origine de ce lent et pénible développement, l'homme encore plongé dans une ignorance absolue a été en possession de doctrines religieuses sublimes et telles que l'inspiration la plus pure a pu les proposer à des sociétés cultivées, riches d'expériences accumulées. On se trouve devant une telle prétention surpris et comme dérouté. L'analogie fait défaut. Que dirions-nous à ceux qui prétendraient qu'en vertu d'une autre intervention surnaturelle, les premiers hommes furent en possession d'un art semblable à celui qui enfanta les merveilles de la statuaire et de l'architecture grecques? Ou bien qu'ils eurent sur la constitution du monde, la place de la terre dans l'univers, la nature de la lumière, des notions identiques à celles que la science moderne a propagées ? Nous dirions certainement que de telles prétentions sont de la plus haute invraisemblance, que rien ne leur donne un appui ni un corps, qu'elles sont en contradiction avec tout ce que l'on peut savoir ou conjecturer sur les temps préhistoriques, et nous aurions le droit de ne pas discuter de pareilles hypothèses avant qu'on nous montrât les faits qu'elles sont censées expliquer. Il en est absolument de même avec l'hypothèse d'une révélation primitive de la vérité religieuse. Elle jure avec l'ensemble de tout ce qu'on sait sur l'état extrêmement inculte et misérable de l'humanité antérieure à l'histoire. C'est aux faits qu'il en faut venir, et quand on nous les aura signalés, nous les discuterons.

Mais voilà une mise en demeure que d'autres partisans de cette doctrine accepteraient en se fondant sur le témoignage de la Bible : seconde manière de traiter la question que nous allons examiner à son tour.

Parmi les hommes de valeur qui ont maintenu la réalité d'une révélation primitive contre ceux qui croyaient cette doctrine implicitement démentie par les découvertes de la science historique, il faut citer au premier rang M. Gladstone, l'illustre homme d'état, en même temps *scholar* exercé. Nous ne pourrions choisir de représentant mieux qualifié de la thèse d'une première révélation religieuse accordée aux hommes par le Créateur (1).

Les mythologies seraient, selon M. Gladstone, le résultat d'une corruption systématique de doctrines antérieures d'une grande élévation et d'une grande

(1) On peut trouver les vues de M. Gladstone sur les origines religieuses de l'humanité dans trois de ses ouvrages, *Homer and the homeric Age* (1860), *Adresse à l'Université d'Edimbourg* (1865), *Juventus mundi* (1868). Elles ont été l'objet d'une critique approfondie dans le savant ouvrage de M. Cox, *Aryan Mythology*.

pureté. Elles ne sauraient provenir, comme le veut l'école moderne, de la déification immédiate de faits naturels. Elles ne sont au fond que le revêtement sophistiqué de vieilles traditions théistes, messianiques et bibliques. Dieu s'était révélé à l'origine comme puissant, saint et bon. Le sens corrompu de l'homme ne retint que l'idée de puissance et rabaissa tristement le caractère moral de la divinité. De là les penchants grossiers qui l'induisirent à ne plus la voir que dans les phénomènes de la nature qui frappaient le plus son imagination. La religion révélée à l'origine contenait six grandes doctrines : 1° L'unité de Dieu ; 2° une trinité divine dont les trois termes participent à la même dignité; 3° la promesse d'un rédempteur qui délivrerait l'homme de la malédiction du péché; 4° une sagesse divine personnelle fondant et soutenant le monde; 5° la connexion du rédempteur avec l'humanité par sa naissance miraculeuse d'une femme; enfin 6° l'existence de l'Être mauvais, de l'*Evil one*, exerçant parmi les hommes un pouvoir tentateur et chef des anges rebelles.

Là-dessus, la trinité s'est oblitérée en polythéisme, l'incarnation prédite en anthropomorphisme. Zeus, Hadès et Poséidon sont la caricature du Dieu triple et un. La notion du rédempteur se reflète dans les mythes de Phébus Apollon ; celle de la divine sagesse dans celui d'Athéné. Létô ou Latone correspond à la mère du rédempteur. Le diable et sa séquelle ont pour pendants les Titans et les monstres de la fable, etc. Toute la mythologie grecque y peut passer.

Nous réclamons toujours la preuve ; car enfin cette

mythologie grecque se relie par des liens d'étroite parenté à celle des Védas, elle s'est ouverte à plusieurs éléments originaires d'Égypte et de l'Orient sémitique, et quand nous remontons à ces diverses sources, nous nous trouvons en face d'un culte très naïf, très grossier, mais très immédiat de la nature, et nous n'y découvrons pas la moindre trace de défiguration systématique d'une vérité antérieure. C'est alors que M. Gladstone et ses partisans nous opposent l'autorité de la Bible et tout particulièrement de la Genèse.

Nous pourrions évidemment leur demander pourquoi nous sommes tenus d'accorder à ce livre sacré une autorité dictatoriale qui nous forcerait à lui subordonner les résultats d'une recherche purement scientifique. Mais descendons plutôt sur le terrain même où l'on se réfugie, ouvrons tout simplement la Genèse et voyons si elle contient tout ce qu'on lui fait dire.

On est d'accord aujourd'hui pour reconnaître dans les premiers chapitres de ce livre deux récits d'origine distincte, dont l'un comprend tout le chapitre premier et s'interrompt au troisième verset du second chapitre, pour reprendre seulement au premier verset du chapitre V.

Ce premier récit raconte les commencements des cieux et de la terre sous cette forme simple, majestueuse, pour ainsi dire classique, trop souvent gâtée par les efforts qu'on a faits pour y loger la cosmologie et la géologie modernes. Il renferme des erreurs scientifiques sur lesquelles nous n'avons pas besoin de nous arrêter (1). Puis, quand les animaux de toute espèce ont été créés à leur tour, Dieu dit : « *Faisons* » l'homme à notre image et à notre ressemblance, et » qu'il domine sur tous les animaux ». C'est à cette expression *Faisons l'homme* que des interprètes complaisants ont voulu rattacher la première révélation du dogme de la trinité, sans se dire que cette expression est ou bien le pluriel de *majesté* usité en hébreu comme dans bien d'autres langues lorsque les rois entendent parler en vertu de leur pouvoir souverain, ou bien, et plus probablement encore, un appel aux *Bené Elohîm*, aux « fils de Dieu », ceux que plus tard on appellera les anges et qui sont supposés assister à l'œuvre de la création. Au surplus, pas un mot ne nous dit que cette prétendue révélation de la trinité ait été faite au couple humain qui n'existe pas encore, qui est créé immédiatement après et qui reçoit uniquement pour instructions de peupler la terre, de dominer sur les animaux et de se nourrir de graines et de fruits. Puis le Créateur, ayant achevé son œuvre de six jours (2), se repose. Rien absolument n'indique la révélation d'une doctrine religieuse quelconque aux premiers êtres humains.

(1) Il y est parlé du ciel, du *firmament*, comme d'une voûte solide au-dessus de laquelle les eaux viennent s'emmagasiner, de la création des astres postérieurement à la formation de la terre et uniquement pour son service, de l'apparition du règne végétal tout entier avant qu'il puisse subir l'action de la lumière solaire, etc.

(2) Et non pas de périodes géologiques. La preuve en est que l'auteur hébreu rattache à ce repos divin du septième jour l'institution hebdomadaire du sabbat.

Comme nous l'avons dit, le récit s'interrompt (II, 3) pour faire place à un autre narrateur, et ne reprend au chapitre V que pour dresser la généalogie allant d'Adam, le premier homme, à Noé, à l'époque duquel, la terre étant couverte de crimes, Dieu se résolut à détruire la race humaine par le déluge, à l'exception d'une famille. C'est là qu'il se rencontre avec le second narrateur sans qu'il soit plus question qu'auparavant d'une orthodoxie primitive révélée aux premiers hommes.

C'est au second narrateur que nous devons les célèbres récits de l'Éden, de la première faute et de ses conséquences. Beaucoup moins préoccupé que le premier des origines physiques, il s'attache de préférence aux premières évolutions de la vie humaine. Il se représente les choses à l'origine comme si, antérieurement à l'apparition de l'homme, il n'y avait encore ni pluie ni végétation. Mais Jahveh, ayant formé l'homme du limon terrestre, insuffle sa propre haleine dans les narines de la statue d'argile, et l'homme devient personne vivante. Puis il plante le jardin d'Éden où il établit l'homme qui mangera de tous les fruits, entre autres de celui qui assure la perpétuité de la vie, mais à qui il interdit le fruit qui donne la connaissance du bien et du mal. Car l'homme, dans l'état de complète ignorance et par là de complète innocence, ne distingue pas encore le bien du mal. L'homme doit garder et cultiver ce beau jardin. Ce sont les animaux, que Jahveh curieux de voir comment il les nommerait fait passer devant lui, qui déterminent l'éclosion du langage humain. Puis, comme seul de tous les êtres vivants, le premier homme n'avait pas de compagne, Jahveh tire de son flanc, pendant qu'il sommeille, la chair avec laquelle il sculpte la première femme : vieux et vénérable mythe, dont la grossièreté enfantine ne doit pas nous voiler le sens profond, l'exquise délicatesse, et qui est certainement l'une des perles de la tradition hébraïque. Du reste notre auteur a bien soin de spécifier que le premier couple est encore étranger aux plus élémentaires notions de la moralité, et il nous apprend qu'ils étaient nus sans en éprouver la moindre honte.

Suit alors la scène fameuse de la transgression, grâce à laquelle ils arrivent à la distinction consciente du bien et du mal, mais nullement en conséquence d'une révélation divine, tout au contraire. Car le promoteur de la transgression, qui n'est pas du tout l'*Evil one* de M. Gladstone, ni le diable de la théologie postérieure, mais bel et bien le serpent, le premier serpent, au sens littéral de ce mot, amène insidieusement la première femme à manger le fruit défendu ; elle entraîne son mari dans sa faute et les conséquences se déroulent (1). Ils ont honte de leur

(1) La preuve qu'il s'agit bien du serpent-animal est fournie plus loin, quand Jahveh punit successivement les trois auteurs de la désobéissance. La race entière des serpents doit subir la punition que s'est attirée son premier ancêtre. — Disons en passant que le trait caractéristique de cet auteur *jahviste* (on le nomme ainsi pour le distinguer du précédent qui ne mentionne le nom divin de Jahveh qu'à partir de Moïse) consiste en ceci qu'il reconnait la tendance au progrès et sa réalisation successive dans l'humanité, mais que chaque progrès est

nudité, se ceignent de feuillage, et c'est précisément ce qui les dénonce à leur Maître irrité. Les punitions qui les frappent rentrent dans la catégorie des maux génériques, affligeant toujours l'humanité et dénotant, selon le vieux point de vue sémitique, une faute originelle dont tous les hommes doivent supporter solidairement la conséquence. C'est pour le serpent la nécessité de ramper douloureusement dans la poussière brûlante et la haine à mort que lui vouera l'homme désormais. « La postérité de la femme », c'est-à-dire l'homme, et il n'est nullement question d'individualiser cette postérité dans un seul homme et la femme dans une femme unique, attaquera à la tête le serpent qui l'attaquera au talon. C'est la lutte permanente, sans que rien indique de quel côté sera la victoire finale, et il a fallu une singulière bonne volonté chez les anciens exégètes pour voir là une prédiction de la rédemption. La punition générique de la femme consiste dans les douleurs de la parturition et sa subordination à son mari. Celle de l'homme se résume dans la nécessité du travail pénible, prolongé, mal récompensé, avec la sombre perspective de cette mort qu'il n'eût pas connue (ou prévue), s'il était resté dans sa première ignorance.

Et afin d'empêcher l'homme de se soustraire à cet arrêt en continuant de manger le fruit de *l'arbre de*

accompagné d'une chute morale et suivi de conséquences fâcheuses. En réalité, dans son récit, le serpent n'a pas menti, *les yeux* d'Adam et d'Ève *se sont ouverts*, comme il l'avait prédit, et ils ont acquis, comme des êtres divins, la connaissance du bien et du mal. Jahveh est *jaloux* des progrès de l'homme et s'applique à les lui faire payer cher.

vie planté au centre de l'Éden, Jahveh le bannit, lui et sa compagne, de ce jardin de délices et poste à l'entrée les terribles *Keroubîm* (1), monstres à l'épée flamboyante.

Le récit continue par l'histoire de la première famille, de Caïn et d'Abel, prototypes de deux races toujours ennemies, l'agriculteur sédentaire et le pasteur nomade. Il en résulte le premier homicide et son châtiment. Le caractère mythique du récit s'accuse toujours. Caïn, condamné à errer sur la terre, a peur d'être tué par ceux qu'il rencontrera, comme s'il y avait d'autres habitants de la terre que la famille adamique. Lui, sa femme et son fils bâtissent *une ville*, ce qui montre que tous ces noms propres ont un sens plutôt collectif qu'individuel. Notons aussi la mention des premiers sacrifices, Caïn et Abel offrant chacun de son côté à Jahveh des produits de leur travail, ce que chacun d'eux estime le plus, en se fondant évidemment sur l'idée que la Divinité a les mêmes besoins et les mêmes goûts que l'homme. Rien ne dit, en effet, qu'elle leur ait prescrit ce genre de culte. C'est, du reste, au sein des Caïnites que la première civilisation se développe ; elle est caractérisée surtout par l'emploi des métaux et la naissance de l'art musical. Mais en même temps surgissent deux fléaux attestés par le vieux chant de Lémec, la polygamie et la guerre. Un troisième fils d'Adam, Seth, est le père d'une autre race et « l'on commence

(1) Ce sont eux que la mythologie chrétienne a transformés en *chérubins*. Peu de mots ont subi un changement de sens plus complet.

à invoquer le nom de Jahveh », mais sans que cela soit le résultat d'une révélation. Le récit se rapproche enfin du précédent en signalant l'état de corruption et de méchanceté de l'espèce humaine. Seulement, il y joint le trait tout à fait mythologique de l'amour que les Bené-Elohim ou Fils de Dieu conçurent pour les filles des hommes. C'est de ce genre d'union que seraient issus les héros illustres des temps antiques. On a voulu voir dans ce curieux passage une sorte d'explication de la formation des autres mythologies. Quoiqu'il en soit, nous arrivons au déluge qui forme le premier point de repère commun aux deux premiers narrateurs de la Genèse.

Le déluge est aussi raconté en partie double, bien qu'avec quelques variantes sans intérêt dans la question débattue. A la sortie de l'arche, Noé et les siens reçoivent bien une révélation. Mais en quoi consiste-t-elle ? En ceci, que les hommes pourront désormais manger la chair des animaux, à la condition toutefois de n'en pas manger le sang, que le sang de l'homme versé par l'homme sera redemandé au meurtrier et que l'arc-en-ciel, mis, semble-t-il, dans la nue pour la première fois, sera désormais le garant des intentions de Jahveh qui ne veut plus détruire l'humanité par un déluge. Tout cela est plein de poésie ; mais où trouvons-nous la révélation primitive de M. Gladstone ?

Ce qu'on pourrait alléguer de plus dans la Bible, comme par exemple les révélations faites aux patriarches, ne concerne plus que la famille d'Abraham et par conséquent demeure étranger à l'hypothèse d'une première instruction religieuse donnée par Dieu à l'humanité. Rien donc absolument, dans la Genèse, n'est de nature à donner du corps à une prétention qui, si elle était fondée, ferait de l'histoire religieuse le contrepied de toutes les autres. En admettant même le caractère historique de ces récits, selon nous tout à fait mythiques, en supposant que les premiers hommes vécurent réellement comme les font vivre les narrateurs de la Genèse, nous devrions simplement en conclure que les premiers hommes surent qu'ils avaient pour maître un Dieu puissant, redoutable, de volonté changeante, créant l'homme capable d'un progrès qu'il contrecarre le plus souvent, mais sans que rien ait été fait pour l'empêcher d'imaginer d'autres dieux, ou plutôt la connaissance des Bené-Elohim n'était pas précisément ce qui pouvait le détourner du polythéisme.

Nous avons dû, pour ne pas compliquer une discussion déjà bien prolongée et un peu subtile, nous abstenir de tout ce qui, dans les nombreuses études critiques dont la Genèse a été l'objet, n'était pas indispensable à notre raisonnement. Il nous reste à faire valoir une dernière considération qui rentre déjà dans cet ordre de recherches spéciales, mais que nous résumerons le plus clairement que nous pourrons.

Au point de vue religieux, les traditions enregistrées dans la Genèse portent certainement l'empreinte hébraïque. Des auteurs israélites, racontant les origines humaines à une époque où le monothéisme était devenu pour eux une vérité incontestable, ne pouvaient les concevoir autrement qu'en monothéistes. Mais le fond lui-même de ces traditions est-il strictement hébraïque? Il est permis d'en douter et de les regarder tout au moins comme provenant d'une source où la Chaldée et la Perse puisèrent aussi plus d'une donnée traditionnelle. Plusieurs veulent même qne les traditions cosmogoniques, édéniques et diluviennes soient autant d'emprunts directs, modifiés seulement dans le sens monothéiste, faits à une époque relativement récente par les narrateurs dont les récits ont été combinés dans la Genèse. Mais sans nous embarquer dans une discussion que nous retrouverons plus tard sur notre route, nous pouvons affirmer qu'en tout cas les traditions de la Genèse ne peuvent s'appliquer qu'à un groupe de peuples assez restreint, ceux qui, d'après la Genèse elle-même (chap. X), peuvent rattacher leurs origines aux trois fils de Noé, Sem, Cham et Japhet. Ceci mérite attention.

Ces trois noms ne représentent pas, bien entendu, une division ethnologique sanctionnée par la science. Mais en admettant que les peuples issus de Japhet correspondent à ce que nous appelons aujourd'hui les Indo-Européens — et cela dépasse certainement de beaucoup les limites assignées à la descendance de Japhet — nous connaissons les autres peuples indiqués dans la même nomenclature comme sémites et chamites. Mais il s'en faut bien que toutes les races humaines soient représentées dans ce tableau. Où sont les nègres, qui n'ont en réalité rien de commun avec les Chamites? Où sont les Touraniens, les

Chinois, les Malais, les Polynésiens, les races américaines, les Hyperboréens, etc. ? Ce chapitre X de la Genèse, très remarquable essai d'ethnologie antique et l'un des plus intéressants de la Bible, supposant un grand élargissement de l'horizon très restreint qui limita si longtemps le regard des Israélites, n'en dénote pas moins que les narrateurs de la Genèse n'ont pu rédiger que des traditions roulant sur les origines d'une fraction seulement de l'humanité.

Cette observation, selon nous, tranche définitivement la question. L'hypothèse d'une révélation primitive de la vérité religieuse à l'humanité, déjà si invraisemblable quand on la met en regard de tout ce que nous savons du passé lointain de notre espèce humaine, ne trouve aucun appui dans le livre lui-même que ses partisans invoquent, et ce livre, à son tour, ne saurait passer pour un document racontant les origines de l'humanité tout entière.

Nous n'avons donc plus qu'à rayer une fois pour toutes cette prétention de l'ordre de nos discussions.

IV

LA TRADITION PRIMITIVE

Il nous faut, toutefois, envisager encore une hypo-
hèse voisine qui, sans soulever au premier abord le
nême genre d'objections que la précédente, ne s'en
nettrait pas moins en travers de nos recherches de
nanière à compromettre leur indépendance et fini-
ait, tout compté, par nous jeter dans des difficultés
outes semblables. Il s'agit maintenant, non plus
'une révélation surnaturelle, mais d'une tradition,
'est-à-dire d'une transmission régulière et continue
e souvenirs, remontant aux origines de l'espèce et
evant nous servir de critère pour interpréter et uti-
iser des traditions parallèles ou divergentes, mais
eaucoup moins sûres. Au fond, et malgré l'innocuité
pparente de cette prétention nouvelle, c'est encore
 tradition consignée dans la Genèse que l'on veut
riger en reine et maîtresse de toutes les autres, sans
aire tout de suite appel au miracle. Il suffit pourtant
'un peu de réflexion pour découvrir qu'en réalité ce
rivilège d'une tradition unique, échappant à toutes

les causes qui ont rendu les autres infidèles ou contradictoires, suppose une action miraculeuse de la Providence tout aussi bien que la doctrine d'une révélation primitive.

Il faudrait donc admettre qu'antérieurement à tout ce que nous appelons civilisation, lorsque les hommes étaient encore plongés dans la plus épaisse ignorance, encore étrangers aux arts les plus élémentaires; lorsque, privés d'instruments de métal, incapables de cultiver la terre, ils devaient encore, comme l'animal, demander leur nourriture quotidienne aux chances de la cueillette et de la chasse, et qu'ils étaient absorbés par le souci de la trouver en quantité suffisante, comme les sauvages les plus arriérés d'aujourd'hui, — ils ont pris soin de re cueillir et de condenser dans quelques courts récits adressés d'intention à leurs descendants des âges futurs, leurs expériences, leurs impressions, leurs souvenirs des événements dont ils avaient été les témoins ou les acteurs. Ils auraient confié ces espèces de conserves historiques à la mémoire de leurs enfants, qui en auraient fait autant aux leurs. Mais cette tradition primitive se serait oblitérée, obscurcie corrompue chez toutes les fractions, moins une, de l'espèce humaine. Une filière seulement serait restée pure de ces adultérations conscientes ou incon scientes, une tradition unique se serait conservée à travers les âges dans des conditions incomparables d'authenticité et de pureté, et c'est chez elle exclusi ment que nous devrions chercher ce que fit, crut e pensa la première humanité.

Ce simple énoncé ne nous fait-il pas un effet tout semblable à celui que produisent sur nous ces théories du dernier siècle, où l'on représentait nos ancêtres des temps préhistoriques réunis à l'ombre des forêts vierges pour discuter avec la gravité de vieux jurisconsultes les principes du contrat social ?

Passons pourtant sur cette impression. La première question qui se pose est celle-ci : où devons-nous chercher cette tradition continue qui nous permettrait de remonter sans interruption jusqu'aux origines de l'humanité ? L'Inde, la Chine, la vieille Perse, l'Égypte, la Syrie, l'Amérique, la vieille Grèce, la plupart des nations qui ont marqué dans l'histoire, certaines peuplades sauvages elles-mêmes, ont chacune leur genèse. Laquelle choisir ?

On nous dira qu'elles présentent des traits communs qui peuvent déjà servir de ligne directrice. Mais cela n'est pas du tout aussi simple qu'on serait tenté de le penser. Il est un facteur qui pourrait très bien expliquer la plupart de ces traits communs, sinon tous, sans recourir à l'hypothèse invraisemblable que nous examinons. Ce facteur, beaucoup trop négligé, c'est l'unité de l'esprit humain s'appliquant à résoudre les mêmes questions avec les mêmes éléments de solution. Par exemple, beaucoup de traditions régionales ont en commun la notion d'un déluge. Il en est toutefois qui n'en portent pas la moindre connaissance. Mais, si l'on tient compte de ces deux faits, que, dans tous les pays arrosés par de grands fleuves et théâtres de débordements dévastateurs, le même phénomène a pu très bien suggérer la même idée, et puis, qu'un peu partout il y a eu tendance à assimiler la création à ce qui se passe chaque année après les pluies torrentielles du printemps ou même chaque jour après que les vapeurs du matin se sont dissipées, peut-on encore s'étonner de rencontrer la tradition d'un déluge au commencement d'un si grand nombre de mythologies ? Il faut être très prudent en histoire religieuse quand on fait intervenir les catégories d'emprunt ou de déformation. Les plus étroites ressemblances, en vertu de l'unité de l'esprit humain travaillant sur des données semblables, peuvent se révéler entre des religions et des traditions qui n'ont jamais eu de relations dans l'histoire. Ainsi, la religion des Mexicains et des Péruviens, antérieurement à l'arrivée des Européens en Amérique, présentait des analogies nombreuses avec les religions solaires du vieux monde. Là, pourtant, il ne pouvait être question ni d'emprunt ni de déformation. Parfois même les ressemblances religieuses ou traditionnelles entre peuples qui ne se sont jamais connus s'étendent jusqu'à des coutumes qui nous paraissent fort bizarres. C'est ainsi que la *couvade*, cette étrange coutume qui veut que le père, aussitôt que son enfant est né, se couche et se fasse soigner comme un malade ; ou bien la tradition qui commande à ceux qui viennent de perdre un parent rapproché de s'amputer une phalange de doigt, ont été constatées, autrefois et de nos jours, au sein de populations très distantes les unes des autres, de race et de mœurs très différentes et qui n'avaient jamais pu avoir de rapports.

Nous l'avons dit, c'est au fond l'autorité dictatoriale de la Genèse que l'on veut sauver par cette voie détournée. Si l'on se bornait à relever ce que les premiers chapitres du Pentateuque renferment d'intuitions justes, de psychologie profonde, de pureté de sentiment, surtout quand on les compare à tant d'autres cosmogonies ou légendes parallèles, nous serions très disposés à souscrire à ce genre d'éloges. Mais l'esthétique et l'histoire sont choses différentes. L'esprit remarquablement élevé du mosaïsme a influé sur la rédaction des récits de la Genèse, cela n'est pas contestable. Mais cela ne prouve pas leur très haute antiquité. Les travaux de la critique actuelle sont loin d'être favorables à l'idée que sous leur forme canonique ils remontent très haut. Par exemple, on a de la peine à comprendre que le serpent ait été chez les Israélites jusqu'au temps d'Ezéchias un symbole de délivrance et de salut, tandis que leur tradition séculaire en aurait fait l'inspirateur et le promoteur du mal (1). En tout cas, ces récits sont bien postérieurs à Moïse, dont le livre qui les contient raconte la mort (2).

(1) Comp. Nom. XXI, 8-9 ; II Rois XVIII, 4. On peut, du reste, appliquer ce même genre d'observations à l'ensemble de l'Ancien Testament (livres historiques, prophétiques, édifiants). On ne peut qu'être frappé du silence qui règne tout le long de cette littérature, s'étendant sur plusieurs siècles, au sujet des principales traditions d'origine enregistrées dans la Genèse.

(2) Nous renvoyons les lecteurs curieux de connaître les résultats les plus avérés de la critique sur les livres vulgairement attribués à Moïse au grand ouvrage de M. le professeur Reuss sur la *Bible*, en cours de publication, chez Sandoz et Fischbacher, rue de Seine, 33.

Au surplus, et tous les problèmes de ce genre étant négligés pour le moment, se dresserait encore dans toute sa force l'objection que nous avons déjà opposée à la thèse d'une révélation primitive dont la Genèse serait le document ; savoir, qu'en définitive, la Genèse ne connaît qu'un petit nombre de races et de peuples, et les regarde à tort comme constituant l'universalité du genre humain (1).

Le point de vue que nous combattons n'en a pas moins inspiré beaucoup de livres qui ont eu leur temps de vogue et qui prétendaient prouver que toutes les autres traditions confirmaient point pour point les données principales de la Genèse, l'homme fait du limon terrestre, la chute, le déluge, l'arche de Noé, etc. L'un des plus célèbres fut l'ouvrage publié par le cardinal Wiseman, il y a quelques quarante ans, sous le titre de : *Rapports de la science et de la religion*. La géologie, encore dans sa première floraison, ne semblait elle-même être née que pour commenter le récit mosaïque de la création, et la philologie comparée n'était plus que la démonstration du miracle de la confusion des langues au pied de la tour de Babel. Ce livre, dont toutes les affirmations seraient démenties aujourd'hui, suivait au fond la direction déjà indiquée par les érudits du dix-septième siècle, tels que Bochart et Jurieu, quand les premiers ils osèrent aborder l'histoire religieuse de

(1) Signalons, à cette occasion, l'erreur vulgaire qui attribue à Cham la paternité des nègres. Les familles de peuples que le chap. X de la Genèse rattache à son nom ne comprennent pas les peuples nègres.

l'humanité. Il s'agissait toujours de la Bible comme fournissant une base historique infailliblement sûre, et dès lors on se croyait en droit de signaler comme autant d'échos plus ou moins infidèles les analogies réelles ou prétendues que l'on découvrait dans les autres mythologies.

Dans ces dernières années, les études préhistoriques, celles qui ont été consacrées aux antiquités chinoises, hindoues, américaines, etc., ne permettent plus de s'aventurer sur un pareil terrain. Cependant, on voit encore paraître, de temps en temps, des essais pavés de bonnes intentions et dont le but est toujours de démontrer l'antiquité et l'authenticité supérieures des récits de la Genèse par la comparaison avec les traditions dites païennes. Le plus remarquable à ma connaissance est encore celui qui parut en 1856 sous le titre de : *Die Traditionen des Menschengeschlechts* (Traditions du genre humain), par M. Heinrich Lüken. Nous citerons un seul échantillon de la manière de procéder de l'auteur, et cette citation suffira pour en dévoiler l'arbitraire.

Page 148, M. Lüken envisage le récit du meurtre d'Abel tué par Caïn. Là où nous verrions, par analogie avec d'autres mythes de même nature, le souvenir d'une lutte sanglante entre une race de pasteurs nomades et une race d'agriculteurs, dans laquelle les premiers succombent, M. Lüken voit un événement littéralement arrivé comme la Genèse le raconte, et alors tous les meurtres racontés dans les mythologies grecques, hindoues, perses, germaniques et autres, ne sont plus pour lui que des variantes du premier fratricide. Abel doit être le même qu'Apollon, le pur et le purificateur, d'autant plus qu'en Crète on nommait ce dieu *Abelios*, le même que le Beli hindou et le germain Balder, le beau jeune dieu tué à l'instigation du méchant Loki. Il doit être aussi Osiris tué par Typhon en Égypte et Remus tué par Romulus en Italie. Si on lui objecte qu'Apollon n'est pas tué du tout dans la mythologie grecque, il répond que, dans ses écarts arbitraires, la tradition grecque a reporté sur Abel-Apollon certains traits qui appartenaient en réalité à Caïn. Celui-ci doit plutôt avoir pour pendant Hercule, le terrible assommeur. On lui fait observer qu'Hercule passe au contraire dans la mythologie grecque pour un grand libérateur et un grand justicier. Cela n'importe. Hercule est un Caïn défiguré à qui les Grecs ont donné plus d'un trait enlevé à Abel. Avec une pareille méthode, il n'est rien qu'on ne puisse prouver.

La seule méthode rationnelle consiste donc à étudier l'histoire religieuse sans assigner d'avance une place à part à l'une quelconque des traditions qui ont figuré ou figurent encore parmi les peuples divers comme l'expression de leurs croyances sur les origines humaines. La supériorité esthétique de la Genèse ne lui conférerait pas encore cette autorité souveraine qu'on réclame pour elle. D'autres traditions peuvent lui être inférieures moralement, religieusement, et contenir pourtant des données très intéressantes qui lui font défaut. Par exemple, il est une invention primitive qui, plus que toute autre, a changé la face de la vie humaine, l'invention du feu.

Le souvenir plus ou moins vague d'un temps où l'homme ne connaissait pas cet art élémentaire s'est conservé dans plusieurs mythologies. La Genèse n'en dit rien. On peut voir, au contraire, dans le mythe de Prométhée, depuis surtout que les mythologues modernes en ont démêlé les origines, combien la Grèce eut le sentiment vif de ce progrès qu'elle considérait comme ayant rapproché l'homme des dieux.

Ajoutons qu'il résulte de l'étude comparée des documents religieux qu'en règle générale les mythes relatifs aux premiers âges du monde sont loin d'être les plus anciens. Les peuples-enfants ne se préoccupent guère de leur passé, encore moins de celui du genre humain. C'est à l'âge de réflexion que se posent les questions auxquelles les mythes d'origine servent de réponse. Il est naturel que l'on recueille alors quelques très vieux souvenirs qui font l'effet de remonter au berceau de l'humanité. Il ne l'est pas moins que ces souvenirs et les idées qu'on y incorpore se présentent désormais sous une forme mythique, c'est-à-dire objectivés dans un fait, un évènement, un personnage, tandis qu'en réalité ces idées se rapportent à des états permanents, à des faits périodiques, à des collectivités d'hommes (1).

Ce travail se fait sans méthode et sans rigueur; car il est plutôt l'œuvre de la poésie et de l'imagination que le résultat d'une recherche rationnelle. C'est pourquoi les mythes d'origine se contredisent aisément. Nous en avons un exemple frappant dans la

(1) Voir plus loin ce qui concerne le mythe.

Genèse elle-même. On se rappelle que les premiers chapitres de ce livre sont le résultat de la combinaison de deux narrations distinctes et dont il est facile de désigner ce que nous pouvons appeler les points de suture. Le premier ignore l'histoire de l'Éden et du péché originel, mais il affirme un fait de première importance pour l'histoire des antiquités d'Israël. C'est que le nom de Jahveh ou Jehovah, celui que nos versions rendent par l'Éternel et qui correspond à une notion de la Divinité plus haute et plus pure que celui d'Elohim, n'a été le nom du Dieu d'Israël qu'à partir de Moïse, qui en aurait reçu la révélation solennelle dans le désert d'Arabie. Mais, d'après l'autre narrateur, il n'en serait rien et ce nom aurait été déjà invoqué par les hommes avant le déluge (1). Il peut y avoir de fortes raisons pour préférer l'une des deux versions à l'autre, mais nous sommes loin de cette tradition primitive merveilleusement sûre et non moins merveilleusement conservée dans une race privilégiée.

Nous avons complètement négligé jusqu'à présent une question qui peut avoir une grande importance au point de vue des origines religieuses, celle de l'unité ou de la diversité des races humaines. Les partisans d'une tradition primitive unique la considèrent comme tranchée dans le sens de l'unité. On nous permettra d'être moins affirmatif.

Ce n'est pas que j'aie la prétention de résoudre le problème. Je dois seulement tenir compte des deux

(1) Comp. Genèse IV, 26 et Exode VI, 2-3.

possibilités ouvertes devant nous. Il y eut un temps, et il n'est pas encore loin de nous, où les spécialistes émancipés de toute autorité extra-scientifique étaient généralement d'avis que la thèse de l'unité n'était pas soutenable. Les choses ont bien changé depuis que les théories de M. Darwin ont conquis un si grand ascendant et que l'on ne croit plus guère aux abîmes infranchissables qui sépareraient les espèces. Depuis lors on est redevenu, dans la libre pensée, beaucoup plus sympathique à l'idée de l'unité originelle de toutes les races humaines, et, chose à noter, les partisans de la tradition canonique n'en ont pas su gré.

Il s'agit pour nous de prendre une position qui maintienne à la fois l'indépendance de la science spéciale que nous étudions et ses rapports de bon voisinage avec des sciences qui lui touchent de si près. En supposant, ce qui n'est pas encore démontré de manière à annuler d'avance toute opposition, qu'au nom de la théorie de l'évolution il soit possible de ramener toutes les variétés du genre humain à un seul type originel, il ne s'ensuit nullement que la même série de lentes modifications qui a amené la constitution d'un couple humain sur un point du globe ne s'est réalisée que sur ce point seul. Et il faut avouer que, tout au moins à première vue, on est bien tenté de penser que chacune des grandes divisions géographiques du globe a vu se faire « son homme ».

Cependant, et en présence de ce formidable point d'interrogation qui se dresse ici devant nous, il convient de partir d'un point de vue qui laisse indécise la question de l'origine physique. Quelques diversités de couleur, de structure osseuse, de développement général que l'on puisse constater dans l'humanité, toujours est-il qu'elle comprend des êtres qui ont en commun certaines facultés d'ordre psychique n'appartenant qu'à eux, telles que l'art de se procurer des outils et des armes que la nature ne fournit pas immédiatement, le langage, la faculté religieuse, un sens moral plus ou moins délicat. Voilà ce qui fait l'homme. Si un gorille savait se faire un outil de pierre, parler, montrer quelque chose qui ressemble à de la religion, fût-ce une superstition grotesque, il aurait beau être encore plus laid, plus hideux qu'il ne l'est, il faudrait le classer parmi les hommes. Voilà la véritable unité, il ne faut pas la chercher ailleurs. Les ancêtres de ceux que nous classons sous la dénomination d'hommes ont-ils toujours possédé ces facultés ou ces aptitudes ? Nous n'en savons rien. S'il ne les ont pas toujours eues, tant qu'ils ne les ont pas eues, ce n'étaient pas des hommes.

Maintenant nous savons que la vie humaine réduite à ses tout premiers rudiments est de très ancienne date sur la terre et que de longs siècles se sont écoulés avant qu'elle pût dépasser ce commencement très humble d'une vie déjà autre pourtant que la vie purement animale. Il nous semble impossible que devant de pareilles révélations de la science on puisse continuer de parler de traditions remontant jusqu'au berceau du genre humain et conservées intactes par les soins pieux de quelques familles.

aurait fallu un miracle pour qu'elles se formassent ; un autre miracle pour leur conservation.

Comme pourtant les traditions originelles des na-ons proviennent de temps où l'on était moins éloi-né que nous ne le sommes de la vie primitive, il est dispensable de les consulter, de les comparer et de s associer aux autres sources de renseignements ui sont à notre disposition. A ce point de vue les aditions consignées dans la Genèse conservent, vec leur charme propre, une valeur de premier or-re ; mais on ne peut finalement y voir qu'un frag-ent vénérable et fort digne d'attention de la grande enèse de l'humanité.

———

V

AUTRES *A PRIORI* DE L'HISTOIRE RELIGIEUSE

Les deux hypothèses dont nous venons de démontrer le vide réel et le caractère insoutenable, nous permettent de juger de l'entorse originelle et fatale qu'infligeraient à notre histoire des points de départ adoptés *a priori*, avant un examen méthodique des faits. Ce ne sont pas les seuls préjugés que nous ayons à écarter. Il en est de moins sérieux, de presque puérils et qui semblent indignes de la discussion. Pourtant plusieurs hypothèses de cette catégorie de second et troisième ordre sont en possession d'une certaine popularité. Nous pourrions citer comme exemple le préjugé qui veut que les religions ne soient qu'une invention des prêtres, comme si la religion n'avait pas forcément et partout précédé le prêtre. Nous le verrons plus clairement quand nous parlerons du sacerdoce. Sans doute il est arrivé mainte fois que le plus grand ennemi de la religion a été le prêtre qui en faisait métier et marchandise, qui s'en servait comme d'un moyen de satisfaire sa cupidité ou son ambition, si ce n'est des passions plus viles encore. Sans doute le progrès religieux s'est effectué presque toujours en dehors des prêtres, sans eux et malgré eux. Mais cela ne saurait fermer les yeux à l'évidence que s'il n'y avait pas eu d'abord de la religion, il n'y aurait jamais eu non plus de prêtres. Sur quelle base, au nom de quelles convictions ou de quelles notions préalables le premier prêtre aurait-il établi son autorité? Faut-il d'ailleurs beaucoup de science historique pour reconnaître qu'à certaines époques, étant donné un certain niveau des esprits, le prêtre a répondu à des besoins que seul il pouvait satisfaire; que des exemples de dévouement, d'abnégation, de pureté morale, que d'éminents services rendus à la civilisation sont tout autre chose que des exceptions dans l'histoire des sacerdoces, et qu'en présence de cette institution sacerdotale, comme de tant d'autres, il faut se garder de tout jugement passionné? L'histoire est une grande calmante ; mais pour qu'elle ait son effet, il faut se dégager de toute préoccupation tirée des controverses du jour et de l'heure. Il est telle institution, la royauté absolue par exemple, dont nous ne voudrions aujourd'hui à aucun prix, et dont pourtant nos ancêtres spirituels, ceux qui aujourd'hui penseraient et raisonneraient comme nous, furent très sincèrement les zélés partisans.

Il est un autre *a priori* de l'histoire religieuse, provenant soit des préjugés d'éducation, soit de cette tendance qui nous porte à croire aisément qu'antérieurement aux abus ou aux erreurs dont nous avons à souffrir actuellement, tout allait beaucoup mieux, et que l'âge d'or a toujours précédé l'âge de fer. Cette illusion date de loin. Elle se répète un peu avec chaque vieillard dont la vie se prolonge. Un vénérable père de l'Eglise, Cyprien, voyait un signe de la fin des choses qui approchait dans la moindre beauté et la moindre saveur des fruits qu'il mangeait dans sa vieillesse, quand il les comparait à ceux qu'il se rappelait avoir mangés étant jeune, et il ne songeait pas à se demander si ce n'était pas la faute de ses yeux affaiblis et de son palais émoussé. Ce sage hébreu que nous appelons l'*Ecclésiaste*, qui avait beaucoup vu et beaucoup réfléchi, a dit (1) : « Ne recherche pas pourquoi les jours passés valaient » mieux que les jours présents; car une telle re- » cherche n'est point conforme à la sagesse. »

Pour ce qui concerne l'histoire religieuse, cette illusion a pris la forme que voici : on répugne à croire que l'aube de la foi religieuse n'ait pas été d'une pureté radieuse et que l'humanité ait débuté par un polythéisme enfantin. Par exemple, on trouve un nombre assez considérable d'historiens qui veulent absolument que la religion primitive ait été monothéiste et que le polythéisme ne soit venu que par corruption d'une religion antérieure et supérieure.

Sur quoi se fonde cette prétention? Il est difficile d'y voir autre chose qu'une action reflexe des idées préconçues dont nous avons montré l'inexactitude. L'idée monothéiste ne s'impose pas d'elle-même à

(1) Ecclés. VII, 10.

l'esprit encore inculte. Elle suppose des réflexions, des expériences, une notion du monde qui ne sauraient être primitives. Elle n'est pas étrangère à l'esprit humain, et la preuve en est que dans toutes les mythologies on discerne une certaine tendance, parfois très marquée, à ramener les panthéons à l'unité. Mais de cette tendance plus ou moins vague à la notion consciente et réfléchie du monothéisme, il y a loin. Les anciens penseurs de la Grèce, dont on a souvent voulu faire des monothéistes au sens moderne, ne méritent pas cet honneur. Platon, par exemple, est resté dans le dualisme. Chez le peuple lui-même qui passe pour le représentant historique du monothéisme, on discerne clairement qu'une longue période polythéiste a précédé le triomphe de la croyance à l'unité rigoureuse de la divinité. Avant d'être monothéiste, il a été simplement *monolâtre*, et même seulement dans son élite religieuse, et son histoire se compose principalement des résistances opiniâtres qu'il opposa à l'idée monothéiste. Si, d'autre part, nous consultons le plus ancien document authentique de croyances religieuses que nous possédions, les Védas, y trouvons-nous le moindre indice d'un monothéisme primitif ?

Voici pourtant ce qui a pu donner l'apparence d'un corps à cette illusion. Dans les religions les plus nettement polythéistes, on n'adore le plus souvent dans un moment déterminé qu'une divinité à la fois. Les prières, les hymnes qu'on lui adresse sont toutes à sa louange. Lorsque l'homme adore, ce n'est jamais à demi. Il attribue toujours à l'objet de son adoration du moment toutes les puissances, toutes les qualités, toutes les perfections. C'est un peu comme ces bons curés de village quand ils prêchent le saint de la fête du jour. C'est régulièrement le plus grand saint du paradis. De même l'adorateur d'Indra ou d'Agni, de Phébus Apollon ou d'Athéné, d'Artémis à l'arc d'argent ou d'Aphrodite à la ceinture flottante, ne manquera jamais dans ses éjaculations pieuses de leur décerner les attributs de la souveraineté absolue. C'est ce qui a trompé ceux qui, d'hymnes ou de prières exprimant des sentiments que la logique aurait dû faire aboutir au monothéisme, ont prétendu conclure que ceux qui les chantaient ne reconnaissaient qu'un seul Dieu. C'était si peu leur intention que, le lendemain, s'adressant à une autre divinité, ils lui décernaient des hommages identiques sans s'apercevoir de la contradition.

Tel est le phénomène qui a conduit M. Max Müller à penser que la question : l'humanité a-t-elle commencé par le monothéisme ou par le polythéisme? était une question oiseuse. L'humanité primitive eût été incapable de faire la distinction. L'idée religieuse primitive fut flottante, indéfinie, impliquant aussi bien l'unité que la pluralité, mais régulièrement monothéiste inconsciente au moment précis de l'adoration (1). La souveraineté absolue étant ainsi successivement attribuée à chaque divinité, et l'ensemble des divinités présentant des caractères communs (*devas*, Θεοί), il en dut résulter ce que l'hono-

(1) Comp. *Chips of a German Workshop*, I, pp. 27-28.

rable professeur appelle le *cathénothéisme* ou plus brièvement l'*hénothéisme*, notion qui portait en elle-même les deux tendances plus tard divergentes du polythéisme et du monothéisme. Il y avait plusieurs dieux, mais chacun à son tour était Dieu.

Nous n'avons rien à objecter à cette manière ingénieuse de présenter des faits très réels, si ce n'est qu'en fin de compte tous les polythéismes, même les plus développés, pourraient rentrer dans la définition. Si la tendance de cet hénothéisme a pour conséquence logique le monothéisme futur, il est pourtant indéniable qu'en fait le polythéisme est l'antécédent. Le transfert successif des attributs de la souveraineté absolue à plusieurs divinités distinctes est précisément ce qui a toujours caractérisé le polythéisme ; par conséquent, on ne peut nier le polythéisme originel. Nous verrons plus tard comment la *monolâtrie*, exigée par un dieu *jaloux*, devait engendrer enfin le monothéisme conscient et réfléchi.

Ce serait d'ailleurs une illusion que de borner les *a priori* dont il faut nous défier à ceux qui relèvent uniquement de l'intelligence. Il y a d'autres sortes de partis pris qui aveuglent dès l'origine, et qui sont du ressort de la disposition morale.

Tel est l'*a priori* des hommes qui n'étudient l'histoire religieuse qu'avec l'idée préconçue de donner raison à l'une ou à l'autre des formes de religion qui se partagent l'humanité à l'heure actuelle.

Il en est un autre, de tendance absolument opposée, non moins aveuglant. C'est l'*a priori* des hommes animés d'une haine secrète contre tout ce qui s'appelle religion, et qui n'y voient qu'une aberration prolongée de l'esprit humain. Il leur semble que toujours et partout la religion a été l'auxiliaire des cupidités, des calculs inavouables et des despotismes. Ils oublient qu'en religion comme en tout il y a deux tendances coexistantes, celle des partisans du passé, quel qu'il soit, cherchant dans la religion un prétexte pour colorer leur amour des superstitions, de l'ignorance, de la servitude, et celle des hommes d'avenir qui puisent au contraire dans leur sentiment religieux, non pas seulement l'amour de la liberté et du progrès, mais aussi *la foi* dans cette liberté, dans ce progrès, la foi sans laquelle rien de grand ni de durable ne se fait sur la terre, parce que seule elle rend supérieur aux déceptions et aux revers. Ne nions pas le pouvoir de la foi, cette faculté merveilleuse qui nous permet d'anticiper sur la réalisation de l'idéal. Nous serions bien mal venus à le nier, nous qui sortons à peine d'une période de notre histoire nationale où le seul sentiment qui nous ait permis de nous relever d'une chute que tant d'apparences faisaient croire irrémédiable, a été la foi dans la patrie. Sans doute, l'histoire des religions est, en un sens, une histoire d'erreurs s'engendrant les unes les autres. Il n'est pas d'étape dans ce long développement qui ne nous montre l'homme victime de l'illusion et du rêve. Mais n'y a-t-il que cela ? N'y a-t-il pas une vérité qui grandit au milieu et je dirai même au moyen de ces erreurs ? De quel idéal humain n'est-ce pas l'inséparable condition ? Si nous avons aujourd'hui un idéal politique et social de justice, de liberté, de philanthropie, n'admettons-nous pas que l'histoire politique du genre humain est pleine d'erreurs et de mécomptes, qui ont été pourtant nécessaires au dégagement de cet idéal? Faut-il supprimer la loi, parce que l'histoire des législations fourmille de lois absurdes, iniques ou corruptrices? Faut-il condamner la science de la nature parce que, jusqu'à un temps relativement rapproché du nôtre, elle a été toute farcie d'idées fausses? Interrogeons l'histoire de la chimie, ou celle de la physiologie, ou celle de la physique : par quel long défilé d'erreurs l'esprit humain n'a-t-il pas dû passer avant d'arriver à posséder la part de vérité que nous considérons comme acquise sur ces divers domaines?

Il y a donc quelque puérilité à dire : l'histoire prouve qu'on s'est toujours trompé en religion, donc la religion n'est qu'une tromperie. La même histoire montre aussi la ligne ascendante du sentiment religieux, qui s'éclaire, se purifie et se rectifie continuellement. Il y met beaucoup de temps. Qu'est-ce que cela fait, pourvu qu'il arrive? Et par quel paradoxe de la destinée pourrait-il se faire que, de toutes les tendances naturelles de l'esprit, la tendance religieuse fût la seule qui dût aboutir au néant? Disons plutôt qu'il y a toute une révélation dans le fait même de la persistance avec laquelle l'esprit humain, en dépit de son ignorance démontrée et de la conscience de tant d'essais avortés, a maintenu sa direction vers l'objet inaccessible de ses croyances. Que d'idées bizarres les phénomènes élémentaires du magnétisme et de l'électricité n'ont-ils pas fait éclore dans les cerveaux?

Cela n'empêche qu'autrefois comme aujourd'hui, toute aiguille aimantée, disposée de manière à pivoter sur son milieu, s'est toujours tournée vers le pôle. C'était sa nature, à cette aiguille. De même, à travers toutes ses aberrations, l'esprit humain s'est toujours dirigé vers la Divinité. On a, de temps à autre, essayé de lui imprimer la direction contraire. Il a toujours regimbé et repris, dès qu'il a pu, sa direction constante. Lui aussi pourrait nous dire : c'est ma nature !

L'histoire religieuse n'a pas à enregistrer seulement des superstitions, des folies, des laideurs. Elle renferme aussi de nobles et splendides choses. On y rencontre des conceptions grandioses et des élans sublimes. On y entend des accents d'une pureté, d'une justesse, d'un charme si mystérieux et si puissant qu'on est involontairement porté à croire que cela vient de plus haut que la terre. L'inspiration religieuse, à ses grandes heures, ne le cède à aucune autre en hardiesse et en fécondité. La morale a pu souffrir de la religion, elle en a aussi énormément profité, et encore aujourd'hui c'est son seul appui sérieux dans la conscience de l'immense majorité. L'art lui a dû longtemps ses plus belles œuvres et ce n'est rien dire de trop que d'affirmer que sans elle la philosophie ne serait jamais née.

Faisons donc l'histoire des religions sans nous étonner de tout ce que nous y verrons de puérilités et d'horreurs, sans nous raidir d'avance contre ce qu'elle renferme de grand et d'auguste. Et peut-être, quand nous aurons fait cette étude avec impartialité, indépendance, hauteur de vues, peut-être discernerons-nous de quel côté se tourne constamment l'aiguille, peut-être aurons-nous trouvé la boussole. C'est seulement depuis qu'on est en possession de ce merveilleux instrument qu'on s'aventure avec sécurité dans le grand Océan.

VI

LE DÉVELOPPEMENT RELIGIEUX

A — LE SENTIMENT RELIGIEUX

Puisque nous avons dû écarter toutes les hypothèses qui stipulaient pour l'histoire religieuse des conditions d'origine différentes de celles qui déterminent les commencements de toute histoire, nous n'avons plus qu'à lui appliquer le principe que toutes les analogies, toutes les vraisemblances indiquaient déjà, le *principe du développement*, en vertu duquel tout commence à l'état de germe, de rudiments pleins de promesse et d'une merveilleuse ductilité, mais encore très incomplets, très grossiers, à l'état d'ébauche.

Ce principe n'est au fond que l'application à l'histoire humaine du *principe de continuité* qui se dégage toujours plus victorieusement de toutes les conquêtes opérées par la science moderne dans toutes ses directions. Il est de plus en plus évident que

« tout tient à tout », qu'il n'y a de solution de continuité que là où la lumière nous manque pour discerner les moyens termes, qu'on ne trouve dans l'univers ni l'immutabilité de l'identité éternelle, ni la superposition mécanique de phénomènes sans lien qu'une main mystérieuse se plairait à échafauder arbitrairement, mais une connexion permanente, logique, interne, des réalités au premier abord les plus disparates, — et nous en avons fait déjà tant de fois l'expérience qu'une induction irrésistible nous pousse désormais à affirmer que ce principe trouvera sa vérification là même où nous ne pouvons pas encore la montrer.

La continuité en histoire n'est pas l'identité des faits successifs, c'est leur développement.

Mais, d'autre part, tout développement suppose un germe primitif, qui se déploie, grandit, s'enrichit de formes, de modifications, d'applications sans nombre, trouvant la matière de sa manifestation toujours plus expansive, de son amplification continue, dans une foule d'éléments qui lui étaient d'abord extérieurs ou étrangers. Il en est de même de l'arbre qui pousse, grossit et grandit en s'assimilant le carbone et l'humidité que l'atmosphère lui fournit. Mais il ne faut pas considérer le germe protomoteur de ce développement végétal comme anéanti par le fait même de la germination et des commencements de la croissance. C'est lui, toujours lui, qui se perpétue dans l'organisme issu de son opération première. Sans lui cet organisme n'eût jamais existé ; sans les éléments qu'il a pu attirer dans l'orbite de son attraction, il fût resté inerte, infécond. Mais c'est lui qui est le fait initial et la force directrice, c'est lui qui constitue l'élément substantiel à qui tout le reste est subordonné.

Il faut donc, dans tout développement, distinguer deux choses : d'abord le principe substantiel lui-même et sa continuité interne, se manifestant par des accroissements, des modifications et des amplifications successives ; puis les éléments extérieurs qui rendent ces modifications possibles et qui peuvent être dès lors considérés comme autant de causes motrices ou excitatrices du développement.

Quel est dans l'histoire religieuse l'élément substantiel, vital, qui en représente l'âme ou le principe permanent ?

Si l'on se reporte à la définition que nous avons proposée de la religion en soi, on remarquera la place prépondérante qu'elle assigne au sentiment. C'est par là surtout que la religion se distingue de la science et de la philosophie. Celles-ci sont choses de l'intelligence exclusivement et, bien que la religion puisse être l'objet d'une science ou d'une philosophie, elle diffère de l'une et de l'autre par ses racines. Elle repose essentiellement sur l'éveil, la mise en activité d'un sentiment *sui generis*, qui pousse l'intelligence à s'en représenter l'objet sous des formes correspondant à son degré de connaissance, mais qui naît spontanément dans l'âme placée dans de certaines conditions. Ce fait interne du sentiment religieux n'implique nullement que les formes qui lui sont fournies par l'intelligence répondent exactement à la réalité de son objet. Nous pouvons très bien sentir l'effet d'êtres ou de forces dont nous ne savons nous faire que des idées vagues ou fausses. L'homme sent, par exemple, la chaleur et la lumière du soleil, lors même qu'il n'a aucune idée exacte de la nature de cette lumière, de cette chaleur, ou de l'astre qui en est la source. Le sentiment est ici fonction spontanée de l'organisme vivant ; une théorie sur la nature de la chaleur, de la lumière et du soleil ne peut être qu'un produit de la raison. C'est ainsi que le sentiment d'un objet, mystérieux par définition, peut être très vif, très positif, et s'associer pourtant à des notions très erronées sur cet objet lui-même. De plus nous rappelons, car cela est essentiel aussi, que le sentiment du lien qui unit l'esprit humain à l'esprit (ou aux esprits) supérieur dont il croit reconnaître la souveraineté sur le monde et sur lui-même, est pour l'homme une source de bien-être intime, indéfinissable aussi, mais dont ceux-là seulement peuvent nier la réalité qui ne l'ont jamais connu.

Nous avons déjà noté l'erreur dans laquelle on tombe aisément aujourd'hui, faute d'une analyse suffisamment exacte du sentiment religieux, quand on ne voit en lui qu'une variété du sentiment de la crainte. Ce dernier sentiment existe indépendamment de toute connexité avec le sentiment religieux, et il peut s'associer, en fait il s'est très souvent et très largement associé à celui-ci ; mais il s'en faut de beaucoup qu'il l'épuise. Il est très vrai que l'homme cherche dans la religion la synthèse harmonique de son être personnel avec ce monde qui s'oppose à son moi, soit dans son ensemble, soit dans ses phénomènes destructeurs, effrayants et douloureux. Mais pourquoi vouloir que les phénomènes de cet ordre sinistre aient été les seuls qui aient provoqué chez l'homme encore inculte les sensations et les émotions dont la religion est sortie ? Si nous appliquons aux âges de la complète ignorance l'analogie étroite, signalée déjà par Voltaire, qui doit exister entre l'enfance de l'humanité et l'enfance de chacun de nous, analogie qui s'appuie sur tant de conformités vérifiées, nous devons penser que les premières impressions de l'homme ont dû présenter ce caractère mixte, confus, où tout est dans tout, qui distingue l'état d'esprit du premier âge. Le petit enfant est à la fois peureux et confiant. Ses impressions sont très vives et il porte tout facilement à l'excès, se désespérant d'un rien, enchanté de la moindre chose. La joie est chez lui aussi prompte que le chagrin. Pourquoi donc en aurait-il été autrement de l'homme à peine détaché du sein de sa mère-nourrice, la nature ? Ne faisons pas de l'idylle hors de saison. Il est certain qu'en comparaison de la vie civilisée, la vie presque encore animale de l'homme primitif était affreuse — ou du moins le serait pour nous. L'était-elle aussi pour lui ? Rien ne nous autorise à penser qu'il ait été enclin au suicide, bien au contraire. Ce qui est bien plus probable, c'est que l'éveil de la faculté religieuse fut déterminé par l'effet de la découverte qu'il crut faire d'esprits supérieurs vivant et agissant sous forme d'objets naturels, et que le sentiment qu'il en eut fut mélangé d'inquiétude et de joie, de terreur et de confiance. Les phénomènes favorables et les phénomènes contraires à son bien-être, à sa vie, souvent les mêmes phénomènes qui pouvaient être tantôt favorables, tantôt contraires, lui inspirèrent simultanément les deux ordres d'émotions. Il les ressentit très vivement les unes et les autres, comme l'enfant ressent tout vivement, et c'est s'enfermer dans une impasse que de ramener à la seule terreur le mélange de sentiments divers qui donna au sentiment religieux son premier contenu (1).

Surtout défendons-nous de mettre à l'origine des religions trop de précision, trop de définitions rigoureuses, en un mot trop de dogme. Les notions religieuses originelles ont dû être longtemps variables, fugitives, insaisissables. On se demande, par exemple, quel dut être l'objet des premières adorations de l'homme. Je répondrais volontiers : peut-être tout, non pas l'ensemble, dont il ne se doutait pas, mais tout phénomène qui lui faisait l'effet de révéler un esprit en relation avec le sien. Comme chez nos

(1) Nous verrons dans une autre et prochaine partie du cours ce qu'il faut penser de ces peuples sauvages qui reconnaissent deux ordres de divinités, les unes bonnes, les autres méchantes, qui oublient ou négligent les premières et n'adorent assidûment que les secondes. Disons seulement d'avance que l'on peut signaler d'autres faits de signification opposée, et surtout qu'il faut prendre garde d'étendre à l'humanité entière des conclusions valables seulement pour certaines régions et certaines races. Il se pourrait bien qu'on fût ici en présence d'une différence primordiale à ranger parmi celles qui expliqueraient pourquoi des races se sont développées si vaillamment dans le sens de la civilisation, tandis que d'autres sont restées stationnaires.

petits enfants, les phénomènes de nourriture et de lumière, — ainsi que leurs contraires — ont dû compter parmi les premiers qui lui suggérèrent ce cours d'idées. L'arbre qui portait en abondance le fruit nourricier et le retour de la lumière après chaque nuit ont dû de très bonne heure lui faire l'impression de puissances bienfaisantes ; et puis ce qui bougeait, ce qui remuait, ce qui semblait vivre, les nuages et les fleuves, venant on ne savait d'où et allant à l'inconnu, la montagne qui ne bougeait pas, mais qui regardait gravement de ses hauteurs inaccessibles à travers le blanc linceul de ses neiges et sur les flancs de laquelle on entendait des voix répercutées avec des vibrations ironiques ou mélodieuses; et puis les ténèbres, la nuée d'orage, la foudre, l'inondation, le froid glacial, la chaleur dévorante, tout ce qui semblait poursuivre l'homme avec l'intention de lui nuire ou de le faire périr, l'animal, dont l'homme se sentait encore si près, qu'il aimait ou qu'il redoutait, mais dont il admirait les proportions, ou les instincts, ou les facultés physiques, — tout cela put être l'objet de ce sentiment à part que fait naître la reconnaissance d'un esprit par un autre esprit. Le difficile n'est pas de dire ce que l'homme a pu adorer dans la nature, ce serait bien plutôt de marquer ce qu'il n'a pu adorer.

Mais n'oublions jamais que, quelle que fût la notion qu'il se faisait de la divinité, l'homme a toujours éprouvé et recherché un sentiment particulier de bien-être à l'idée d'être en relation normale avec elle, et cela quand bien même cette divinité se présentait à lui sous des traits épouvantables, quand bien même à notre point de vue elle n'aurait dû provoquer en lui que des sentiments d'horreur. Nous nous arrêtons stupéfaits quand nous arrivons en face de ces divinités terribles qui se repaissaient de chair humaine, qui arrachaient aux parents leurs premiers-nés pour contenter leurs appétits d'ogres ou leur insatiable fureur. Notons que certaines notions de la Divinité consacrées par certaines traditions chrétiennes sont à peine supérieures. Mais soyons assurés que tout le temps que dura la foi dans ces divinités repoussantes, l'homme rechercha, souvent même au prix des plus durs sacrifices, l'état de bien-être ou de jouissance intérieure résultant de l'adoration qu'il leur adressait.

Nous avons déjà parlé du rapport qui existe entre ce phénomène d'ordre religieux et le goût de l'homme pour le tragique. Ceci mérite encore quelques explications.

Qu'est-ce que le tragique? C'est la mise en évidence, par l'exposé d'un événement, ou d'une situation, ou d'une destinée humaine, d'un ordre supérieur des choses, écrasant sous sa marche irrésistible nos petits calculs, nos prévisions restreintes, notre sagesse vulgaire, s'avançant imperturbablement vers son but sans se soucier de ces fils d'araignée, et arrivant à ses fins avec la fixité, la régularité, la sûreté, d'un mouvement astral. Que l'on prenne dans l'histoire ou dans l'art n'importe quel exemple de tragédie émouvante, et l'on verra se vérifier cette définition.

La plupart de ceux qui sont les spectateurs d'un événement ou d'un dénouement tragiques ne sauraient formuler clairement l'impression profonde qu'ils en reçoivent. Leur imagination, leur conscience sont remuées, mais ils ne songent pas à en analyser la signification, ils ne voient que le côté terrible ou grandiose des choses tragiques. Pourtant il est des choses terribles et que nous ne disons pas tragiques, l'ouragan par exemple, quand il passe sans causer de grands malheurs ; il en est de grandioses, comme la mer au repos, et qui ne sont pas non plus tragiques. Le terrible en soi et le grandiose en soi ne suffisent donc pas pour constituer le caractère tragique. Il faut de plus qu'il s'y joigne la révélation d'une loi ou d'une direction supérieure des choses. Le drame antique, pendant longtemps, se borna au côté extérieur du tragique, il n'y montra guère que de la fatalité. L'oracle d'un dieu, la malédiction d'un père, la punition d'un crime devaient tôt ou tard recevoir leur accomplissement, au moyen, s'il le fallait, d'une intervention surnaturelle. Aujourd'hui nous voulons que le tragique soit aussi logique, et nous avons raison, car il l'est. Mais aujourd'hui comme dans l'antiquité, c'est bien la manifestation de la loi supérieure des choses qui fait sa valeur et son caractère propre. Un puissant empire qui s'effondre miné par des vices intérieurs longtemps dissimulés sous de brillantes apparences, un bienfaiteur de l'humanité qui, d'abord acclamé, périt victime de la méchanceté humaine, une catastrophe où s'engloutissent les espérances les plus légitimes, les amours les plus tendres, tout ce qui rappelle la souveraineté inaliénable de l'ordre moral, ou la fragilité de nos projets les mieux combinés, ou la nécessité d'aspirer aux sphères éternelles comme à la seule région où se prononce le mot suprême de nos destinées, tout cela est tragique et mérite ce nom.

Hé bien ! s'il est assuré de n'en pas souffrir personnellement, l'homme est porté par un secret penchant de son être à aimer le tragique, à se plaire dans sa contemplation. La preuve en est dans ces chefs-d'œuvre qui ont toujours compté parmi les productions les plus élevées et les plus goûtées de l'esprit humain. C'est qu'il y a une affinité mystérieuse entre cet esprit et cet ordre supérieur des choses que le tragique révèle, et plus l'esprit humain est développé, plus il est sensible à cette émotion qui l'agite jusque dans ses profondeurs. Il est bien des cérémonies religieuses qui ne se comprennent que comme autant de tragédies périodiquement représentées.

Par conséquent nous ne devons pas nous étonner du charme, au premier abord si étrange, qui peut retenir longtemps l'homme dans la fidélité à des religions de terreur et de sang. Ce n'est pas la crainte seule qui les a fait naître, ce n'est pas la crainte seule qui les maintient. Il y a, dès l'origine et depuis, l'attrait particulier du tragique, la jouissance résultant de l'union de l'esprit du dedans avec l'esprit du dehors. Toutes ces religions terroristes prétendent réaliser les conditions et les moyens de la sécurité. Ce sont des cérémonies, ou des offrandes, ou des prières, ou des supplices volontaires, ou des immolations sanglantes qui apaisent la fureur du dieu terrible, et le croyant se trouve heureux de penser qu'il est désormais uni à l'esprit qu'il redoutait, n'ayant plus rien à craindre de sa colère, pouvant au contraire se figurer qu'il est sous la protection de sa puissance.

Schleiermacher a eu raison de signaler le sentiment de dépendance comme faisant partie intégrante du sentiment religieux. En effet l'esprit avec lequel l'homme veut se savoir uni doit lui être supérieur. Autrement il ne pourrait trouver dans l'union avec lui cette synthèse victorieuse du monde et de la destinée qui fait l'essence même de la religion sous toutes ses formes. C'est par égard pour la vérité historique que nous nous bornons à l'idée de supériorité. En se développant, le sentiment religieux élève cette supériorité à la souveraineté absolue. C'est à cette condition seulement que la synthèse est légitime. Mais ceci n'est vrai que pour les religions avancées, beaucoup se contentent de la simple supériorité. Toutefois nous découvrons ici l'une des grandes raisons qui ont fait que l'objet des adorations humaines a toujours été conçu comme un être conscient et personnel. C'est même là une des causes qui font que la religion varie. A mesure que l'épaisse ignorance des premiers jours se dissipe, l'homme découvre que bien des objets qu'il prenait pour des personnes ne sont en réalité que des choses. A partir du moment où il en a la certitude, il ne les adore plus. Car l'homme qui sent, qui pense et qui veut se sentira toujours supérieur à ce qui n'a ni sentiment, ni pensée, ni volonté. C'est le commentaire de la grande pensée de Pascal sur la noblesse supérieure de l'homme devant l'univers inconscient, quand même cet univers l'écraserait ; mais l'homme « sait » qu'il meurt, et l'avantage que l'univers a sur lui, » l'univers n'en sait rien. » Nous voyons donc par là que le sentiment de dépendance n'est religieux que s'il se rapporte à un esprit. Nous dépendons toujours de forces et de phénomènes inanimés qui échappent à notre libre action, les intempéries, par exemple, ou les maladies. Nous ne songeons pas à en faire des dieux. Quand on les adora, c'est qu'on les avait personnifiés.

L'erreur de Schleiermacher est de n'avoir pas vu, ou du moins fait entrer en ligne de compte, que dans le sentiment religieux le sentiment de dépendance se mêle étroitement au sentiment de l'union, de la réciprocité, de la mutualité, lequel n'est pas moins essentiel à la religion que le premier. C'est le mystérieux *Dein Mein* inscrit sur le cor de Charlemagne à Aix-la-Chapelle. L'analyse du sentiment religieux n'est complète que si l'on met sur une même ligne ces deux facteurs premiers, le sentiment de la dépendance vis-à-vis de l'objet religieux et le sentiment de l'union réelle ou à réaliser entre cet objet et le sujet.

En fait, le sentiment religieux possède une saveur propre qu'on ne peut comparer qu'à elle-même, comme le sentiment du beau ou du vrai. La définition s'arrête ici comme devant un élément irréductible et sans analogie. Mais il se compose ensuite d'autres éléments hétérogènes qu'il ramène à l'unité, dont il se nourrit, et qu'il frappe à son empreinte. On peut y voir une double gamme ou une double série de sentiments que l'on peut énumérer dans l'ordre de l'intensité toujours plus marquée.

Il y a la gamme qui se rattache au sentiment de dépendance et que nous pouvons dérouler de cette manière :

Respect, *vénération*, *crainte*, *effroi*, *terreur*.

Il y a ensuite la série se rattachant au sentiment de l'union réciproque :

Admiration, *joie*, *confiance*, *amour*, *extase*.

Nous inscrivons l'extase comme le moment suprême de la seconde série, parce que le sentiment religieux, surexcité dans une âme très impressionnable, va jusqu'à l'extase, qui est un des phénomènes religieux les plus dignes d'attention.

Remarquons, à présent, que ces deux gammes, dont l'une a pour ton fondamental *la crainte* et l'autre *la confiance*, sont le plus souvent mélangées dans la réalité. C'est tantôt l'une qui l'emporte, et tantôt l'autre, mais avec une infinie variété de nuances, de demi-tons et, si je puis ainsi dire, de quarts de tons. Il est telle religion dont la crainte occupe le centre ; telle autre qui a pour élément central la confiance.

Je prétends, toutefois, que, moyennant une analyse soigneuse, on trouve toujours un peu de l'une mêlé à l'autre.

Voyez, par exemple, un dévot de petit esprit, mais que je suppose sincère. Sa religion a pour mobile principal une peur atroce de l'enfer, c'est-à-dire du diable, qui l'y attend peut-être, avec tous les démons sous ses ordres et lui préparant toutes les tortures imaginables et inimaginables. C'est une religion très-peu élevée, à nos yeux lamentable, j'en conviens. Pour lui, la religion est une terreur. Cependant remarquez dans la ferveur empressée avec laquelle il accomplit les rites et les œuvres que sa croyance lui recommande comme en possession d'une efficacité indubitable, remarquez je ne sais quel contentement brillant dans son regard et compensant pour lui tous les tourments auxquels il s'astreint de propos délibéré. Ne le plaignez pas trop. C'est lui qui vous plaint. Étant donné son état d'esprit, il y a de la satisfaction, de la joie, dans les innombrables pratiques dont il s'inflige le pénible fardeau.

Observez, d'autre part, un chrétien spiritualiste que sa foi élève au-dessus de ces misères superstitieuses, qui croit de plein cœur aux promesses de l'Évangile, qui jouit pleinement de la conviction qu'il est en communion personnelle et directe avec le Père infini dont l'amour est l'attribut essentiel, et qui remplit sa vie entière de la sérénité, de la pureté morale et de la charité que de telles persuasions inspirent. Nous sommes ici à l'autre pôle du sentiment religieux, et pourtant ce serait une exagération de dire que la crainte, au moins sous la forme atténuée de la vénération, n'entre pour rien dans la religion de cet homme.

Nous avons fait remarquer aussi ce qu'il y a toujours de nécessairement mystérieux dans l'objet du sentiment religieux. L'homme devient religieux au sentiment d'une puissance intelligente supérieure à lui, mais il reconnaît en même temps qu'une ombre impénétrable l'enveloppe de toutes parts. Le mystère, l'inconnu qui intrigue et défie notre soif de connaître, caractérise l'objet religieux tout aussi bien que son existence révélée. Pour nous, avec notre éducation saturée de rationalisme, le mystère n'est pas toujours religieux. Il y a en histoire des mystères qui piquent notre curiosité, mais c'est là tout. Un vieux château longtemps inhabité, dont les chambres n'ont pas été ouvertes depuis un temps immémorial, et où les bonnes gens prétendent que les anciens possesseurs « reviennent », nous inspire simplement l'envie d'y aller voir. Mais nous ne sommes pas autrement constitués au fond que nos ancêtres, et quand, de ces mystères pour rire, nous nous élevons à ceux qui planent sur notre destinée, à ceux qui entourent les grands problèmes de la vie et de la mort, à ceux enfin qui, dans n'importe quel système de philosophie ou de croyances, finissent toujours par arrêter notre raison et nos recherches, nous comprenons l'affinité étroite qui relie le sentiment religieux à celui du mystère. Si seulement nous pénétrons dans une forêt de grands arbres, où les dômes de verdure se succèdent à perte de vue, où le bruit de nos pas sur les feuilles desséchées trouble seul le silence des profondeurs, ne sommes-nous pas saisis par ce sentiment du mystère qui fit de la forêt dans les temps reculés, et notamment dans notre vieille Gaule, la résidence habituelle des divinités les plus augustes? C'est par là que le sentiment religieux s'associe à celui de l'infini, lui enlève sa morne vacuité en le remplissant d'une réalité positive, et puise de nouvelles forces dans cette association. Un mystère défini, circonscrit, n'est guère plus qu'un demi-mystère ; mais la religion a pour objet le mystère indéfinissable. Ce sentiment colore d'une manière particulière le sentiment religieux et en est inséparable.

D'autre part, l'homme ne se résigne pas à adorer le purement inconnu. Lors même que la seule affirmation qu'il ose lui appliquer est celle de l'existence réelle, c'est déjà autre chose et plus que l'ignorance absolue. L'objet de la religion humaine est nécessairement un esprit. Autrement elle manquerait de tout point d'attache, ce serait un lien n'unissant rien, ce serait un néant. L'homme reportera donc sur cet esprit, plus ou moins naïvement, avec plus ou moins de sévérité philosophique, des traits empruntés à son propre esprit. C'est l'anthropomorphisme inévitable dont nous avons déjà parlé, résultant de l'affinité que l'homme stipule entre son esprit à lui-même et l'esprit qu'il adore. Nous trouvons là la raison commune des erreurs les plus grossières et des notions les plus élevées en matière religieuse. Le même postulat spontané qui porta l'homme ignorant à personnifier des arbres, des pierres, des fleuves, des montagnes, du feu, des étoiles, la même impulsion qui transforme une bûche ou un caillou en directeurs de la destinée humaine, a fait aussi qu'un Platon, un Sénèque, un Leibnitz, un Hegel, ont proclamé la coessentialité de l'homme et de Dieu. L'Évangile doit sa vertu à son principe fondamental de la parenté virtuelle de l'homme et du Père céleste.

Le développement religieux a donc pu commencer très bas sans perdre son élément substantiel à travers son évolution séculaire. En supposant que nous eussions pu être les témoins éclairés et réfléchis de ses premières manifestations, il nous eût été aussi difficile de prédire ce qui en sortirait qu'il le serait pour nous aujourd'hui, si l'expérience quotidienne ne nous éclairait pas, de prévoir comment les premiers bégaiements du nourrisson qui articule ses premières syllabes deviendront le langage clair, ample et opulent de l'adulte.

Nous n'en sommes pas moins en possession du levier qui soulèvera le monde. Le sentiment religieux, d'indécis, de fugitif, de flottant qu'il a dû être en commençant, s'est affermi, s'est fixé; il a déployé son contenu si varié, cherchant ses satisfactions toujours plus haut. Il n'est pas toujours resté emprisonné dans la nature visible et rapprochée. Il ne s'est pas toujours éparpillé sur des objets ridicules ou mesquins. Il a fait entrer dans sa sphère d'attraction les arts, la morale, la société entière. Il s'est élevé aux grandes forces et aux phénomènes toujours imposants du monde. Il les a même dépassés, en leur superposant un esprit souverain qui les domine tous. Il a revêtu mille formes, il a créé des chefs-d'œuvre, il a été la source d'inspirations magnifiques, il a produit des systèmes, et des peuples ont vécu pendant des siècles sous leur abri. Son histoire sera celle de ses révolutions, de ses variations, de ses modifications sans cesse renouvelées. Il nous faut voir maintenant les causes déterminantes de ces changements historiques.

B — CAUSES MOTRICES DU DÉVELOPPEMENT RELIGIEUX

Un développement historique s'opère ordinairement sous l'action de causes étrangères à son principe, mais entrant en rapport avec lui et déterminant des phases nouvelles et des modifications plus ou moins graves. On peut déjà s'en assurer en considérant le cours de l'histoire politique ou de l'histoire de l'art. Des causes, qui n'ont par elles-mêmes rien de politique ni d'artistique, influent de la manière la plus puissante sur la direction que prennent la politique et l'art et sur les transformations que tous deux subissent. La même règle s'applique à l'histoire religieuse.

La première en date et peut-être la première aussi en importance de ces causes motrices du développement religieux, c'est la connaissance croissante de la nature environnante et plus tard du monde lui-même dans sa grandeur et sa constitution réelles.

Il est clair qu'au temps de cette prodigieuse ignorance dont nous avons de la peine à nous faire une idée, l'homme ne fut, ne put pas être sensible à ce que nous appelons l'ordre ou l'harmonie universelle des choses. A l'origine l'homme dut faire comme l'enfant qui s'attache dans tout ensemble à un détail. Il est vrai que ce détail pour lui, ce détail qui le frappe et l'attire, est quelque chose de très important qui lui masque le reste. Dans les objets de mince importance à nos yeux qui provoquèrent l'éveil du sentiment religieux, l'homme primitif put découvrir tout un olympe. Un arbre, un cours d'eau, un rocher de forme bizarre, un antre mystérieux, un animal redoutable ou très habile chasseur purent déterminer en lui l'idée d'un ou de plusieurs êtres animés beaucoup plus forts, plus intelligents, plus puissants que lui. Pour comprendre cet état d'esprit nous ne saurions trop nous dépouiller de tout ce que l'expérience accumulée des siècles nous a donné de « leçons de choses ». A peine au sortir du berceau, nous héritons de nos parents, de nos bonnes elles-mêmes, quelqu'ignorantes qu'elles soient, une masse de connaissances qui nous font l'effet d'être immédiates, de s'acquérir toutes seules et de réclamer seulement, pour être possédées, des yeux pour voir et des oreilles pour entendre. Quelquefois, en observant bien, nous parvenons à retrouver chez nos enfants quelque chose de cette première innocence de l'esprit, particulière à l'âge où l'on admire que l'eau mouille et où l'on court pour voir si l'on n'ira pas plus vite que son ombre. Un soir de l'hiver dernier, montant un chemin creux bordé d'arbres, dont les rameaux encore dépouillés laissaient apercevoir de temps à autre la lune en lutte avec des nuages, j'assistai à une conversation entre une mère, femme du peuple, et son marmot qui voulait absolument savoir ce qu'était devenue l'autre lune qu'il se rappelait avoir vue sous une autre forme et qui était partie. La mère dut lui répéter plusieurs fois qu'il n'y avait qu'une lune et que c'était toujours la même qui tantôt paraissait, tantôt disparaissait. Le bambin était encore dans l'âge mythologique. Supposons un groupe d'hommes aussi ignorants que cet enfant, n'ayant personne pour rectifier leurs idées, et rien ne les empêchera de s'imaginer que chaque nouvelle lune est une lune nouvelle.

Autre analogie qu'il importe de noter. L'enfant peut vouer un attachement profond à quelque joujou difforme, à une poupée à moitié éventrée, à un cheval de bois qui a encore trois jambes, mais une seule oreille et plus un seul naseau. Il le préfère souvent à ces jouets superbes que l'habileté de nos fabricants rapproche tous les jours un peu plus de l'œuvre d'art proprement dite. Il est évident que les enfants voient les choses, les formes, les couleurs, avec des yeux différents des nôtres. Ils idéalisent leurs jouets, ils leur prêtent toute sorte de beautés et d'agréments que nous n'apercevons pas. Voilà le secret de ce goût passionné qu'ils peuvent éprouver pour un bâton enveloppé de loques dont ils font une superbe petite fille, ou pour une bûche mal équarrie, montée sur quatre piquets, qui leur fait l'effet d'un brillant coursier.

De même, aux époques primitives, l'imagination humaine fut ébranlée, surexcitée même, par des phénomènes où il nous est impossible de découvrir ce qui pouvait leur valoir un pareil prestige. Quand on pense au pieu qui put, pendant des siècles, représenter pour des populations déjà cultivées très haute et très puissante dame Héré, souveraine du ciel brillant, on se dit sans doute qu'il était protégé par la vénération des siècles, les traditions les plus augustes. Mais à l'origine, le jour où quelqu'un s'avisa d'enfoncer ce pieu dans le sol et de le présenter aux hommages de ses contemporains, il est évident que ce morceau de bois parlait à leur imagination un tout autre langage qu'à la nôtre. Pourtant, ce symbole grossier est loin de remonter jusqu'aux époques primitives ; il fait déjà partie d'une mythologie organisée.

Voilà ce qui rend si difficile de déterminer avec précision quels furent les objets de la première religion. Aucune famille humaine, même parmi les plus arriérées, ne se trouve aujourd'hui dans les conditions originelles de la vie humaine. Nous parlerons plus loin de la direction qu'une première observation de sa propre nature et de la nature des choses qui l'entourent imprima aux notions religieuses de l'homme dans le sens de l'animisme (culte des esprits) et du fétichisme. Continuons d'indiquer les premières modifications de ce culte de la nature visible qui dut en tout cas les précéder et que l'analyse retrouve au-dessous des croyances qui l'ont supplanté dans la pratique.

Un peu plus d'expérience, un peu plus de connaissance du monde visible procura une certaine notion de l'ensemble qui prit la place de la préoccupation exclusive des détails.

L'homme ne cessa pas encore d'attribuer de la conscience et de la volonté à des êtres matériels, mais du moins ceux qu'il dota de ces facultés étaient plus dignes de passer pour les maîtres de la destinée. Le ciel, le soleil, l'aurore, les astres, le vent, la terre, la mer, voilà ce qu'il personnifia désormais de préférence. C'est le commencement des grandes mythologies. Mais, comme le principe reste le même, on ne nie pas ce qu'on croyait auparavant. Seulement on subordonne les objets primitifs de l'adoration aux grands phénomènes dont on reconnaît désormais l'importance supérieure. A ce moment du développement général, les croyances diffèrent déjà beaucoup, selon les climats et les régions que l'homme habite. Aux Indes, en Grèce, dans les pays de clarté radieuse, le ciel bleu, l'azur éblouissant de lumière qui domine tout, règle tout, devient le dieu suprême. Dans les pays tels que la Syrie, l'Arabie, l'Égypte, où le soleil est le maître visible de toute la nature, c'est lui qui centralisera les adorations. Dans l'Europe moyenne et septentrionale, le vent sera un très grand dieu. Les populations riveraines de la mer auront naturellement d'autres divinités que celles qui ne savent pas même que la mer existe.

C'est aussi le moment où chez les peuples doués d'une imagination vive se forment par voie d'analogie des types, des conceptions imagées, qui seront recueillies plus tard par les mythologies développées. Par exemple, le ciel avec son soleil unique et rond fait l'impression d'un grand front percé d'un seul œil allant et venant : c'est ce qui plus tard nous vaudra les Cyclopes. Ou bien la lune, sous forme de croissant, suggère l'idée d'une paire de cornes : il n'en faut pas davantage pour qu'on en fasse une grande vache céleste, et cette conception pour nous si bizarre sera le germe initial du mythe d'Io, la jeune fille aimée de Jupiter et changée en génisse. De la même manière le nuage orageux devient le bouclier de Jupiter ou d'Athéné, mais un bouclier de peau de chèvre, frangé, laissant flotter au vent ses fils extérieurs, l'égide (1). Les vagues de la mer aux croupes arrondies font aux riverains l'effet de chevaux ou de moutons se précipitant tumultueusement les uns sur les autres. Encore aujourd'hui ce que les marins de notre littoral appellent des *moutons*, c'est-à-dire le brisement écumeux des lames au large, les marins italiens l'appellent des *cavalloni* et ceux de l'Archipel des *chèvres* (mer Egée). Voilà ce qui explique pourquoi à Corinthe, à Athènes, ailleurs encore, le dieu de l'élément liquide, Poséidon ou Neptune, sera éleveur, protecteur et dresseur de chevaux.

Une fois arrivé là, l'esprit humain ne tarde pas à dramatiser la nature, à y voir, par analogie avec la vie humaine, toute sorte de scènes, ou gracieuses, ou terribles, ou piquantes, ou mélancoliques. Et c'est ici qu'il convient d'indiquer un facteur dont ce qui précède révélait déjà l'action, c'est-à-dire le génie spécial des races. Il est des races qui ont peu d'imagination et dont, par conséquent, la mythologie restera toujours très pauvre, par exemple les peuples cafres. Il en est d'autres, comme les Sémites, qui n'ont pas le génie dramatique et chez qui, par conséquent, la

(1) Αἴξ, αἰγός, chèvre.

dramatisation de la nature sera toujours très restreinte. On pourrait, quoiqu'avec une différence bien moins marquée, établir un rapport de même genre entre la vieille mythologie italienne et celle de la Grèce qui séduisit si bien l'Italie par son charme séducteur que celle-ci l'adopta, pour ainsi dire, sans s'en apercevoir. La légende celtique et gauloise a quelque chose de rêveur, de passionné, de tendre, joint à des accès de rudesse joviale ou cruelle, comme on peut s'en assurer dans la curieuse histoire de Mélusine, dans des contes de dames blanches et dans la légende populaire de Gargantua. La religion chinoise est toute saturée de ritualisme, de régularité monotone, de bon sens pratique et de niaiseries vieillottes, tandis que la mythologie germanique présente ce mélange d'idéalisme, de vigueur et de brutalité dont son dernier grand produit, les *Nibelungen*, est si fortement pénétré. En un mot, c'est à partir du moment où commence la dramatisation de la nature que le génie particulier de la race commence aussi à influer le plus fortement sur la formation des croyances et des mythes.

Mais la connaissance de la nature grandit toujours. L'idée de ce que les Grecs appellent le Cosmos, l'idée du monde organisé régulièrement, soumis à un ordre constant et toujours victorieux des attaques dont il peut être l'objet de la part de puissances ennemies, telles que l'hiver, l'orage, le tremblement de terre, etc., cette idée se répand, surtout chez les nations les plus intelligentes. Les immigrations, le commerce, les voyages rapprochent les familles humaines et leurs traditions. C'est alors que commencent aussi à s'organiser les grandes mythologies. Une histoire des dieux s'élabore. On leur assigne des nombres, des relations, une hiérarchie. On distingue les grands et les petits dieux. Toujours en vertu du même principe conservateur dont nous avons parlé, on ne nie rien des croyances antérieures, mais on les harmonise tant bien que mal avec les notions nouvelles. Le culte de Zeus ou Jupiter étant parvenu dans tous les pays grecs à une sorte de catholicité, mais beaucoup de cités lui assignant une autre compagne que Junon ou Héré reconnue comme sa légitime épouse, on se tire d'embarras en transformant Danaé, Léda, Sémélé, Alcmène, Latone, Europe et bien d'autres en maîtresses du roi des dieux. La théologie mythique est de facile composition.

Enfin la connaissance de la nature grandit encore, son étude scientifique commence, et les plus développés en viennent à se demander si toute cette dramatisation de la nature est autre chose qu'une illusion. Là commence la grande bifurcation entre l'orient et l'occident. L'extrême orient arrive à croire que non-seulement la dramatisation est purement imaginaire, que la nature elle-même est, sinon une illusion, du moins un tort, un mal, il en nie la légitimité et ne cherche plus qu'à en poursuivre la négation jusque dans l'homme lui-même. De là le bouddhisme et son effrayant ascétisme. C'est la religion de la mort. En occident un germe de vie nouvelle s'est formé au sein d'un petit peuple profondément original, qui a commencé par ne vouloir adorer qu'un dieu national dont on pourra peut-être un jour déterminer la nature physique originelle, qui ensuite a voulu qu'il fût absolument invisible à tout œil vivant, et qui, à force de n'adorer que lui, a été plus promptement ouvert que tous les autres peuples à l'idée que seul son dieu était Dieu. L'idée de la nature, de sa réalité, de sa bonté foncière est maintenue, mais on n'adore plus rien en elle, l'objet de l'adoration est désormais *surnaturel*. Et en voilà pour longtemps. Nous avons indiqué déjà, et nous n'avons pas à y revenir, comment, à partir du quinzième siècle, une connaissance de plus en plus complète du monde a modifié de nouveau l'ensemble des croyances traditionnelles.

La connaissance progressive de la nature est donc l'un des moteurs les plus actifs du développement religieux.

Nous en trouvons un autre dans les progrès de la raison. Déjà tout à l'heure nous anticipions un peu sur cet ordre nouveau de considérations quand nous parlions de l'organisation des divinités et des traditions mythologiques. La raison est essentiellement amie de l'unité, de la généralisation, du système, de la symétrie. Son rôle est, il est vrai, subordonné dans l'histoire religieuse, ou pour mieux dire il est d'une action très lente. Les croyances religieuses les plus irrationnelles peuvent résister très longtemps aux plus formidables assauts de la raison. C'est que le sentiment religieux y trouve encore satisfaction, et il est difficile d'exagérer le degré de subtilité qu'il peut communiquer à ceux qui sentent le poids des arguments contraires à la doctrine traditionnelle, mais éprouvent le besoin de s'y soustraire. Cependant à la longue cette satisfaction va en diminuant. Les religions qui ont épuisé leur principe ou qui ne savent pas en tirer des moyens de transformation sont condamnées à périr au bout d'un certain temps, à moins que l'esprit de ceux qui les professent ne reste stationnaire. Mais le jour où il les dépasse, elles sont virtuellement condamnées. Ainsi l'éducation philosophique ruina rationnellement le polythéisme gréco-romain, sans pouvoir lui substituer une religion ; mais il prépara les esprits à accueillir volontiers celle qui partait du principe antipolythéiste. Le romantisme réactionnaire de Julien et de ses amis était lui-même saturé de monothéisme. De nos jours, on tâche de restaurer, au moins dans les formes, un état religieux irrévocablement dépassé. Mais on pourrait défier les directeurs de cette restauration de rétablir telle institution ou d'organiser certaines cérémonies publiques dont, au temps de la ferveur naïve dont ils regrettent la disparition, les âmes pieuses faisaient leurs délices.

Le progrès de la conscience morale est encore un moteur puissant de transformation religieuse.

Le développement religieux et le développement moral sont distincts et sont loin de marcher toujours de pair. Tantôt c'est la morale qui vaut mieux que la religion, tantôt c'est l'inverse. Les mythologies dans leur ensemble démontrent que l'on se préoccupait très peu d'avoir des dieux d'une moralité irréprochable. Dans l'Ancien Testament et malgré l'enseignement d'une morale relativement très pure, on prête à Jahveh, à l'Éternel, des sentiments et des volontés qui n'ont absolument rien d'édifiant. Mais ce dualisme ne règne pas toujours. La morale cherche un appui dans la religion et la religion sa principale application dans la morale. Malgré les défauts de caractère imputés aux dieux, les lois principales de l'ordre social, l'hospitalité, la sainteté du serment, la chasteté du foyer sont placées sous le patronage divin. Platon se plaint des fables qui déconsidèrent la divinité. L'homme ne supporte plus aisément l'idée que l'esprit qu'il adore ne possède pas la perfection morale. L'argument favori des apologistes du christianisme consiste dans l'énumération des vices et des fautes des dieux du paganisme. Le christianisme lui-même puise sa principale force dans la beauté de sa morale. En principe, d'ailleurs, il n'admet pas que la communion avec Dieu soit possible en dehors d'elle. C'est même là un des agents de dissolution les plus énergiques qui précipitent la chute des religions. Le commun des hommes, si souvent inaccessible au raisonnement pur, est très vite ébranlé par des raisons de l'ordre moral. A partir du moment où le lien caché de la religion et de la morale est reconnu et senti, toute notion de Dieu blessant la conscience est frappée au cœur. Je ne pense pas, si du moins on s'entend bien sur les mots, que la morale puisse, sans en beaucoup souffrir, se passer de tout principe religieux ; mais, en tout cas, si la morale peut se passer de la religion, on peut bien affirmer que la religion ne peut plus se passer de la morale.

Les évènements de l'ordre politique doivent être aussi rangés parmi les causes motrices du développement religieux. Nous ne parlons pas seulement des circonstances où un pouvoir conquérant ou despotique voulut changer violemment la religion de ses subordonnés. Il y a des conséquences des grands changements politiques dont l'effet sur les croyances religieuses est encore plus certain.

Quand nous étudions les religions de l'antiquité, nous sommes frappés de leur étroite connexion avec la vie nationale. Toute cité a ses dieux-patrons. Si elle est envahie ou assujettie, elle en conclut que ses dieux l'ont abandonnée ou qu'ils sont moins puissants que ceux de la nation victorieuse, et elle adopte ces derniers. L'inverse peut aussi arriver, si du moins la nation victorieuse est inférieure en civilisation à la nation vaincue et trouve la religion de celle-ci plus belle et plus attirante. Ce n'est pas une contradiction : victorieuse en apparence, elle est en ce cas moralement conquise. Quelquefois le changement de religion provient simplement d'une transplantation ; par exemple chez les colons dirigés par les rois de Syrie sur les terres dépeuplées du royaume d'Israël et qui crurent prudent d'adopter la religion et le dieu « de ce pays-là » (Samaritains) (1). Les événements politiques peuvent aussi décider la victoire définitive d'une tendance religieuse sur une autre avec laquelle la première avait dû longtemps lutter au sein d'un même peuple. Ainsi, les Juifs ne devinrent à tout jamais monothéistes qu'à la suite de la catastrophe où leur

1) Comp. II Rois XVII. 24-28

nation faillit périr sous les coups du conquérant babylonien. Si quelque défaillance se montra un moment sous la domination des rois de Syrie, ce fut pour le monothéisme national l'occasion d'un redoublement d'énergie et de solidité. D'autre part, Rome conquérante, au sein de laquelle la religion hellénique et la religion italienne avaient déjà fusionné, apporta ce mélange aux peuples assujettis par elle, et il en résulta de nouveaux mélanges, notamment dans notre Gaule, où les vieilles divinités celtiques s'étonnèrent de se trouver identifiées avec celles du Latium et de la Grèce. On sait comment les invasions barbares augmentèrent considérablement le chiffre des populations chrétiennes. L'empire romain lui-même, par le fait même de sa création, avait singulièrement frayé les voies au christianisme. Il avait brisé les nationalités, c'est-à-dire les formes essentielles des vieilles religions. Une sorte d'amalgame des croyances les plus hétérogènes s'était opéré. L'occident s'éprit tout un temps des cultes d'origine orientale. L'idée d'humanité profitait de tout ce qu'avait perdu le patriotisme étroit des temps antérieurs. Il n'y avait plus, à vraiment dire, de Gaulois, d'Espagnols, d'Égyptiens, d'Africains, etc., mais il restait partout des hommes. Autant de circonstances favorables au progrès d'une religion se proclamant supérieure aux distinctions nationales et s'appuyant de préférence sur les besoins généraux, les tendances universelles de l'être humain. Quand on étudie de près les causes multiples qui ont valu au christianisme sa victoire sur les vieilles religions antérieures, on n'y trouve plus rien de miraculeux, l'histoire rentre dans tous ses droits, et on arrive à se sentir surpris, non pas de ce que le paganisme ait été vaincu, mais de l'opiniâtre résistance que, tout moribond qu'il était, il opposa à la puissance envahissante, et de l'étendue des revanches que, malgré la proclamation de sa mort officielle, il sut prendre aux dépens de la religion victorieuse. D'ailleurs il ne faut pas regarder l'établissement de religions internationales comme ayant supprimé l'influence des caractères nationaux. Quand on compare le bouddhisme de Ceylan à celui du Thibet, l'islamisme persan à l'islamisme arabe, le christianisme du nord à celui du midi, et même sans sortir du catholicisme, la plus une, la plus centralisée des Églises internationales, celui de la France à celui de la Sicile ou du Brésil, on peut s'apercevoir que la nation et tout ce qui la précède ou la constitue, région, climat, antécédents historiques, esprit collectif, etc., sont toujours de grandes causes de modification religieuse.

Il nous reste à signaler un dernier ordre de faits comptant aussi parmi les plus influents sur la marche et les variations de l'idée religieuse : je veux parler de l'action personnelle, très puissante, très intense, d'hommes qui n'auraient pu rien sans le concours des autres causes motrices que nous avons énumérées, mais dont il serait contraire à toute évidence de nier le rôle immense dans l'histoire. Ce sont les hommes que les siècles et des millions d'hommes révèrent comme prophètes, révélateurs et fondateurs de religions.

Les religions les plus anciennes sont anonymes. L'œuvre de leur élaboration est collective. Cependant il est à présumer que, de tout temps, au sein des populations les plus incultes, il y eut des individus doués de plus d'imagination, d'un sens religieux plus subtil, d'une faculté poétique plus féconde que la masse de leurs contemporains, et qui contribuèrent, par leur supériorité relative, à déterminer les croyances et la vie religieuse de leurs semblables. Déjà les mythologies font mention de noms plus ou moins mythiques eux-mêmes, Orphée, Numa, Tirésias, Calchas, etc., qui supposent une action personnelle de ce genre. Mais, en règle ordinaire, elles ne sont pas liées indissolublement à ces noms propres.

Il en est autrement pour un certain nombre d'autres religions, les plus remarquables précisément par le nombre de leurs adhérents ou leur rang dans l'histoire. Le judaïsme se rattache à la personne de Moïse, l'ancien mazdéisme à celle de Zaratustra ou Zoroastre, le bouddhisme à celle de Bouddha, le christianisme à celle de Jésus-Christ, l'islamisme à celle de Mahomet. L'importance du lien qui joint ces diverses religions à leur fondateur personnel est attestée par le fait que les fidèles de chacune de ces grandes formes religieuses font remonter à une révélation toute spéciale, individuellement reçue et donnée par eux, ce que chacun de ces fondateurs leur a légué de croyances nouvelles, et font reposer sur cette prétention leur légitimité et leur vérité exclusive.

Autrefois, il eût paru scandaleux de mettre ainsi

sur une même ligne d'observation ces noms de fondateurs individuels des plus importantes religions qui se partagent l'humanité. C'était le temps, par exemple, où l'on n'appelait Mahomet que « le faux prophète ». Au point de vue strictement historique où nous nous plaçons, nous ne pouvons préjuger ainsi les choses. Nous ne pouvons que distinguer ces révélateurs tous ensemble comme formant une classe à part et digne d'un intérêt tout particulier. Cela ne signifie pas qu'après examen nous n'aurons pas à constater des différences qui nous permettront de décerner la palme à qui la mérite. Mais, en ce moment, nous devons rester dans les termes de l'objectivité la plus sévère. Il y a des religions anonymes, il y a des religions fondées par des révélateurs dont les noms nous sont connus, elles sont inséparables de leurs personnes, cela suffit pour que nous devions les séparer en deux groupes distincts.

A présent, et pour chacune d'elles, le révélateur a dû posséder à un très haut degré le *génie religieux*, indépendant du savoir proprement dit et de la philosophie. Chacun d'eux a été le porteur d'un principe incarné en lui. Ce principe et ses conséquences immédiates s'incorporent à certaines formes qui se confondent avec lui aux yeux des populations que le sentiment dirige plus que la réflexion, il s'étend, il se déploie, il se mêle à tout, pénètre tout, et il y a une grande religion historique de plus dans le monde.

C'est que, comme tout ce qui relève du sentiment, comme l'art, comme la morale, comme la poésie, comme le patriotisme, je dirais volontiers comme la science elle-même lorsqu'elle procède par intuitions divinatrices, la religion a ses *inspirés*, des hommes doués de telle sorte que le sentiment religieux, commun à tous, acquiert chez eux une intensité extraordinaire, se joint à une clarté très grande et merveilleuse d'expression et qu'ils révèlent, dans le sens naturel de ce mot, ce que la multitude soupçonnait peut être, murmurait quelquefois, mais ce que nul avant eux n'aurait su dire à haute et intelligible voix. A côté d'eux, au-dessous d'eux, il y a des hommes qui agissent aussi très fortement sur leurs semblables, réformateurs, prophètes, orateurs religieux. Ils rentrent, eux aussi, dans la catégorie de l'inspiration. Mais leur rôle comme leur génie n'est pas à comparer avec ceux des puissants souleveurs de consciences que nous venons d'énumérer.

VII

CLASSEMENT DES RELIGIONS

Les causes motrices du développement religieux sont donc : 1° La connaissance croissante de la nature; 2° le génie des races; 3° le progrès de la raison; 4° celui de la conscience morale; 5° les événements de l'ordre politique et social; enfin 6° l'action personnelle des génies religieux (révélateurs, réformateurs, etc.). Nous procéderons maintenant au classement des religions historiques; mais pour justifier l'ordre dans lequel nous les rangeons, il nous faut marquer d'abord les phases principales que la religion parcourt dans son développement.

Nous n'avons pas à revenir sur ce que nous avons dit du caractère flottant, fugitif, des premières intuitions religieuses. Peut-être des siècles nombreux se sont-ils écoulés avant qu'elles se soient fixées de manière à pouvoir faire l'objet d'une description. Il faut laisser aux sciences préhistoriques le soin de décider si, dans les débris que les races paléontologiques ont laissés en témoignage de leur existence sur la terre, on trouve quelques indices d'une croyance ou d'un culte quelconque. La plus significative des trouvailles qu'on puisse ranger dans cet ordre est peut-être encore une espèce d'amulette déterrée dans la grotte du Gourdan et remontant à l'âge du renne et du mammouth. C'est une plaque osseuse, percée au centre, probablement pour être portée. Autour du trou central divergent des rayons qui font de cet objet comme une image du soleil. Le même symbole est gravé trois fois sur un bâton de commandement ou espèce de sceptre auquel il semble conférer comme une sorte de consécration. Il y a lieu de croire aussi que la coutume de trépaner les crânes, soit des vivants, soit des morts, remonte à la même prodigieuse antiquité et, par analogie avec une coutume semblable encore en vigueur dans les temps historiques, on doit penser qu'elle était en rapport avec des croyances *animistes*. On voulait faire sortir le mauvais esprit logé à l'intérieur du malade ou bien donner à l'âme du mort une issue pour s'échapper, de même que chez les Iroquois on a soin de ménager dans le même but un petit conduit dans chaque tombeau (1).

(1) Comp. N. Joly, *L'Homme avant les métaux*. Paris, Germer Baillière, 1879, p. 306 et suiv. — Nous rappelons seulement que nous n'avons rien à changer à cet exposé si l'humanité n'a qu'une tige ou si elle en a plusieurs. Si elle remonte à une seule souche primitive, l'éveil du sentiment religieux a dû s'opérer en plus d'un endroit dans les régions où avaient essaimé les descendants du premier couple humain; s'il faut en admettre plusieurs, si, comme on l'a dit, chaque continent a produit son homme, la faculté religieuse est née, sinon

Ceci nous amène à parler d'un sujet longtemps relégué à l'arrière plan dans l'histoire des religions, mais auquel il convient désormais d'attribuer une très grande place. Nous voulons parler de l'*animisme* ou culte des esprits, dont le *fétichisme* lui-même n'est qu'une modification.

L'homme, nous l'avons vu, n'adore que ce qu'il personnifie, c'est-à-dire que les êtres auxquels il attribue une conscience et une volonté analogues aux siennes. De très bonne heure il est arrivé à distinguer, non dans le sens d'un spiritualisme abstrait dont il ne pouvait avoir aucune idée, mais de la manière la plus concrète, l'esprit et le corps dans tous les êtres personnels qu'il connaissait ou croyait connaître. La vue du cadavre lui suggérait le sentiment que ce qui faisait vouloir, parler, agir quelques heures auparavant n'était plus là, mais ne pouvait être anéanti. Sa propre expérience, fondée surtout sur le phénomène du rêve, le dirigeait dans le sens d'une conclusion analogue. Les peuples sauvages attachent au rêve une très grande importance. Le sauvage, qui se transporte en rêve dans un pays distant et qui y rencontre des individus morts ou absents, croit fermement que son âme a été réellement voyager loin de son corps, qu'elle a vu des êtres réels ; en un mot, le caractère subjectif du rêve lui échappe entièrement. De là cette double conséquence :

simultanément, du moins parallèlement, dans chacune des races primordiales, et ce parallélisme rentre, comme le fait lui-même de la religion, parmi les traits caractéristiques de l'humanité en tant qu'unité distincte.

l'âme peut se détacher du corps et vivre sans lui de sa vie propre, et, bien que d'une nature beaucoup plus subtile et vaporeuse, puisqu'à l'état de veille on ne la voit pas aller et venir, elle en a la forme et l'apparence. A peu près partout le souffle fournit l'analogie la moins matérielle possible pour désigner la nature de cette âme invisible. Aussi la plupart des mots qui servent actuellement à la désigner, âme, *anima*, ψύχη, *spiritus*, πνεῦμα, hébr. *rouach*, *nephesch*, etc., se sont-ils formés à l'origine sur la base de cette analogie, et notre mot *esprit*, qui désigne le genre dont l'âme fait partie, n'a pas d'autre sens. Il en résulte pour l'homme livré aux illusions de l'ignorance que, non-seulement son âme et son corps, mais aussi l'âme et le corps de tous les êtres naturels personnifiés par lui peuvent se détacher l'un de l'autre, et que par exemple l'esprit invisible ou du fleuve, ou de l'arbre, ou de l'animal, ou du soleil, qu'il adore, peut quitter son enveloppe visible et parcourir l'espace en tout sens. Et comme les objets de l'adoration augmentent toujours en nombre, il n'est pas étonnant que bientôt la pratique religieuse prépondérante consiste dans le culte des esprits qui peuplent les airs. Les morts qui sont devenus des esprits viennent se joindre, surtout s'ils sont des ancêtres, à cette armée mystérieuse. En effet, presque partout aussi, le culte des morts est étroitement lié à celui des esprits élémentaires. Bientôt le souvenir du lien qui rattachait ces derniers à des objets naturels s'efface, et il arrive assez souvent que chez les peuples arriérés, tels que les nègres, les Hottentots, les Peaux-Rouges du nord, etc., le culte de la nature soit pour ainsi dire supplanté par celui des esprits. Les religions où ce dernier culte prédomine étaient rangées sous la catégorie du *shamanisme*, parce que les *shamans* sont les prêtres-sorciers des Finnois et des Tartares dont la religion est presque entièrement concentrée en pratique dans le culte des esprits. Mais il est démontré qu'il tient à peine moins de place dans la religion de beaucoup d'autres populations non-civilisées, qui ne sont ni Finnoises ni Tartares, et il faut préférer la dénomination plus générale d'animisme.

Le fétichisme, que nous aurons ailleurs pour tâche d'étudier de plus près, est un cas particulier de l'animisme ; il en est, à vrai dire, la forme la plus grossière. C'est bien à tort qu'on a appliqué ce nom à l'adoration d'objets naturels très simples, tels qu'un arbre ou un animal. Le *fétiche*, nom d'origine portugaise et qui vient du latin *factitius*, a pour caractère essentiel d'être transportable à volonté, d'appartenir matériellement à l'homme, qui le plus souvent l'a choisi et qui lui attribue le pouvoir d'influer sur sa destinée. Il se distingue de l'animisme pur en ceci qu'il n'est pas question d'une séparation possible entre l'âme ou l'esprit du fétiche et sa forme visible. Il s'en rapproche en ceci qu'il n'a de pouvoir que parce qu'il est considéré comme la demeure d'un esprit. C'est en réalité une amulette animée. L'esprit du fétiche n'a pas de connexion nécessaire avec les objets de la nature d'où sont sortis les esprits adorés de préférence par l'animisme; il rentre plutôt dans la classe des esprits anonymes ou plutôt devenus tels.

Mais c'est une erreur de considérer le fétichisme et même l'animisme comme la religion primordiale. Ils supposent pour cela trop de réflexion. Ce sont évidemment des phénomènes secondaires, de même que dans la chrétienté le culte des saints, de la vierge Marie et du Sacré-Cœur. A voir le christianisme de certaines populations et si l'on ne connaissait pas son histoire, on pourrait croire aussi que le christianisme consiste dans ces adorations qui ne sont en réalité que des applications ou des déviations (selon le point de vue où l'on se place) des principes de l'Évangile. Pour que la croyance aux esprits indépendants de la nature ait pu se former, il a fallu une certaine quantité d'observations et de réflexions sur la nature humaine elle-même qui dénotent autre chose que la toute première naïveté. Pour croire que les esprits ou les fétiches influent sur le cours des choses et modifient leur enchaînement, il faut s'être ouvert au sentiment qu'il y a un cours des choses, qu'il existe un enchaînement naturel et qu'on peut l'interrompre en faisant intervenir une puissance placée au-dessus et d'une force plus grande. Tout cela ne saurait être primitif. Il doit y avoir eu d'abord un culte de la nature ou plutôt d'objets naturels personnifiés; de là est venu l'animisme qui, dans certaines races et surtout chez les nègres, s'est condensé en fétichisme.

Ce point de vue théorique est confirmé par le fait qu'on discerne de plus en plus clairement la base *naturiste* des croyances en vigueur chez les peuples les plus adonnés à l'animisme et au fétichisme. On n'en peut plus douter pour les Finnois depuis les beaux travaux de M. de Castren (1). On peut en dire autant des Indiens du nord de l'Amérique et des Polynésiens, et nous le montrerons ailleurs pour ce qui concerne les nègres, les Cafres et les Hottentots.

Ce qui est vrai, c'est que l'extension et le genre absorbant de ce genre de religion ont dû nuire chez les races les moins douées d'imagination généralisatrice au développement de la mythologie de la nature. Bien qu'on retrouve des traces de fétichisme et surtout d'animisme dans toutes les religions, on ne peut nier qu'ils sont dépassés et relégués à l'arrière-plan dans celles qui ont préparé et suivi le mouvement ascensionnel de l'esprit humain au sein des races les plus aptes à la civilisation.

Sans doute, là aussi, dans l'Inde, en Perse, en Grèce, l'objet naturel personnifié, en prenant figure et vie personnelles dans cette dramatisation de la nature qui a fait les grandes mythologies, acquiert une indépendance de mouvement qui fait qu'on ne peut plus l'identifier simplement avec son apparition visible. Quand, par exemple, les Grecs racontaient les prouesses de héros solaires, tels qu'Héraclès ou Persée, il est bien certain qu'ils ne les confondaient pas absolument avec le soleil reluisant sur leurs têtes. Mais quand on examine de près leurs légendes, on voit que ces héros tiennent toujours au soleil par un lien très étroit. La séparation n'est jamais abso-

(1) *Vorlesungen über die Finnische Mythologie;* 2 vol. Saint-Pétersbourg, 1853-1862.

lue. Les exploits qu'on leur assigne, le roman dont ils occupent le centre, leur façon de naître, de grandir, de combattre, d'aimer, de mourir, tout rappelle leur origine solaire. L'animisme ici ne s'est pas constitué, c'est la personnification et la dramatisation du phénomène naturel qui se sont toujours plus accusées. C'est là ce qui a fait des mythes si variés et si riches de sens. L'animisme, au point de vue esthétique et poétique, est très infécond.

Chez les Chinois, l'animisme et la déification des grands phénomènes de la nature, surtout de la terre et du ciel, se sont développés pour ainsi dire parallèlement. C'est surtout sous la forme du culte des ancêtres que l'animisme s'est enraciné chez ce peuple si obstinément attaché à son passé. Mais il n'a pas étouffé la mythologie, pour ainsi dire officielle, dont la constitution elle-même du vaste empire est un chapitre.

La Polynésie nous présente le spectacle très rare d'une race demeurée au dernier rang comme civilisation et production sociale, et qui pourtant possède déjà une mythologie d'une certaine richesse et souvent d'une grande poésie.

Ce qui est intéressant dans cet étage nouveau de l'histoire religieuse, c'est la physionomie très distincte que le génie de chaque peuple imprime à la religion de la nature. Celle des Védas, où le culte des grands phénomènes naturels respire encore dans toute la ferveur, toute la naïveté primitives ; celle de l'Égypte où, sur un même thème fondamental, mais varié à l'infini, l'antagonisme de la vie et de la mort, une race supérieure, remarquablement douée, fait rentrer dans des cadres d'une grande élévation les superstitions les plus dégradantes dont l'Afrique n'a jamais cessé d'être la terre nourricière ; celles de Ninive et de Babylone, mythologies militaires et impériales et qui, comme leurs sœurs de Tyr, de Syrie et d'Arabie, immolent à la puissance souveraine jusqu'à l'amour paternel, jusqu'à la pudeur des femmes ; celles de ces contrées alors ignorées où l'Europe devait retrouver en pleine vigueur une religion solaire non moins sanglante, non moins absolutiste ; celle de l'Italie où il faut distinguer la religion de ce mystérieux peuple étrusque, dont il est si difficile de déterminer les origines, et la religion toute rustique encore du centre latin ; celles enfin de la Gaule, de la Germanie, des pays scandinaves, sans parler de tant d'autres moins connues, — voilà les champs en quelque sorte infinis qui se déroulent à perte de vue sur la hauteur où nous sommes arrivés ; et pourtant, immédiatement au-dessus, s'en présente un autre, plus restreint dans ses contours, mais aussi riche, si ce n'est plus, que tous les autres ensemble, le champ de la mythologie grecque.

Toutes les mythologies que nous venons d'énumérer sont autochthones, sorties du sol. La mythologie grecque a bien aussi ce caractère, mais elle s'incorpore plus qu'aucune autre de nombreux éléments empruntés à l'Égypte et à l'Orient sémitique. Elle leur imprime si bien son cachet qu'au premier abord on a beaucoup de peine à s'en apercevoir. Quelle différence par exemple entre le Melkart tyrien et carthaginois, ce dieu d'airain, mangeur d'enfants, terreur des hommes, et l'Héraclès, l'Hercule grec, grand justicier, dompteur de monstres, pacificateur et libérateur! Pourtant c'est au fond le même dieu. Mais ce qui a le plus contribué à donner à la mythologie grecque son caractère de mythologie par excellence, c'est précisément, et après l'incomparable supériorité de l'esprit grec lui-même, cette puissance d'assimilation qui lui a permis de fondre en un tout homogène des traditions d'origine différente. Quand plus tard la mythologie italienne s'absorbera dans ses cadres élastiques, la mythologie grecque fera preuve de la même ductilité et recevra sa sœur plus pauvre sans se faire la moindre violence.

A mesure que nous nous élevons sur l'échelle religieuse, le rapprochement de la religion et de la morale s'opère. Les mythologies égyptienne, latine, grecque, présentent des côtés fort remarquables au point de vue moral. Les lecteurs du savant ouvrage de M. Alfred Maury sur les *Religions de la Grèce antique* n'auront certainement pas oublié le chapitre où se trouvent réunies les belles maximes de la sagesse religieuse des Hellènes. On se croirait aux propylées de l'Évangile. Pourtant il faut bien reconnaître que, chez les Grecs, la morale ne fut jamais rédigée en un corps de doctrines systématisées et reconnues en qualité de partie intégrante de l'enseignement religieux. Nous verrons ailleurs à quoi l'on peut attribuer cette lacune; mais nous discernons déjà le point de départ d'une nouvelle classe de religions qui se distinguent des autres en ceci que l'accent de la vie religieuse retombe sur la conduite du croyant et qu'elles lui imposent, comme condition essentielle de l'union avec l'Esprit souverain, l'observation d'une loi morale autant que religieuse. C'est ce caractère qui sert à définir cette classe de religions qu'on appelle *religions de loi* ou *légalistes*.

Elles sont au nombre de six, que l'on pourrait réduire à quatre.

Nous devons y ranger deux religions chinoises, celle qui se rattache au nom de Kon-fou-tzeu et celle qui provient de Lao-tzeu. On pourrait les réunir, malgré leurs différences, sous la dénomination commune de *Légalisme chinois*. — Puis vient le *Brahmanisme*, c'est-à-dire la mythologie très riche et très compliquée qui s'éleva sur la base des Védas, mais qui, systématisée et enseignée dans l'Inde par la caste sacerdotale des Brahmanes, devint une loi religieuse, rituelle, morale, avec des livres sacrés pour l'exposer et la commenter (Brahmanas, lois de Manou). — Le *Mazdéisme* ou religion de Zoroastre et de l'Iran est une mythologie dominée par le principe du *dualisme*, c'est-à-dire que son principe organique est la séparation du monde et des êtres divins en deux camps hostiles, hiérarchisés, commandés chacun par un dieu supérieur, Ahoura Mazdâo ou Ormuzd pour les bons, Anromaïnyous ou Ahriman, pour les mauvais. L'obligation morale est comprise en ce sens que l'homme doit être l'allié d'Ormuzd, dans sa lutte permanente avec Ahriman. De là une législation religieuse, morale, rituelle, déposée dans le Zend Avesta et surtout dans sa première partie, le Vendidâd. — Le mosaïsme du huitième siècle avant notre ère, et le judaïsme qui en est la codification enrichie et systématisée, ou, si l'on veut, l'évolution définitive déterminée par les effets des conquêtes babyloniennes, perses et grecques. Nous n'avons pas besoin d'en rappeler le caractère éminemment légaliste. Mais ce caractère n'est pas le seul qui le distingue. Le mazdéisme, dans sa répulsion contre Ahriman, le mal physique et moral, dans son adoration pour ainsi dire exclusive d'Ormuzd, se rapprochait en pratique du monothéisme, sans l'ériger en principe absolu. Avec le judaïsme le principe monothéiste fait son entrée dans l'histoire en tant que base d'une religion populaire, et la loi juive est rigoureusement dominée par les exigences de ce principe nouveau.

Nous devons considérer l'islamisme comme le frère puiné du judaïsme avec lequel il offre des analogies plus étroites que le christianisme lui-même, bien que le judaïsme soit le berceau historique de cette dernière religion. Comme le judaïsme, l'islamisme maintient avec rigueur le principe de l'unité divine et en fait sa pierre de fondation, mais en lui enlevant le cachet étroitement national que le judaïsme lui imprimait, pour en faire le principe d'une religion universelle ou internationale fondée par le prophète arabe Mahomet. Du reste, comme le judaïsme, il est essentiellement légaliste, et il fait de l'adhésion à son principe, de l'observation de ses préceptes rituels et moraux, la condition de la suprématie des croyants sur la terre comme de leur félicité dans l'autre vie,

Sans doute, on peut regarder comme favorable au progrès général qu'une loi religieuse soit en même temps une loi morale et sanctionne par ses promesses et par ses menaces l'observation des devoirs. Mais alors surgit un nouveau point de vue qui détermine une direction nouvelle de la pensée religieuse. Non-seulement ces religions légalistes, en faisant de rites souvent puérils autant de devoirs et en ritualisant la morale, imposent à l'homme un joug pénible que sa raison ne peut toujours approuver, mais encore elles éveillent en lui le sentiment douloureux, désespérant, de son insuffisance à lui-même et de la leur aussi. La pratique légaliste ne lui procure pas les assurances qu'il se promettait, et l'expérience lui démontre que, jugé selon la rigueur de la loi religieuse, il sera infailliblement condamné. Le besoin de synthèse ou d'harmonie, qui est au fond de la tendance religieuse de l'homme, requiert donc une satisfaction nouvelle, et de là l'apparition de deux grandes religions internationales, à prétentions universalistes, qui ont toutes les deux pour caractère commun d'être des religions de *rédemption* ou de *délivrance*. La première en date est le *bouddhisme*, la seconde est le *christianisme*.

Le bouddhisme nous offre ce phénomène, au premier abord bien étrange, que, différant absolument du christianisme par le point de départ et la tendance, il n'en présente pas moins avec lui les ressemblances les plus curieuses. Nous donnerons ailleurs la clef de ces différences profondes et de ces analogies étroites. En ce moment, nous devons surtout signaler ce caractère commun qui fait qu'historiquement on doit les ranger à certains égards dans une même classe de religions. Toutes deux partent du fait que la condition de l'homme est malheureuse par sa faute et lui enseignent le moyen d'arriver à son salut, c'est-à-dire à son parfait bonheur. Toutes deux, par conséquent, sont éminemment propagandistes, non-seulement par amour de la vérité, mais aussi par amour de l'humanité qu'il s'agit d'arracher à sa misère (1). On sait assez que le bouddhisme, dont les origines remontent à cinq siècles avant notre ère, est la véritable religion internationale de l'Asie orientale, comme l'islamisme est celle de l'Asie occidentale et de l'Afrique, comme le christianisme est celle de l'Europe et de l'Amérique, où il a été transporté par les Européens. Deux choses pourtant distingueront fortement le christianisme et le bouddhisme, l'une tenant à leur point de départ respectif, l'autre à leur principe religieux différent. Le bouddhisme est né sur le terrain du polythéisme et l'a combattu, non pas en s'élevant au-dessus de la nature pour la subordonner à un esprit unique et souverain, mais en réprouvant en principe la nature et en condamnant la vie elle-même comme un mal et un malheur. On peut se demander si le bouddhisme originel est autre chose qu'une morale ascétique sans religion. Il en est ré-

(1) L'islamisme l'est à un moindre degré, en ce sens qu'il est encore plus volontiers conquérant que missionnaire. Il s'arrange très bien d'un état de choses qui laisse vivre les autres religions monothéistes à la seule condition que la terre et le pouvoir soient aux vrais croyants.

sulté que, pour devenir une religion, il a dû s'amalgamer avec les polythéismes au sein desquels il s'est propagé, sans posséder en lui-même un ressort de réaction contre ces mélanges qui lui ont fait perdre son vrai caractère. La destinée du christianisme a été, devait être différente, en ce sens que, évolution suprême d'un monothéisme antérieur, au lieu de supprimer la nature et la vie, il tend, du moins par ses principes premiers, à transfigurer l'une et à rendre l'autre plus intense.

C'est, du reste, une loi de l'histoire religieuse à laquelle nous avons déjà fait allusion, que tout principe nouveau et supérieur ne s'établit qu'à la condition d'accepter plus ou moins complètement l'héritage du passé qui se continue sous d'autres formes. Il y a dans les polythéismes les plus élevés des restes évidents d'animisme et de fétichisme. On en retrouve jusque dans les monothéismes les plus accusés, et les religions internationales, précisément parce qu'elles s'étendent sur des couches humaines plus nombreuses et plus diverses, sont plus exposées que les autres à encadrer des croyances, des traditions et des superstitions (1) étrangères à leurs principes.

Mais on voit par tout cet exposé combien il est difficile d'opérer un classement logiquement correct et méthodique des religions. Il y a des entre-croise-

(1) La superstition désigne ce qui survit, persiste, est de trop, comme se rattachant à un état d'esprit dépassé par l'élite intellectuelle et morale d'un temps donné. Elle se résume le plus souvent dans une application erronée, revêche à l'expérience, du principe de causalité.

ments de principes et de prétentions qui rendent cette opération impossible, et il faut se contenter d'un à-peu-près. Telle religion, supérieure par son principe, le judaïsme, par exemple, reste confinée dans la classe des religions étroitement nationales. Le mazdéisme, qui est en réalité polythéiste, est en pratique plus près du judaïsme que de la religion grecque. Le bouddhisme, en fait, est un polythéisme, et pourtant il présente nombre de caractères communs avec le christianisme, étant comme lui religion de rédemption. Quel que soit le principe de classement adopté, on se voit réduit à rapprocher théoriquement ce qui en réalité est très distant ou représente d'autres principes très importants et réciproquement hostiles. Comment pourrait-on ranger dans une même catégorie historique le brahmanisme avec sa mythologie touffue, et l'islamisme avec son monothéisme si rigoureux ? Pourtant, ces deux religions sont légalistes.

Au point de vue historique, celui qui domine toute notre étude, je crois qu'il convient de maintenir la division fondamentale, parfois critiquée de nos jours, entre les religions *polythéistes* et les *monothéistes*. Il ne s'agit pas ici de supériorité nécessaire ou possible. Historiquement, les religions monothéistes dominent le monde moderne, leur histoire ne peut se faire qu'à la condition d'un parallélisme continuel entre leurs destinées et leurs évolutions réciproques. Il serait bien impossible de détacher l'histoire du christianisme de celle du judaïsme, ou l'histoire de l'islamisme de celle de ces deux religions. Elles forment donc un groupe fortement distinct de tous les autres et dont l'étude doit être faite à part. On peut, après cela, les caractériser en leur appliquant des catégories semblables à celles qui servent à distinguer entre elles les religions composant le groupe polythéiste.

Voici donc le tableau d'ensemble que nous dressons :

I. — RELIGIONS POLYTHÉISTES

1° *Religion primitive de la nature*, culte naïf d'objets naturels qu'on se représente comme animés, conscients, puissants et influant sur la destinée humaine.

2° *Religions animistes et fétichistes*, qui se développent sur la base de la précédente, particulières aux peuples restés à l'état dit sauvage, nègres, autres populations africaines, Esquimaux, Finnois, Tartares, Indiens d'Amérique, Polynésiens, etc., toutefois avec des commencements de mythologie, remarquables surtout chez les Finnois et les Polynésiens.

3° Les grandes *Mythologies nationales*, fondées sur la dramatisation de la nature, supposant entre les êtres divins des relations calquées sur celles de la vie humaine et rassemblant les croyances et les mythes primitifs en un vaste ensemble, religions de la Chine, de l'Égypte, de Ninive et de Babylone, de la Germanie, de la Gaule, de l'Italie, de la Grèce, etc., classe de religions dont la mythologie védique présente la forme la plus naïve, la mythologie grecque la forme la plus raffinée et, sans aucune contestation, la plus belle. Peut-être faut-il ranger dans la même classe l'ancienne mythologie du Japon, encore si mal connue ; certainement il y faut rattacher les mythologies des peuples civilisés du Nouveau-Monde, tels qu'ils furent découverts au Mexique et au Pérou.

4° Les religions *polythéistes-légalistes*, le brahmanisme, le mazdéisme et les deux religions philosophiques chinoises de Kong-fou-tzeu et de Lao-tzeu.

5° Le *Bouddhisme*, religion de rédemption, universaliste ou international, opposé en principe au polythéisme, mais se fondant en pratique et irrémédiablement avec les polythéismes locaux.

II. — RELIGIONS MONOTHÉISTES

1° Le *judaïsme*, issu du mosaïsme, légaliste et national ;

2° L'*islamisme*, légaliste et international.

3° Le *christianisme*, religion de rédemption, international.

SECONDE PARTIE

I

LE MYTHE

C'est par le *mythe* que nous abordons un groupe de formes intellectuelles et de faits spéciaux, en rapport étroit avec le développement religieux de l'homme et que nous retrouverons un peu partout dans le cours de notre histoire.

Le mythe n'a été l'objet d'une étude spéciale qu'à une époque assez récente. Longtemps on le confondit avec la fable. Notre dix-septième siècle n'y comprit rien, notre dix-huitième pas beaucoup plus. Pourtant on y trouve déjà des aperçus dénotant que le jour commence à se faire. Nous pourrions citer les lignes de l'*Émile*, où J.-J. Rousseau dit que « l'homme a commencé par animer tous les êtres dont il sentait l'action », et qu'ainsi l'univers « fut rempli de dieux sensibles. » Il serait juste aussi de mentionner l'ouvrage, très oublié aujourd'hui, de Bergier, principal du collège de Besançon, sur l'*Origine des dieux du paganisme* (Paris, 1767), qui développe assez savamment l'idée que la mythologie était un tissu de romans tenus pour réels par l'imagination qui les avait inventés. Quelques mémoires de Fréret et de Bougainville contiennent aussi des indices d'une notion vraiment scientifique des innombrables récits de la mythologie. Mais c'était à l'Allemagne, beaucoup moins absorbée que la France par les questions politiques et sociales, qu'il était réservé de porter la lumière sur un sujet dont la difficulté tient tout entière à ce que, pour le bien comprendre, il faut se transporter dans un état d'esprit très différent du nôtre.

Ce n'est pas qu'antérieurement on ne se fût jamais demandé d'où pouvait provenir cette moisson touffue de récits qu'on ne connaissait guère du reste que par la mythologie grecque et latine. Le moyen-âge avait sa réponse toute prête : c'était l'œuvre du diable.

Cette réponse ne pouvait toujours satisfaire l'esprit curieux et peu crédule des temps modernes, et l'on se rabattit sur une explication qui paraissait d'autant plus acceptable qu'on la trouvait déjà admise dans l'antiquité païenne. C'est ce qu'on appela l'*évhémérisme*, du nom de son auteur Evhémère, bel esprit de l'école dite cyrénaïque et qui vivait à la cour du roi macédonien Cassandre dans la seconde moitié du quatrième siècle avant notre ère. Avant lui, quelques philosophes de l'école ionienne avaient déjà tracé quelques lignes du système auquel on rattacha son nom. La tendance était de ramener toutes les histoires concernant les dieux, les déesses et les héros divinisés aux proportions d'événements réels, mais terrestres et vulgaires. Les dieux n'étaient que des hommes d'autrefois qui avaient fortement frappé les imaginations par leur vigueur ou leurs conquêtes, ou leur sagesse supérieure, et qu'après leur mort on avait divinisés. C'est ainsi que Jupiter était un ancien roi de Crète, et la preuve, c'est qu'on montrait dans cette île son berceau et son tombeau. On appliquait la même méthode à l'ensemble des dieux helléniques, et rien ne semblait plus simple que de soumettre à ce rationalisme commode toutes les mythologies de la terre.

Parmi les modernes, l'évhémérisme compta aussi des partisans, surtout au dix-huitième siècle et même depuis. Certaines affinités mentales expliquent ce regain momentané de succès. Evhémère pour nous est un ancien; pour ses contemporains ce fut un libre esprit, émancipé des superstitions vulgaires; en réalité ce fut un de ces esprits trop ingénieux qui comprennent tout, excepté la naïveté des siècles où la spontanéité domine. S'il avait eu plus de connaissances religieuses, il aurait su que le Jupiter crétois, naissant et mourant, rentre dans une même catégorie avec beaucoup d'autres divinités de l'Asie occidentale dont les adorateurs ne se souciaient en aucune façon des rois qui avaient pu régner en Crète. Il aurait su qu'on retrouvait ce Jupiter, portant partout presque le même nom, en Italie, en Asie Mineure, en Germanie, jusque sur les bords de l'Indus. Et quel paradoxe que d'expliquer l'origine des dieux par une divinisation d'hommes ! Comme si, quand on divinise un conquérant, un héros, un souverain, on ne le faisait pas dans l'idée de l'égaler aux dieux existants ! En réalité, cette explication n'expliquait rien, et elle avait de plus le malheur d'être affreusement plate. L'esthétique protestait non moins que la science et le raisonnement.

Comme ce système, banni de la science mythologique sérieuse, compte encore quelques partisans, conscients et inconscients, nous montrerons par un exemple de compréhension facile ce que deviennent les mythes les plus tragiques lorsqu'on leur applique la méthode d'Evhémère.

Tout le monde a entendu parler d'Ixion le maudit, qui tourne perpétuellement au fond du Tartare sur sa roue brûlante. Il subit cet affreux supplice, dit la mythologie grecque, en punition du sacrilège qu'il commit en aspirant aux faveurs de Junon (Héré), l'épouse du roi des dieux. Jupiter, qui voulait l'éprouver, forma le fantôme Néphélé (la nuée), en lui donnant la ressemblance de Junon. Aveuglé par sa passion, Ixion donna dans le piège et s'attira par là son terrible châtiment. Pour nous, et par comparaison avec d'autres mythes analogues, le sens de ce mythe est transparent. Toutes les fois qu'il est question en mythologie d'une roue brûlante qui tourne, il est certain que c'est du soleil qu'il s'agit. Or, ce soleil est souvent compris, dans les mythes qui le concernent, comme un grand coupable, parce qu'il fait l'effet d'un être très malheureux. Dans un certain cours d'idées, il faut en effet avoir commis une très grande faute pour mériter le supplice qui consiste à tourner toujours sans connaître un jour de répit. Plus tard, ces représentations d'un soleil malheureux, coupable, supplicié, furent reportées dans le Tartare. Mais cela ne change rien au sens originel du mythe. Ixion le soleil aime passionnément la nuée qu'il dore, qu'il enlace de ses rayons, qu'il voudrait entraîner dans sa retraite nocturne. Mais cette nuée n'est qu'une vapeur qui se dissipe sous son étreinte, et il reste en face du ciel courroucé qui le condamne à tourner et à brûler toujours. C'est toute une poésie sombre qui se dégage de cette vieille dramatisation d'un phénomène naturel.

Voyons maintenant ce qu'elle devient dans un des derniers ouvrages composés au point de vue évhémériste, le *Dictionnaire de la Fable*, par Fréd. Noël (1823, quatrième édition).

» Il n'est pas difficile de démêler ici l'historique du » fabuleux. Un prince, surnommé Jupiter, ayant ac- » cordé généreusement l'hospitalité à Ixion, l'ingrat » reconnut ce bienfait par une noire perfidie et devint » amoureux de la reine. Mais le roi mit à la place de » sa femme une esclave nommée Néphélé et ne put » douter des intentions criminelles de son hôte. » Ixion, s'étant vanté ensuite d'avoir rendu la reine » sensible à ses vœux, fut chassé de la cour et mena, » depuis, une vie errante, triste, inquiète, haï et » méprisé de tout le monde. » Voilà donc une des plus tragiques conceptions de la mythologie grecque transformée en une historiette dans le goût du Décaméron.

L'évhémérisme est un système d'explication absurde, et dont il faut résolument repousser le principe, si l'on veut comprendre quelque chose aux anciennes mythologies. C'est quand on en eut mesuré le ridicule et le vide qu'on se tourna vers une autre explication, qui avait déjà ceci pour elle qu'elle supposait autant de naïveté que d'imagination chez les inventeurs des mythes.

Qu'on suppose dans l'histoire de l'esprit humain une période où l'imagination soit assez vive et l'ignorance assez grande pour que les phénomènes de la nature fassent l'effet de scènes animées : il n'en faut pas davantage pour que des mythes paraissent. Si, par exemple, le soleil nous fait l'effet d'être quelqu'un, les nuages rouges du soir d'être un troupeau de grands bœufs roux, la végétation printanière d'être une jolie jeune fille, faudra-t-il un effort surnaturel d'imagination pour nous représenter ainsi les choses : le soleil est un berger, car il a un troupeau de bœufs qu'il fait paître le soir ; en même temps, il aime la floraison nouvelle et il obtient aussi son amour ; mais cet amour est fatal à la pauvre enfant qui meurt sous les caresses de son amant céleste. Voilà l'idée centrale de tout un mythe solaire.

Ou bien, si nous connaissons un grand rocher du nom d'Actéon que les jours caniculaires, c'est-à-dire autant de chiens dévorants, dépouillent de sa verdure, calcinent, déchirent, et que ce grand rocher projette son ombre à travers les arbres sur la rivière voisine à l'heure où la lune, Diane à l'arc d'argent, se rafraichit loin des regards indiscrets dans les eaux limpides, — aurons-nous grand'peine à nous figurer la scène mythologique qui nous montre le trop curieux Actéon déchiré par les chiens que Diane courroucée a lancés contre le téméraire qui l'a surprise

Le soir, un pied dans l'eau ?

Toute la question se réduit donc à savoir s'il y eut en effet une époque de l'esprit humain où les choses pouvaient se présenter à lui de cette manière, où il pouvait voir dans la nature autant de petits et grands drames, qui n'étaient au fond que des interprétations poétiques de la nature, mais qu'il prenait pour autant de réalités positives.

Une telle question est résolue d'avance par l'existence elle-même des mythes. Seulement il faut bien comprendre qu'ils ne sont pas éclos tout d'abord et tout d'une pièce. Les mythes développés et complets ont été précédés d'*éléments mythiques simples*, remontant aux premières intuitions de l'imagination. Un théorème quelque peu compliqué de géométrie se démontre au moyen d'un certain nombre de théorèmes antérieurs plus simples ; ceux-ci, à leur tour, ne sont que les applications méthodiques de définitions et d'axiômes antérieurement posés. Il en est de même des mythes. Dans chacun d'eux on retrouve les éléments dont il se compose. L'humanité primitive, rapportant tous les phénomènes visibles à l'analogie de la vie animale ou humaine, traduisit ses impressions d'après les formes que lui suggérait son expérience. L'éclair fut pour elle tantôt les replis d'un serpent de feu gigantesque, tantôt la lance, ou le marteau, ou l'épée, que brandissait un guerrier céleste caché dans la nuée d'orage. Dans le tonnerre elle entendit le cri de guerre ou le grondement terrible de ce héros, ou bien le fracas de son char et de ses chevaux, ou bien le rugissement d'un lion, ou le mugissement d'un taureau colossal. Dans les bruits du vent elle reconnut les hurlements d'une meute lancée par de mystérieux chasseurs, tandis que, selon les populations et leur occupation principale, les nuages qui passaient au loin furent ou des vaches laitières, ou des agneaux paissant sous la garde de leur berger, le soleil, ou les barques du pêcheur céleste, ou même des poissons, ou des cygnes, ou des dragons aériens. Suivant que l'orage et ses pluies furent compris comme fécondants ou dévastateurs, ils suggérèrent l'idée ou bien des noces du ciel et de la terre, ou bien de la guerre entre le ciel clair et bienfaisant et les monstres ténébreux sortis des noires profondeurs. Voilà autant d'éléments mythiques simples (1).

Il n'y a rien encore de spécifiquement religieux dans ces imaginations poétiques. Mais elles hâtent le moment où l'esprit de l'homme se sentira en face d'esprits célestes, analogues à lui-même, ses supérieurs en puissance et maîtres de ses destinées. Il est amené

(1) Comp. Pfleiderer, *Religionsphilosophie*, Berlin, 1878.

par là à penser qu'il existe une relation entre ces esprits et lui, et à se conduire comme le lui suggère le sentiment de cette relation. Un vif intérêt le porte à concentrer sur leurs manifestations son attention curieuse. Il les associe, il les groupe, il les voit qui se recherchent ou se combattent, qui s'aiment ou se haïssent, et il assiste dès lors à des drames tantôt joyeux et tantôt sombres, qu'il amplifie indéfiniment. Si surtout ce travail spontané s'opère au sein d'une race à l'esprit vif, ingénieux, poétique, les histoires de divinités de toute espèce seront innombrables. Beaucoup se ramèneront à un même objet naturel compris de différentes manières. Le soleil peut être envisagé comme beau, rayonnant, dévorant, purificateur, guérisseur, vainqueur de monstres, irrésistible, grand voyageur, etc. Aussi le retrouvons-nous dans tous ces mythes dont Phébus, Hélios, Phaéton, Esculape, Persée, Bellérophon, Hercule, Thésée et bien d'autres sont les héros. La lune, dans la même mythologie, se présente simultanément à nous comme Artémis, Seléné, Hécate, Io, Pasiphaé, Europe, qui ont chacune leur histoire. Uranus, Kronos, Jupiter sont tous les trois le ciel, mais le ciel compris différemment, comme couvercle, comme mûrissant, comme brillant. La distinction entre l'objet visible et l'esprit personnel que l'on croit discerner en lui, en détachant jusqu'à un certain point cet esprit de sa base matérielle, ouvre un champ plus large encore à l'invention dramatique (1).

(1) Par exemple, le mythe bien connu de la naissance de Pallas-

Mais ce détachement amène encore un autre résultat très important. Logiquement la représentation dramatique devrait recommencer chaque fois que revient le phénomène qui lui donne lieu. Il n'en est pas ainsi. Elle devient la description d'un événement qui s'est passé une fois, en un certain moment de la durée, sur un point de l'espace, et qui ne reviendra plus. En réalité Hercule devrait mourir toutes les fois que le soleil disparaît au milieu des flammes de son coucher, comme s'il voulait s'arracher à la noire tunique des nuées qui l'obscurcissent. Mais dans la mythologie, c'est une fois seulement que le soleil dompteur de monstres et libérateur se consume lui-même pour échapper aux tortures que lui fait endurer la tunique de Déjanire. Toutes les fois qu'au vent plus vif qui précède l'aurore les mille étoiles du firmament pâlissent et semblent autant d'yeux qui se ferment, Hermès et sa lyre endorment Argus surveillant de ses milles prunelles la lune Io, trop aimée du ciel brillant. Toutes les fois que le ciel empourpré fait tomber sa pluie d'or sur la terre obscure qu'il féconde, le roi des dieux va trouver sa bien-aimée Danaé. Mais non. Mythologiquement tout

Athéné associe un certain nombre d'éléments fixés antérieurement : le ciel lourd est un malade, le coup de tonnerre est un coup de hache ou de marteau asséné par un forgeron divin, la lumière pure qui suit l'orage sort du front du ciel comme une jeune vierge radieuse, l'égide qu'elle porte comme son père est le nuage frangé dont elle est précédée, l'éclair est la lance avec laquelle la vierge divine repousse victorieusement le monstre, etc. Voilà comment de cette association d'éléments simples peût sortir un mythe dramatique.

cela n'est arrivé qu'une fois, et c'est une des lois de fréquente application dans l'histoire des idées religieuses que cette condensation en un fait, accompli une fois pour toutes, de choses ou d'expériences qui en réalité reviennent très souvent.

Cela posé, on comprend que le mythe puisse se prêter à d'autres idées que celles qui sont fournies par la nature visible tenue pour animée. Forme naturelle, à un moment de l'histoire de l'esprit humain, de la pensée représentative et théorique, il servira aussi d'expression à des idées, à des principes, à des observations suggérées par d'autres expériences que celles qu'on peut faire sur la nature visible, à des vérités morales, déjà philosophiques. De là, une seconde classe de mythes, moins anciens que les premiers, parce qu'ils dénotent plus d'expérience et de réflexion. C'est pourquoi nous les voyons apparaître surtout dans les religions monothéistes qui ont pour tendance de bannir la mythologie de la nature. L'Ancien Testament en renferme plusieurs, notamment le mythe de l'Éden qui ramène et réduit à un seul événement les conditions générales du développement de la nature morale de l'homme. Le mythe de la lutte mystérieuse de Jacob avec Dieu rentre dans une même catégorie. D'autres ont en vue l'explication d'un fait intéressant la destinée humaine, comme le récit de la Tour de Babel, qui cherche à rendre compte de la diversité des langues; ou la justification d'une réforme ou d'une prescription religieuse, comme le mythe du sacrifice d'Abraham qui tend visiblement à détruire la coutume de l'immolation des premiers-nés. Ces mythes-là ne présentent plus aussi visiblement le caractère de réduction à un seul événement de ce qui se renouvelle constamment; toutefois on l'y retrouve encore. L'intention qui les inspire est didactique plutôt que représentative, et ils peuvent servir de transition entre le mythe proprement dit et l'histoire. La mythologie grecque renferme aussi des mythes de cet ordre. Le plus célèbre est celui de Prométhée, inventeur du feu, promoteur de la civilisation, du progrès humain, l'objet, à ce titre, de la colère céleste et tourmenté depuis lors par un affreux supplice. Prométhée est la personnification du *Pramantha*, cet instrument qui remonte à une si haute antiquité et qu'on emploie encore aujourd'hui dans l'Inde quand on veut obtenir le feu sacré (1). Mais personnifié, il exprime une idée toute semblable à celle que nous avons déjà signalée dans la Genèse, savoir, que le progrès humain est une usurpation sur le domaine divin, et que celui qui le réalise paie en tourments nouveaux l'audace en quelque sorte sacrilège dont il s'est rendu coupable.

Voilà les considérations qui nous permettent de donner cette définition du mythe :

« Le mythe est ou bien la description d'un phéno-
» mène naturel considéré comme l'exposant d'un
» drame divin, ou bien l'incorporation d'une idée

(1) C'est un bloc de bois percé d'un trou dans lequel on introduit un bâton qu'une lanière qui l'entoure permet de faire tourner rapidement perpendiculairement à ce trou. Le frottement dégage une chaleur intense et le bois s'allume.

» morale dans un récit dramatique. Dans les deux
» cas, ce qui est permanent ou fréquent, dans la
» nature et dans l'humanité, est ramené à un événe-
» ment accompli une fois pour toutes, et le drame,
» bien qu'inventé, est tenu pour réel. »

Ce dernier caractère, l'attribution du caractère de réalité à des récits de pure imagination, est ce qu'il y a de plus essentiel au mythe. C'est ce qui le distingue profondément de la fable et de l'allégorie. La fable est aussi un récit dramatique dans lequel une idée morale, une vérité d'expérience se trouve incorporée ; mais elle est inventée avec réflexion, proposée sans aucune prétention à passer pour une réalité. Quand Lafontaine raconte le dialogue du Renard et du Corbeau, il ne lui vient pas plus à l'esprit qu'à celui de ses lecteurs que jamais renard et corbeau aient réellement tenu à peu près ce langage. L'allégorie est aussi une œuvre de réflexion méthodique, faite en pleine conscience de son caractère imaginaire. En se servant d'analogies prolongées et associées, elle veut donner à comprendre autre chose que ce qu'elle raconte. La parabole est elle-même une espèce d'allégorie, et ni l'auteur, ni les auditeurs ne sont les dupes de ce procédé. Le mythe au contraire est une œuvre de naïveté crédule, où le contenu et le contenant sont inséparables dans l'esprit de ceux qui le racontent comme dans l'esprit de ceux qui l'entendent. C'est nous, modernes, qui, dans notre besoin de tout analyser, distinguons en lui l'idée et la forme. Dans la haute antiquité cette idée et cette forme ne faisaient qu'un.

Il ne faut pas s'étonner quand on rencontre des mythes qui surprennent par leur tour ingénieux ou même par leur profondeur philosophique. C'est souvent le caractère des produits spontanés de l'esprit humain. La langue que nous parlons est une merveille philosophique, et nous ne nous en doutions guère à l'âge où nous commencions à la balbutier ; nos ancêtres qui nous l'ont léguée ne s'en doutaient pas davantage. L'esprit humain, quand il travaille ainsi spontanément, est philosophe comme l'abeille est mathématicienne quand elle construit ses cellules ; comme le castor est architecte quand il bâtit sa hutte. Il faut, il est vrai, se défier de la tendance à voir dans les mythes autre chose que ce qu'il y a et à les transformer en abîmes de sagesse. Le charme qui leur est propre tient précisément à leur naïveté, à l'absence de réflexion critique. Ce fut une grosse erreur que celle des savants qui s'imaginèrent trop souvent que les mythes avaient été composés méthodiquement par des prêtres judicieux, des sages, des philosophes primitifs, qui voulaient enseigner à la multitude ce qu'elle n'eût pu comprendre autrement. Les auteurs inconnus des mythes y croyaient tous les premiers. Ils étaient plus poètes que les autres, et c'est là toute la différence.

Une fois la catégorie du mythe conquise par la science, l'engouement s'en mêla. Bientôt on ne vit plus que des mythes d'un bout à l'autre de l'histoire. Il suffisait qu'un récit présentât des éléments ou des parties mythiques pour qu'on n'y vît plus qu'un mythe du commencement à la fin. C'est ainsi que —

non pas Strauss qui n'a jamais commis cette extravagance — mais quelques enfants perdus de la gauche hégélienne allèrent jusqu'à refuser toute espèce de réalité à l'histoire évangélique et prétendirent que la personne elle-même de Jésus était un pur fruit de l'imagination mythologique. C'est à ce genre d'exagération qu'il convient d'opposer le pamphlet assez spirituel qui prend à tâche de démontrer que l'application de la théorie mythique à l'histoire du premier empire aboutit à démontrer que Napoléon Ier n'a jamais existé. En effet, dit-on, toute cette histoire n'est qu'un mythe solaire. Le conquérant venu d'une île, c'est-à-dire de la mer, s'éteint dans une autre île à l'occident lointain. Sa mère s'appelait *Lætitia*, nom symbolique qui doit désigner l'aurore. Il avait douze maréchaux qui sont les douze signes du Zodiaque. Parti de très bas, il est monté très vite à son zénith. En sa qualité de héros solaire, il a livré de grands combats, accompli des merveilles, remporté les plus éclatantes victoires ; mais, en la même qualité, il a fait une fin malheureuse. En un mot, ce pamphlet est la caricature d'une exagération, mais il nous avertit qu'il est bon de fixer les signes auxquels on peut reconnaître le caractere mythique d'un récit.

Il est des mythes qui s'annoncent immédiatement comme tels. Quant un récit formé dans un temps où il n'y avait pas de documents historiques se compose de choses évidemment impossibles, absurdes, contraires à toute expérience, que pourtant il a fait partie pendant des siècles d'un ensemble de croyances et qu'il est possible de l'interpréter en le rapprochant d'un phénomène d'observation visible ou morale, on ne peut pas hésiter sur sa nature.

En second lieu, un récit d'apparence mythique doit être tenu pour autre chose qu'un mythe, lorsque nous possédons des documents ou des monuments contemporains, ou très rapprochés, qui nous attestent sa réalité historique. Cela ne signifie pas que tout ce qu'il contient est historique ; mais alors c'est affaire à la critique d'y démêler ce qui porte et ce qui ne porte pas le cachet de la réalité.

En troisième lieu les mythes forment une famille très nombreuse, répandue sur la terre entière, mais présentant partout beaucoup d'analogies. Quand, par exemple, en Grèce, en Italie, en Gaule, en Germanie, dans l'Inde, en Mésopotamie, en Amérique, en Polynésie, etc., nous découvrons au moins un récit traditionnel qui fait de la lune ou la sœur, ou la fiancée, ou l'amante jalouse, ou la victime, ou la rivale du soleil, ce serait certainement peine perdue que de chercher le prince et la princesse dont l'histoire a pu donner naissance à cette manière de considérer les deux astres. Il y a une sorte de langage mythique qui s'apprend assez vite et dont on peut suivre les modifications à travers l'espace comme le philologue suit de l'œil les transformations d'une racine reproduite par tout un groupe de langues.

Les cas les plus difficiles sont évidemment ceux des récits d'apparence mythique qui nous parviennent du milieu même des époques historiques et du sein des sociétés où le génie mythologique était ce qu'on peut dire éteint. La meilleure méthode à suivre en pareil cas, c'est de s'assurer de la réalité des faits antécédents et conséquents à celui dont le caractère est douteux ; puis, de voir si, ce dernier étant admis, on passe logiquement, par une transition naturelle, de ces antécédents à ces conséquents. C'est la logique interne de l'histoire qui sert en pareil cas de pierre de touche. Par exemple, l'état moral et religieux du peuple juif aux temps qui précèdent immédiatement l'histoire évangélique est chose connue. La formation de l'Église chrétienne dans les années qui la suivent, formation provenant du travail simultané, parfois mutuellement hostile des apôtres directs de Jésus d'une part, de l'apôtre Paul d'autre part, est aussi un fait incontestable et documenté. Or il est facile de montrer que, pour aller de l'un à l'autre, il faut nécessairement passer par une série de points intermédiaires qui confirment, non pas les détails (ceci est une autre étude à faire), mais les grandes lignes, les traits essentiels de l'histoire de Jésus. Cette histoire peut donc contenir des parties mythiques, mais dans son ensemble elle est réelle.

On pourrait faire la contre-épreuve en se demandant le degré de réalité qu'il faut attribuer au récit des Actes, d'après lequel les premiers disciples furent investis inopinément, le jour de la Pentecôte, de la faculté de parler toutes les langues de la terre sans les avoir apprises. Rien de ce qui précède et de ce qui suit l'événement raconté n'est de nature à en confirmer la réalité historique.

On confond souvent le *mythe* et la *légende*, et le fait est qu'ils se touchent de près. Le sens premier du mot *légende* est « ce qui doit être lu ». C'est ainsi qu'au moyen-âge on désignait de préférence les Vies des Saints, dont il existait plusieurs compilations. La plus célèbre est la *Légende dorée* de Jacques de Voragine. Puis, et non sans cause, la légende en vint à désigner une histoire traditionnelle, populaire, merveilleuse, mais plus ou moins imaginaire et n'ayant pas de titres sérieux à l'acceptation des hommes éclairés. En ce sens on peut dire que la légende contient le mythe. Celui-ci est de nature légendaire. Mais la légende proprement dite cherche avant tout à intéresser, à étonner ; elle n'est pas nécessairement dictée comme le mythe par le désir inconscient d'interpréter un phénomène naturel ou de donner une expression à une vérité morale. Il y a des légendes mythiques ou contenant des parties mythiques rencontrées sur leur chemin. C'est ainsi que la légende de la maison de Lusignan s'est incorporé le mythe poétique de la fée Mélusine, mythe lunaire qui remonte à une haute antiquité.

Il y a de même des « histoires mythiques », c'est-à-dire des histoires racontant un fait vrai, mais en y joignant des éléments mythiques ou même des mythes entiers. Ainsi l'histoire de l'émancipation de la Suisse primitive se trouve enrichie de l'incident de Guillaume Tell, l'habile archer, lequel n'est autre chose qu'un héros solaire. On a été bien étonné de retrouver son roman dans les pays scandinaves, d'où, selon toute probabilité, il est venu en Helvétie, apporté par une immigration partie du nord.

Remarquons enfin que la faculté de production mythique a dû décroître à mesure que la réflexion et l'esprit de généralisation se sont fortifiés. Les peuples modernes sont tout ce qu'il est possible d'imaginer de plus stérile en fait de mythologie. Comme pourtant la différence est énorme entre les procédés intellectuels de l'élite instruite et ceux des masses ignorantes, on peut constater, même à des époques relativement modernes, des ébauches de mythe, si ce n'est des mythes tout entiers. Le Juif-Errant, la papesse Jeanne peuvent servir d'exemples, l'un personnifiant la destinée lamentable du peuple juif, l'autre donnant une expression railleuse aux sentiments de scandale soulevés par la corruption savante de la cour pontificale. Ce n'est pas seulement l'Allemagne qui crut à son empereur Barberousse endormi avec ses preux dans la caverne d'où il devait sortir un jour pour relever l'empire. Dans nos campagnes on crut assez longtemps à l'immortalité et au retour certain du premier Napoléon. En 1848 il n'était pas impossible de rencontrer des paysans qui y croyaient encore.

II

LE SYMBOLE ET LE RITE

Ce que nous avons dit du mythe montre qu'il doit son apparition à cette faculté qui distingue l'esprit humain et que nous désignerons par le nom d'*intuition analogique.*

L'analogie est le rapport permettant d'associer deux choses distinctes, irréductibles l'une à l'autre, ne se ressemblant que de très loin, souvent même ne se ressemblant pas du tout, et qui pourtant produisent sur nous des impressions assez voisines pour que la vue ou l'idée de l'une éveille immédiatement la pensée de l'autre. L'*intuition analogique* est la faculté de percevoir ce genre de rapport. L'animal ne paraît pas la posséder. Il peut être sensible aux ressemblances, et beaucoup d'engins de chasse, sans parler des ruses du sauvage qui réussit à imiter si bien l'allure et l'apparence de certains animaux qu'il se glisse au milieu d'eux sans qu'ils s'en aperçoivent, sont fondés sur cette possibilité. Mais l'analogie lui échappe. Jamais, par exemple, un ruisseau ne lui suggérera l'idée d'un serpent, ni un rayon de soleil celle d'une flèche (1).

L'homme, au contraire, ne cesse pas de saisir des analogies entre les choses les plus disparates. Son langage en est plein, et toutes ces locutions que la rhétorique a classées sous le nom de *tropes* et de *figures de mots* reposent uniquement sur l'intuition analogique. Un « cœur d'airain », une « langue de miel », le « choc des intérêts », le « débordement des passions », etc., voilà quelques exemples pris au hasard et que l'on pourrait indéfiniment multiplier.

Il faut même reconnaître que cette facilité à saisir des analogies peut aller très loin. Il en est qui n'ont frappé l'esprit humain que dans certains temps, certains pays, et que nous avons beaucoup de peine à comprendre. Quand, par exemple, le poète du Cantique assimile, pour la complimenter, le cou de la Sulamite à « une tour qui domine la route de Damas », il nous est bien difficile de saisir le rapport qui peut exister entre les deux termes de la comparaison (2).

(1) Si le chien aboie à la lune, n'est-ce pas tout simplement parce qu'il la prend pour quelqu'un, à cause de sa ressemblance avec une tête humaine, et qu'il trouve très impertinent de sa part qu'elle vienne ainsi se promener sur les demeures ou les terrains dont il a la garde? Cela rentre donc dans une illusion de ressemblance et non d'analogie.

(2) Nous pouvons observer ici que le langage de la galanterie a toujours été coutumier du fait, et que la femme dont les attraits reproduiraient exactement les descriptions qu'on en fait en style raffiné (taille de guêpe, front d'ivoire, cou de cygne, etc.) serait un monstre achevé. En Grèce, c'était une beauté que d'avoir des « yeux de bœuf », s'il faut en croire quelques épithètes, et les jeunes Arabes comparent galamment leur maîtresse à une « chamelle ».

C'est l'analogie, nous l'avons vu, qui a fourni les éléments mythiques, dont le groupement et l'association sous forme dramatisée ont fait les mythes complets. C'est elle aussi qui fait le *symbole*, ayant avec le mythe une indéniable parenté, distinct toutefois et pouvant même lui survivre. Car il y a des religions épurées d'où le mythe a disparu, tandis qu'il n'y en a pas, et on n'en conçoit guère, qui puisse entièrement se passer de symbole.

Un symbole est un acte ou une chose qui représente par analogie soit l'objet de la croyance, soit les nuances diverses du sentiment religieux.

Ainsi l'acte de s'agenouiller pour prier, ou de se frapper la poitrine en confessant ses fautes, ou de se couronner de fleurs pour offrir aux dieux des sacrifices d'actions de grâces, voilà des symboles correspondant à certaines dispositions religieuses ou les exprimant. — Dé même un serpent se mordant la queue, image de l'infini qui n'a ni commencement ni fin, une statue de Vishnou à trompe d'éléphant, vu que l'éléphant est le plus sage des animaux comme Vishnou est le plus sage des dieux, un fétiche de nègre que l'on peint en blanc le jour de la fête des morts, parce que le blanc est dans la croyance du nègre la couleur des esprits défunts, voilà autant d'objets symboliques exprimant des croyances ou représentant leur objet.

Quelle est l'origine psychologique du symbole religieux ? Il se rattache au besoin que l'homme éprouve d'objectiver, d'exprimer ses impressions, ses sentiments, ses convictions. Nous avons déjà vu que c'est à cette tendance, jointe à la conformation physique de l'homme et à ses aptitudes sociales, qu'était due la faculté du langage. Au fond, le langage rentre dans le signe et fait partie d'une même famille avec le geste, la physionomie, le cri, le pleur, le rire, l'attitude du corps, etc. L'homme, de nature, est expansif. Si la prudence ne le lui défend pas, souvent même quand elle le lui défend, il trouve du plaisir à donner à ses sentiments une forme extérieure correspondante ou qui lui paraît telle. C'est encore pour cela qu'il chante, qu'il danse, qu'il dessine, qu'il se pare, et plus il se rapproche de l'état de nature, plus ce besoin est impérieux. Il est encore aiguisé par la vie sociale. L'homme aime à manifester devant les autres et avec les autres. Il aime à propager dans leurs âmes les sentiments dont il est ému et à sentir en lui la propagation sympathique des sentiments qui les animent. L'enthousiasme des foules, lorsqu'elles sont sous le coup d'une émotion commune, ce qu'il y a de contagieux dans les dispositions nourries par un groupe d'abord très restreint, le plaisir plus vif que nous éprouvons à la vue d'un spectacle dont un grand nombre de nos semblables sont témoins avec nous, ce sont là tout autant de conséquences et de confirmations de cette loi de notre nature.

Par conséquent, étant donné le sentiment religieux avec ses nuances diverses, avec sa vivacité parfois si intense, il était certain qu'il engendrerait ses signes de manifestation, soit individuels, soit collectifs. Il devait chercher à s'épancher et à se fortifier par la sympathie. Voilà ce qui a fait les symboles.

Le mot de symbole a son histoire (1). Dans l'ancienne Grèce, on appelait ainsi les paroles et les signes convenus auxquels se reconnaissaient les initiés des mystères. Plus tard, le même mot servit à désigner les formulaires dogmatiques reconnus par les adhérents d'une même société religieuse (symbole apostolique, symbole de Nicée, symboles luthériens, réformés). Dans le langage actuel, il désigne tout acte ou tout objet auquel on s'accorde à reconnaître une signification religieuse ou morale.

La religion devait naturellement donner lieu à un grand nombre de symboles. Nous savons qu'elle est essentiellement synthétique. Elle cherche à concilier l'esprit humain avec le non-moi, qui lui est opposé, par le moyen de son union avec l'esprit supérieur qu'il discerne dans les choses, et l'homme aime à nourrir la conscience de cette union. Donc, ce qui lui donne un corps, une sorte de réalité visible et tangible, ce qui aide l'homme à en vivifier la certitude, doit également lui plaire. Par le symbole, l'homme se procure l'assurance qu'il est en harmonie avec l'être qu'il adore. A l'étranger, n'aimons-nous pas singulièrement à voir flotter le drapeau de notre pays? Pourtant, ce lambeau de toile ne devrait rien ajouter à la vivacité de notre patriotisme. N'importe. Ces couleurs de la patrie absente, par tout ce qui s'y associe dans nos cœurs, la font apparaître à nos yeux

(1) Du grec σύμβολον, de σύν avec et βάλλειν jeter, jeter ensemble, et, par extension, ce qui est admis par un groupe ou une association et ce qui en représente l'unité.

et réveillent le sentiment de notre union avec elle. La simple poignée de mains est un symbole de bon vouloir mutuel, symbole parfois menteur, comme tous les symboles peuvent l'être. Mais ce n'est ni sa faute ni la leur. Par son intention originelle, le symbole est toujours sincère.

Il y aura donc en religion des symboles de soumission, tels que l'acte de s'incliner, de se découvrir la tête, de s'agenouiller, de se prosterner, etc., toutes attitudes exprimant avec plus ou moins d'énergie la dépendance que l'être adorant reconnait comme définissant sa relation avec l'être adoré. Devant lui, il se fait petit, humble, rampant dans la poussière.

Il y aura aussi des symboles de tristesse religieuse, tels que le fait de revêtir des habits de deuil, ou de se couvrir de vêtements sordides, ou de jeter de la cendre sur sa tête, cela en rapport avec l'expérience que l'homme en proie à un chagrin violent se néglige et ne fait plus aucune attention à la manière dont il est vêtu. C'est ce qui assure aussi au jeûne une grande place dans le symbolisme religieux. Du moins, parmi les associations d'idées qui ont amené l'adoption de ce symbole si répandu, l'une des plus fréquentes, peut-être la plus générale, a été le désir d'exprimer la tristesse. L'homme absorbé par la douleur dédaigne la nourriture.

Il y a, en revanche, des symboles de joie religieuse. Ainsi, dans bien des cultes on voit les adorateurs se parer de feuillage ou de fleurs, enguirlander les lieux consacrés, se livrer à des danses joyeuses. Il y avait beaucoup de ces symboles dans les grandes fêtes mythologiques célébrant le retour du soleil sur l'horizon ou celui du printemps. Dans les temps surtout où la morale et la religion étaient encore choses très distinctes, ces élans de communion sympathique avec la nature ressuscitée allaient jusqu'à l'orgie, à la bacchanale, au déchaînement des appétits les plus grossiers.

Nous devons mentionner aussi les symboles de pureté ou de purification. L'eau du baptême, que l'on administrait dans les premiers temps par immersion, et non comme aujourd'hui par une simple aspersion, représentait la purification totale du néophyte. Dans la même catégorie, nous rappellerons encore la lumière des lampes ou des cierges, le feu en général, les vêtements blancs et les fleurs de couleur blanche, telles que le lys, la fleur d'oranger, ou bien encore la brebis à toison blanche fraîchement lavée, etc.

Notons encore le symbolisme qui cherche à exprimer le sentiment du mystère, de l'inconnu, de l'incompréhensible. Il était très-riche dans les initiations antiques. Dans certains cultes, on n'approchait de la divinité qu'en s'enveloppant la tête d'un linge plusieurs fois replié, de manière à bien exprimer le sentiment qu'on se reconnaissait incapable de sonder l'insondable et qu'on abdiquait toute prétention de soumettre à la raison humaine l'auguste et terrible puissance dont on sollicitait la protection. C'est un écho affaibli de cet ordre d'idées que nous retrouvons dans la préférence qu'on accorde de nos jours aux édifices religieux où règne un clair obscur mystérieux et où des vitraux coloriés diminuent et idéalisent à la fois la lumière du jour.

Il est un grand nombre de symboles végétaux et animaux qui tiennent une grande place dans les religions mythologiques. Les arbres qui restent verts pendant toute l'année, qui triomphent par conséquent des causes de destruction et de mort auxquelles tant d'autres succombent, le lierre, le myrthe, le buis, le gui, le laurier, etc., semblaient révéler une puissance divine, ou bien être favorisés des dieux. De là l'idée de les révérer d'abord comme des êtres divins, puis simplement comme symboles et attributs de ceux que l'on regardait comme la source ou les patrons de la vie naturelle, Dyonisos, Hélios, Aphrodite, etc. L'Israélite, revêche au monothéisme, allait de préférence sacrifier « sous les arbres verts. » Par une analogie voisine, la grenade était consacrée à Héré ou Junon comme symbole de fécondité, et la couronne de feuilles de chêne à Mars comme symbole de vigueur. On sait le rôle que jouait le gui dans la religion de nos ancêtres. Dépositaire de la force vitale ou divine, il passait à leurs yeux pour une sorte de panacée, de remède à tous les maux. Nous savons qu'il y avait aussi des animaux mis en rapport avec certaines divinités. Il y a même lieu de supposer qu'avant de se représenter les dieux sous forme humaine, les anciens leur avaient attribué des formes animales. Ainsi, les dieux-poissons de la Syrie et de Babylone sont des dieux de fécondité et de multiplication. Si le hibou est l'oiseau d'Athéné, c'est qu'avec ses yeux ronds et glauques, miroitant dans l'obscurité et lui permettant de voir clair dans les ténèbres, cet oiseau s'associe à l'idée de la lumière fine, pénétrante, qui est celle de l'aurore ou celle qui reluit après l'orage. Si Héré ou Junon, l'épouse du Ciel, a pour symbole le paon à la queue étoilée, c'est qu'on avait vu une analogie entre cet appendice du bel oiseau bleu et le ciel qui, la nuit, cachant son corps d'azur, déploie à l'infini ses orbes constellés.

Mais, de tous les symboles, les plus intéressants sont ceux que nous appellerons les *symboles d'imitation*, par lesquels l'adorateur cherche à imiter la divinité pour mieux s'unir à elle en vivant, pour ainsi dire, comme elle vit elle-même. C'est le commencement d'un chapitre très spécial et très important de l'histoire religieuse. Nous voyons déjà apparaître de loin les identifications avec la divinité dont les transsubstantiations de noms et de sens différents, mexicaines, bouddhistes, chrétiennes, sont les formes diverses. Ici le symbole commence à perdre son caractère de signe représentatif pour devenir le moyen de réalisation de l'union désirée et savourée par le sentiment religieux.

Par exemple, dans certaines mythologies, on observe que l'ensemble des étoiles se meut en tournant autour de la terre et en suivant des chemins réguliers. Il n'en faut pas davantage pour qu'on assimile ces mouvements des étoiles à une danse rhythmée et compliquée. La conséquence sera une danse religieuse en l'honneur de « l'armée des cieux ». La danse évoluera d'une manière en apparence enchevêtrée, et pourtant méthodique. Il y eut plusieurs danses sacrées ayant ce caractère d'imitation du mouvement des astres, entre autres celle du Labyrinthe que l'on dansait en Crète et à Délos. Le Labyrinthe lui-même, avec ses mille circuits, était un symbole du ciel étoilé, et la danse de même nom devait en être une sorte de représentation animée. Ailleurs, on assimile le soleil à une roue enflammée qui tourne et va d'un bout à l'autre du ciel et de l'année. C'est en tournant ainsi qu'elle répand sur la terre la vie et la fécondité. Eh bien ! en beaucoup d'endroits on veut imiter le cours du soleil. On enveloppe de paille une roue ordinaire, on y met le feu, et on la fait rouler tout enflammée à travers les campagnes pour en augmenter la fertilité. Il n'y a pas très longtemps que l'on pratiquait encore cet usage dans les plaines du Poitou, et moins longtemps encore que chaque année, au printemps, les vignerons des bords de la Moselle faisaient rouler une roue de ce genre du haut en bas de leurs vignobles dans la direction du fleuve. Si elle arrivait jusque dans l'eau pour s'y éteindre, c'était le présage d'une vendange abondante, comme si le soleil eût promis de briller cette année-là pendant tout le cours de la belle saison.

Dans d'autres régions, nous trouvons en plein paganisme une obscure et grossière tendance au monothéisme. On pressent que la divinité n'est, en réalité, ni masculine ni féminine, qu'elle possède les deux sexes ou n'en possède aucun. De là des symboles monstrueux, des mutilations ou des impuretés indescriptibles.

Nous pourrions allonger indéfiniment la liste de

ces symboles d'imitation. Si, dans la croyance, il se trouve quelque chose qui ressemble à un drame divin, on peut s'attendre à ce que le culte reproduise quelques figurations de ce drame, lesquelles pourront même passer pour sa répétition. Au jour annuel de la mort d'Adonis, aimé de Vénus, et qui n'était autre que le beau jeune soleil du printemps mis à mort par le farouche sanglier de l'hiver, les femmes, dans leur douleur, s'arrachaient les cheveux devant l'emblême du jeune dieu prématurément enlevé; elles faisaient comme Vénus, quitte à s'ébaudir le printemps d'après en courant les campagnes comme des folles, quand elles avaient la certitude qu'il était ressuscité. Dans un ordre d'idées infiniment plus élevé et plus pur, nous retrouvons un phénomène analogue dans les *stigmatisés* tels que François d'Assises, qui portent sur leur corps les marques sanglantes de la crucifixion. Au siècle dernier, dans ces conventicules où le jansénisme devait s'éteindre après un paroxysme d'exaltation, une des dévotions les plus appréciées consistait à se faire crucifier comme le Christ.

Le symbole peut donc perdre sa nature d'emblême ou de simple analogie et prétendre à toute la réalité de ce qu'il voulait d'abord seulement signifier. C'est ce qui engendre l'*idolâtrie*, qu'il ne faut pas confondre, comme on le fait si souvent, avec le polythéisme dont elle est très distincte. L'idolâtrie consiste essentiellement dans l'adoration de l'image comme si elle était la personne divine elle-même. Il est clair qu'à l'origine toute image divine, de fabrication récente, n'était comprise que comme un symbole. C'est peu à peu, à force de lui rendre les honneurs divins, que le peuple ignorant l'identifia avec l'objet réel de son culte. Quand on pense aux innombrables reliques dont tant de religions se disent en possession, il est inadmissible que la mauvaise foi, la spéculation, la crédulité niaise aient réussi en tant de lieux à propager l'absurde. J'incline du moins fortement à croire que beaucoup de ces reliques ont été originairement des représentations figurées, des symboles, et que, l'ignorance aidant, elles ont passé plus tard pour des réalités.

Le symbolisme est donc tout un langage, aussi riche que varié, dont il faut apprendre en quelque sorte le vocabulaire et la grammaire, si l'on veut comprendre les religions. Le christianisme a tout autant de symboles, surtout sous ses formes latine et orientale, que toute autre religion. Si nous avions à faire l'analyse de la messe, nous verrions qu'à l'exception du sacrifice qui en occupe le centre, tout dans cette cérémonie est une succession de symboles, depuis le vêtement du prêtre jusqu'aux coups d'encensoir des enfants de chœur.

C'est le symbole qui a fait le culte, parce que c'est lui qui a fait le *rite*.

Un rite est un assemblage de symboles groupés autour d'une idée religieuse ou d'un acte religieux, destinés à en rehausser le caractère solennel ou bien à en développer le sens. De même qu'un mythe est le groupement d'éléments mythiques associés sous forme dramatique, de même un rite est le groupement de plusieurs symboles convergeant vers une idée centrale. On dira par exemple le rite du baptême, le rite des funérailles, les rites des sacrifices. Le ritualisme est cette tendance qui consiste à attacher une très grande valeur à l'accomplissement des cérémonies symboliques, tandis que la tendance opposée, puritanisme ou spiritualisme, cherche à réagir contre cette importance aisément supertitieuse attribuée aux symboles matériels. Les deux tendances sont également naturelles. C'est ce qui explique pourquoi deux hommes, sincèrement religieux l'un et l'autre, peuvent porter les jugements les plus divers sur la valeur d'un culte. Le catholique pieux trouvera son édification, sa nourriture religieuse dans l'opulent symbolisme de son église, tandis que le calviniste s'en détourne avec un sentiment de répulsion pénible, comme s'il assistait à une profanation.

Prenons dans la manière dont se célébraient les sacrifices dans l'ancienne Rome un exemple servant à nous montrer comment un ensemble de symboles peut faire un rite. Nous laissons de côté l'idée même du sacrifice qui n'était pas du tout symbolique. Mais tout l'extérieur dont il était entouré n'était que symboles. Ainsi le sacrificateur doit être vêtu de blanc, symbole de pureté. Il doit être couronné du feuillage d'un arbre consacré à la divinité à laquelle la victime est offerte, symbole d'union avec elle. Si le sacrifice se célèbre pour obtenir une grâce divine, le prêtre doit y procéder les cheveux épars, la ceinture dénouée, les pieds nus, parce qu'il doit se présenter comme un suppliant. Les animaux offerts doivent être de belle qualité, sains et fraîchement lavés, symbole de déférence et de convenance. On les choisit d'ordinaire parmi ceux que la divinité préfère ou qui lui sont consacrés, à moins que, pour entrer d'une autre façon dans ses bonnes grâces, ces animaux ne soient de ceux qu'on immole à sa colère. Un héraut commande le silence, marque de déférence et de respect. On fait retirer les profanes, c'est-à-dire ceux qui ne sont pas dans les conditions rituelles voulues pour assister à la cérémonie sans en compromettre l'efficacité. Un prêtre jette sur la victime de la pâte salée ; car le sel est un symbole d'union, il empêche la dissolution, et la pâte est le pain qui se mange avec la chair. Il faut aussi offrir à boire, et l'on apporte une coupe de vin dont le sacrificateur boit, dont il fait boire aux assistants et dont il verse le reste sur la tête de la victime. Cela fait, on allume le feu, symbole de purification. La victime est placée devant l'autel, et le *cultrarius*, valet du prêtre, l'abat d'un coup de hache. Il est à désirer que la victime ne fasse pas de résistance, quand on l'amène ; autrement, on pourrait voir dans sa répugnance à se rendre près de l'autel une apparence de révolte contre la divinité, et par la même raison il est à souhaiter qu'elle tombe sans pousser de cris. Aussitôt on l'égorge, on recueille son sang dans des coupes que l'on répand sur l'autel, car le sang passe pour la vie proprement dite. Puis on étend la victime sur la table sacrée, on la dépouille, on la découpe, et, cela fait, ou bien on la brûle tout entière, dans l'idée que, montant vers le ciel avec la fumée, elle se transforme en nourriture céleste, ou bien on n'en brûle qu'une partie, et le reste est partagé entre les sacrificateurs et les sacrifiants. C'est donc un repas que l'on est censé partager avec la divinité. Venaient enfin des ablutions, des formules liturgiques et le congé de se retirer donné en due forme.

Nous omettons bien d'autres détails. Sur ce canevas général se dessinaient beaucoup d'autres cérémonies symboliques spéciales, selon la nature du sacrifice ou celle du dieu auquel il était offert. Nous en avons dit assez pour montrer comment un grand nombre de symboles simples ont formé un ensemble, un tout organique, en un mot un rite. Si le symbolisme religieux est un langage, si les symboles simples correspondent au vocabulaire et à la grammaire, on peut dire que le rite en est la syntaxe.

Mais nous venons de voir comment le symbole perd à la longue son caractère purement analogique pour devenir une réalité positive, un moyen de réaliser l'union de l'homme et de la divinité. En revanche, il est des objets ou des actes revêtus d'abord d'une valeur intrinsèque et concrète, plus tard conservés seulement en qualité de symboles. Nous allons maintenant étudier les origines et le sens de ce qu'on a trop souvent considéré comme un pur symbole, de ce qui, au contraire, dans la plupart des religions constitue le centre pratique du culte et le moyen par excellence de l'union à laquelle toute religion aspire.

III

LE SACRIFICE

Toutes les religions considèrent le sacrifice, plus ou moins transformé, comme le moyen par excellence de réaliser l'union de l'homme avec la divinité. On ne peut du moins faire d'exception qu'en pensant aux religions philosophiques ou rationalisées qui le ramènent à la catégorie du symbole, mais qui comptent encore pour bien peu dans l'histoire religieuse. Encore faut-il ajouter qu'une notion philosophique des destinées collectives de l'humanité peut très légitimement dégager une grande vérité des dogmes traditionnels dont le sacrifice est le point central. Pour l'ensemble des religions polythéistes, l'universalité du sacrifice n'est pas plus douteuse que sa prépondérance. Dans les religions monothéistes, il se transforme, mais il persiste. L'islamisme, celle peut-être des religions monothéistes qui lui accorde la moindre place, a pourtant aussi ses sacrifices rattachés au pèlerinage de la Mecque et à la fête annuelle du Beïram. Chez les Israélites on sait avec quel luxe de détails la loi déterminait le nombre, le genre, les dates et la célébration des sacrifices. Si, depuis la destruction du temple de Jérusalem, les Israélites ne sacrifient plus, c'est que la même loi interdit sévèrement toute célébration de sacrifice ailleurs qu'au temple ; mais, en théorie, le sacrifice fait toujours partie de la religion juive et, en fait, la Pâque juive, l'immolation de l'agneau pascal, est un sacrifice de famille. Chez les chrétiens on croit généralement au sacrifice du Calvaire, auquel on rapporte la rédemption du genre humain. Les catholiques pensent qu'il se réitère à chaque messe, et chez les protestants, qui ont repoussé l'idée du sacrifice de la messe, on insiste avec un redoublement de ferveur sur le sacrifice rédempteur qui forme, en quelque sorte, le *nucleus* de la théorie protestante orthodoxe.

Sous toutes ses formes, le sacrifice est l'offrande à la divinité de ce qui est considéré comme devant la bien disposer en faveur du sacrifiant ou de ceux à qui le sacrifiant désire que le bénéfice en soit attribué.

Si nous nous reportons à notre définition de la religion, nous nous rappelons que l'esprit humain est religieux par le sentiment d'un lien qui l'unit à l'esprit divin et dont il aime à savourer la conscience.

Mais cette union ne lui est pas toujours sensible ni certaine, et il aime à penser qu'il la resserre. Il peut trouver qu'elle est faible, il aime à la fortifier; qu'elle est détruite, il aime à la rétablir. Déjà l'adoration, l'hommage, la prière viennent au-devant de ces divers désirs. Mais, dans les temps primitifs surtout, l'homme, jugeant de ses divinités par lui-même, estima que les paroles ne valaient pas un bon cadeau. Alors, et très naïvement, il s'avisa de leur faire des présents.

Que donnera-t-il à ses divinités? Ce qu'il aime le mieux lui-même. Et comme, dans la vie primitive, chez le sauvage d'aujourd'hui, la grande préoccupation, l'idée fixe, c'est d'avoir de quoi manger, puis de bonnes choses à manger, les offrandes que l'homme fait à son dieu sont régulièrement de beaux fruits, des gâteaux, du miel, du vin, du laitage, du beurre, de l'huile, enfin et surtout de la chair animale. C'est bien ainsi que la Genèse nous laisse entrevoir les premières offrandes. C'est là le point de départ des sacrifices et, naturellement, en vertu des mêmes idées, l'homme ajoutera aux dons alimentaires des offrandes relevant du domaine des autres sens, telles que des ornements, des fleurs et des parfums. Si le Peau-Rouge, avant de partir pour la chasse ou la guerre, allume sa pipe et lance les premières bouffées vers le ciel, c'est que, grand amateur du tabac, il croit être agréable au Grand Esprit en lui en faisant respirer les vapeurs. C'est pour la même raison qu'ailleurs on brûle les résines odorantes, l'encens, la myrrhe. Mais ces sacrifices de parfums ne sont que l'accessoire à côté du sacrifice d'aliments qui est le principal. Euripide et Platon remarquaient déjà que c'était s'insinuer dans les bonnes grâces divines par la même méthode qui réussit si bien auprès des grands de la terre. Δῶρα Θεοὺς πείθει, δῶρα αἰδοίους βασιλῆας (1). Nous retrouvons la même idée dans les vers d'Ovide sur cette manière toute semblable de capter les faveurs au ciel comme sur la terre :

> Munera, crede mihi, capiunt hominesque deosque.
> Placatur donis Juppiter ipse datis (2).

Mais ces remarques ironiques appartiennent, en Grèce comme à Rome, à un âge de réflexion et de rationalisme. Ce serait un contre-sens que de les reporter aux âges primitifs dans les profondeurs desquels plonge par les racines l'institution des sacrifices. A l'origine, la sincérité marche de pair avec la naïveté.

Il importe déjà de bien distinguer les deux éléments d'ordre moral et, au fond, contradictoires qui s'associent dans cette vieille coutume. Le premier, c'est le parfait égoïsme du calcul. L'homme ne donne à son dieu que pour recevoir et compte bien qu'il recevra d'autant plus qu'il aura plus donné. Cela mènera loin dans le développement matériel du sacrifice. L'autre sentiment qui perce, et qui aussi mènera loin dans les idées qu'on se fera plus tard du sacrifice, c'est qu'en définitive l'homme se dépouille, se prive, s'impose un sacrifice à lui-même, en un mot renonce à ce qui lui plairait, s'il ne tenait pas d'abord à plaire à son dieu.

Ce n'est nullement un point de vue contraire que celui qui fait immoler aussi aux divinités adorées ce

(1) Platon, *De Rep.* III; 390; comp. Euripide, *Médée*, V, 934.

(2) *Ars am.* III, 653.

qu'on regarde comme les objets de leur haine. Si, par exemple, on sacrifie des chevaux à Poséidon ou Neptune, dieu des mers, parce que les vagues ressemblent à des chevaux galopant les uns derrière les autres, on fera périr devant l'autel du dieu-soleil les animaux qu'il semble haïr, puisqu'il n'en aime pas la vue; qu'il semble poursuivre, puisqu'ils le fuient, tels que le loup, animal de l'hiver, les rats et les souris, amis des ténèbres; ou bien, en l'honneur des déesses personnifiant le sol fertile, le sanglier qui le dévaste. C'est toujours une immolation qui doit leur être agréable et un repas digne de leur être offert. Car on peut parfaitement se repaître de la chair d'êtres abhorrés de leur vivant. L'autel lui-même est en réalité une table, la table du banquet divin (1).

Sur cette base toute naïve s'élèvent de nombreuses diversités d'application. Le sacrifice peut être simple, fréquent, un rayon de miel, une jatte de lait, une libation, c'est-à-dire quelques gouttes de la boisson qu'on se prépare à absorber et dont on fait une part aux dieux; ou bien, dans certaines occasions solennelles, il peut atteindre des proportions effrayantes, comme dans *l'hécatombe*, où ruisselle le sang d'une centaine de bœufs. Il y a d'ailleurs des motifs de genres divers qui déterminent le sacrifice. S'il s'agit de rendre la divinité favorable à une entreprise quel-

(1) C'est en connexion avec cette idée d'un repas offert à la divinité et partagé avec elle que le sacrifice devint la sanction des traités d'alliance entre individus, familles et peuples, ou, comme chez les Hébreux, de l'alliance nationale avec Jahveh. La divinité se trouvait ainsi témoin et partie contractante.

conque, on fait un sacrifice de *propitiation.* Si l'on veut marquer sa reconnaissance, on a le sacrifice d'*actions de grâces.* De plus, comme on connaît des dieux terribles, destructeurs, jaloux du bonheur et de la vie des hommes, on a le sacrifice d'*apaisement.* C'est là que la cruauté et la naïveté se touchent de près, et c'est à ces terreurs religieuses qu'il faut surtout attribuer le maintien prolongé des sacrifices humains que l'on rencontre partout, quand on remonte vers la haute antiquité, et qui passèrent longtemps pour la sauvegarde la plus efficace des peuples et des familles. C'était en quelque sorte faire la part du feu.

Ici se présente une question qui a été assez souvent discutée de nos jours. L'anthropophagie paraît avoir été, sinon universelle, du moins endémique à l'origine de toutes les races. Cette odieuse coutume s'est conservée, on le sait, chez les peuples les plus arriérés, les plus rapprochés de l'animalité. Chez beaucoup d'entre eux toutefois elle est associée à des rites religieux et n'apparaît plus que comme une exception, sans relation avec les coutumes ordinaires. Là-dessus on a dit que l'anthropophagie n'avait jamais été autre chose qu'un rite. Mais la question n'est que déplacée. Comment l'homme en vint-il à s'imaginer que la chair de ses semblables pouvait être agréable à la divinité? Evidemment cela ne peut venir que de ce qu'il la tenait lui-même pour un régal. Il faut nous dépouiller, pour résoudre de telles questions, de toutes nos antipathies héréditaires. L'expérience montre que l'homme, assuré d'une nourriture suffisante, éprouve de l'horreur à l'idée de se repaître de chair humaine. Mais elle nous montre aussi — l'histoire des naufrages, des famines, des sièges prolongés en fait foi — que, sous l'aiguillon de la faim furieuse, l'homme, même civilisé, peut se résoudre à cette épouvantable extrémité. Or, dans les conditions de la vie primitive, comme encore aujourdhui chez les sauvages, les périodes de famine étaient fréquentes. La nécessité dut souvent commander à des êtres qui n'avaient pas nos répulsions profondes. Et des observateurs compétents ont appris, en interrogeant en divers lieux des anthropophages, que si l'on est... sans préjugé, la chair humaine passe pour la plus savoureuse de toutes (1).

Si donc on affirme l'étroite relation qui unit le cannibalisme aux sacrifices et aux rites religieux, on ne se trompe pas ; mais l'immolation des victimes humaines n'aurait pas été inventée, si l'on n'avait pas cru qu'elles étaient un mets digne d'être offert aux dieux (2). La coutume religieuse suppose la coutume physique, et il est naturel qu'elle se soit conservée

(1) Je tiens en particulier d'un capitaine de la marine hollandaise qu'ayant eu l'occasion de s'entretenir avec des indigènes âgés de certaines îles de la Malaisie, où le cannibalisme n'a pu être aboli qu'à une date relativement récente, il avait reçu d'eux la déclaration qu'ils se rappelaient avec délices les repas de chair humaine qu'ils avaient faits dans leur jeunesse.

(2) C'est en vertu d'un autre cours d'idées, mais ne contredisant en rien le premier, que s'établit la coutume d'immoler des animaux domestiques, des esclaves et des femmes, pour qu'ils rejoignissent leur maître ou leur mari défunt et continuassent de le servir dans une autre existence.

comme coutume religieuse longtemps après qu'elle eut disparu des mœurs et des goûts. C'est le propre des coutumes religieuses, devenues traditionnelles, de se perpétuer, lors même qu'elles ne répondent plus aux idées contemporaines.

Là encore, jusque dans cette aberration monstrueuse, nous pouvons discerner le double élément du sacrifice, un égoïsme révoltant et un renoncement que le sacrifiant s'impose. Tel est du moins le cas toutes les fois qu'il s'agit d'un sacrifice humain douloureux pour ceux qui l'accomplissent. On se dit que plus le sacrifice coûte au sacrifiant, plus son efficacité est certaine. C'est le sentiment qui se cache sous le mot qu'on attribue à Louis XIV accablé par les revers : « Après tout ce que j'ai fait pour Dieu ! » C'est ainsi que, notamment chez les Sémites, on arrive à mettre au-dessus de tous les autres le sacrifice que les parents font de leurs propres enfants, et en particulier des premiers nés. Le mosaïsme eut bien de la peine à extirper cette horrible coutume chez les Israélites. On sait qu'à Carthage et dans les villes phéniciennes, en temps de calamité, on prenait les enfants des premières familles pour les immoler aux divinités nationales. Évidemment, si le préjugé n'avait pas été plus fort que toutes les objections, des familles puissantes et riches, disposant de l'autorité en temps ordinaire, n'auraient pas d'elles-mêmes édicté de pareilles lois. Il faut mettre en rapport avec ce cours d'idées le tragique épisode de la guerre que les rois coalisés d'Israël, de Juda et d'Édom dirigèrent contre Mésa, roi de Moab (1). C'est ce Mésa dont

(1) II Rois III, 26-27.

le musée du Louvre possède une stèle extrêmement curieuse. Lorsque ce roi moabite, refoulé dans sa capitale, vit ses affaires dans un état désespéré, il prit son fils aîné et l'immola sur les remparts à la vue des ennemis. Alors, nous dit-on, « il s'éleva une grande » terreur parmi les enfants d'Israël qui se retirèrent » dans leur pays ; » c'est-à-dire qu'ils considérèrent la divinité comme conjurée par un sacrifice aussi terrible et forcée, pour ainsi dire, de se déclarer pour le roi Mésa.

Chez tous les peuples qui s'élevèrent à la civilisation, le sacrifice humain finit par être l'objet de la réprobation. Dans plus d'une religion des compensations, en quelque sorte des succédanés, lui furent trouvés. La circoncision en est un. Chez nos ancêtres gaulois qui conservèrent le sacrifice humain jusqu'à la conquête romaine, on l'avait déjà adouci en ce sens qu'on immolait les criminels et qu'on n'y adjoignait des innocents que lorsque leur nombre était insuffisant. Plus tard, au lieu de l'immolation complète, on se borna à pratiquer une incision suffisante pour que le sang coulât. C'était substituer le symbole à la réalité. Chez les Grecs, des mythes comme ceux d'Atrée et de Thyeste, de Lycaon, d'Iphigénie, supposent à la fois les sacrifices humains et la répulsion qui les fit enfin abolir. On rattache au même transformisme la flagellation sanglante des jeunes Spartiates devant l'autel d'Artémis. Dans la tradition biblique, le récit du sacrifice d'Abraham emprunte tout son intérêt à la substitution qu'il veut légitimer d'un sacrifice animal à un sacrifice humain (1). A Rome, l'empereur Auguste dut encore édicter des ordonnances pour abolir entièrement le sacrifice humain, et il fallut les renouveler sous Trajan.

Mais déjà, bien auparavant, là surtout où la religion s'était pénétrée de morale, le sacrifice avait reçu une signification nouvelle. A l'origine, on cherchait simplement à satisfaire les appétits de divinités passant pour sensuelles ou à détourner la fureur de dieux amis de la destruction. Mais quand on se représenta la divinité, non plus seulement comme distributrice des biens et des maux physiques, mais aussi comme la gardienne, la vengeresse de la loi morale, la colère divine, reflet du remords qui rongeait la conscience, ne put être apaisée que par un sacrifice spécial, le sacrifice dit *expiatoire*, dont l'idée devait survivre à la disparition de tous les autres et léguer un dogme à la chrétienté.

Il y avait déjà une idée de substitution dans les sacrifices d'apaisement dont nous parlions précédemment. La divinité était animée de desseins meurtriers contre une tribu, une cité, une nation ; alors on substituait des victimes à la tribu, à la cité, à la nation menacées, et l'on pensait que la divinité, sa-

(1) Assurément, nous avons toutes les peines du monde à nous représenter l'état d'esprit de parents pouvant se croire tenus religieusement de sacrifier leurs enfants. Et pourtant, y a-t-il une différence radicale entre cet état d'esprit et celui des parents d'un temps encore peu éloigné qui, sans tenir aucun compte des répugnances ou du désespoir de leurs enfants, les condamnaient au lent suicide de la vie claustrale sous prétexte d'expier ainsi leurs propres fautes?

tisfaite, les épargnerait. On fit un raisonnement analogue sur le terrain de la loi morale. On pensa qu'il n'importait pas essentiellement à la justice divine que la punition des fautes commises tombât précisément sur le coupable ; ce qui importait, c'est qu'elle tombât sur quelqu'un, c'est qu'elle eût son accomplissement. Voilà le fond commun des sacrifices expiatoires, dont le sacrifice *lustral* ou de purification n'est qu'une variété. De pareilles idées pouvaient être acceptées dans un temps où le caractère personnel des fautes commises était encore très mal compris et où l'on ne voyait pas d'objection à l'idée de faire périr des êtres innocents pour épargner aux coupables le châtiment mérité.

Il est vrai que certaines expériences pouvaient donner à ce point de vue une sorte de justification superficielle. Le fait est qu'en vertu de la solidarité qui relie les destinées humaines, les conséquences des fautes commises retombent à chaque instant sur d'autres que leurs auteurs. L'imperfection humaine a aussi bien souvent cette issue douloureuse que les meilleurs des hommes, ceux qui dominent les autres par leur sainteté et leur génie, ceux qui veulent leur bien et travaillent à le leur procurer, sont en butte aux coups des préjugés, des étroitesses, des superstitions, des intérêts égoïstes, menacés par leur généreuse entreprise. Platon faisait déjà cette remarque mélancolique dans son merveilleux passage du juste méconnu et persécuté. Il pensait sans doute à Socrate. Le prophète anonyme, qui prêcha l'espérance aux Juifs captifs sur les rives de l'Euphrate, et dont nos Bibles canoniques joignent les prophéties à celles de son prédécesseur Esaïe, se consolait des souffrances endurées par le groupe des Israélites fidèles, en y voyant la condition du rachat du peuple tout entier et de son relèvement futur. En ce sens, ces fidèles étaient la victime expiatoire des péchés du peuple; leurs souffrances payaient la rançon de tous. Enfin, il est facile de montrer que Jésus lui-même, lorsque la perspective de la persécution et d'une mort violente à bref délai se présenta devant son esprit, a compris de la même manière leur nécessité, et par conséquent leur conformité à cet ordre mystérieux des choses devant lequel on courbe religieusement la tête.

Voilà ce qui transfigura le sacrifice en l'élevant dans une sphère autrement tragique, autrement idéale, que celle où restaient confinés les sacrifices vulgaires. C'est là-dessus que se greffa le dogme de la rédemption, dont nous ferons l'histoire à son tour, car il en a une, et une histoire très curieuse, qui retomba souvent des hauteurs où il aurait dû rester pour s'assimiler aux anciens sacrifices, mais qui, saisi dans son idée première, rentre aisément dans la philosophie de l'histoire (1).

Nous sommes loin, sur un pareil terrain, des sacrifices vulgaires consistant en offrandes matérielles

(1) Il faut regretter que l'Église chrétienne n'ait pas adopté le point de vue émis par Origène, qui voyait dans le sacrifice du Christ le type divin et pour ainsi dire le point culminant de tout cet ensemble de dévouements et de persécutions imméritées auquel l'humanité a dû ses délivrances et ses progrès de toute sorte.

que l'on fait aux dieux pour se concilier leur bon vouloir, et il est difficile d'expliquer leur continuation aux époques où l'on avait dépassé le niveau intellectuel où une pareille croyance avait pu se former. En Grèce et ailleurs, il y eut des protestations contre la coutume traditionnelle. Dans l'Ancien Testament on est frappé du nombre et de la fréquence des passages qui contestent formellement la nécessité ou l'efficacité des sacrifices (1). Mais longtemps ces protestations n'eurent aucun effet appréciable. Le sacrifice demeura, comme auparavant, le centre du culte public et privé. Non-seulement les traditions religieuses ont la vie extrêmement dure, même quand la foi générale ne les soutient plus (2), mais encore, à défaut d'une autre expression aussi populaire, aussi universellement admise, des sentiments d'adoration, il y avait en faveur du sacrifice le préjugé que telle était la forme normale, régulière, du culte religieux. L'homme éclairé des âges classiques considérait le sacrifice comme le *sacrum*

(1) Comp. Esaie, I, 11-13 ; LXVI, 1-3. Jérémie VI, 20 suiv. ; VII, 21 suiv. Osée VI, 6. Amos V, 21-22. Michée VI, 6-8. Dans les Psaumes L, 8-14 ; LI, 16-17. Dans les Proverbes XXI, 3.

(2) On peut s'en assurer, par exemple, en voyant combien les rites funéraires se conservent longtemps au sein de populations devenues absolument étrangères aux idées qui ont déterminé leur première institution. Dans bien des lieux, notamment chez les Juifs, la pierre resta la matière obligatoire des instruments affectés à l'usage religieux longtemps après que l'usage des métaux était devenu général. Le sapin toujours vert de décembre et le buis de l'octave avant Pâques continuent de jouer leur rôle au sein d'innombrables familles chrétiennes qui ne se doutent pas de leurs origines absolument païennes.

proprement dit, qu'il fallait respecter et observer sous peine d'impiété. C'est ainsi que, de nos jours, le scepticisme et même l'incrédulité raisonnée n'empêchent pas beaucoup de nos contemporains de célébrer des rites traditionnels à l'efficacité desquels ils ne croient plus.

C'est surtout à propos des sacrifices que l'on peut constater cette loi de transformation que, par une étrange ignorance de l'histoire, on prétendait étrangère à la religion. Quel changement d'idées il a fallu pour que ce qui faisait le centre de la religion pratiquée soit devenu si complètement étranger à notre tour d'esprit que, si l'on s'avisait de restaurer parmi nous ces rites si longtemps sacrés, nous aurions fort à faire pour réprimer nos rires ou plutôt nos répugnances ! Nous représentons-nous forcés d'assister avec recueillement à l'égorgement d'un mouton ou d'une couple de pigeons dans l'idée que devant nous s'accomplit le plus auguste des actes religieux ? Le sacrifice est demeuré théoriquement, nous l'avons dit, en grand honneur dans le judaïsme, mais ce n'est que théoriquement, parce que la loi mosaïque l'ordonne et le réglemente, interdisant toutefois de le célébrer ailleurs qu'au temple unique de Jérusalem. Mais si la nation d'Israël reprenait encore possession de la terre de Canaan et qu'elle reconstruisît pour la troisième fois le temple de Jérusalem, comme il lui serait difficile aujourd'hui de reprendre la célébration quotidienne des anciens sacrifices ordonnés par la loi et de leur imprimer un caractère religieux ! Quand on verrait entrer continuellement dans l'enceinte consacrée des bœufs et des vaches, des béliers et des agneaux pour y être égorgés, cela nous ferait-il l'effet d'un temple ou d'un abattoir ?

Notez bien que le peuple qui nous a appris à supprimer les sacrifices sous leur forme antique dans la vie religieuse, c'est précisément le peuple juif. C'est lui qui institua le premier dans ses synagogues un culte populaire, très goûté, et sans sacrifices. Cette innovation, l'une des plus remarquables et des moins remarquées de l'histoire, eut lieu lors de la captivité de Babylone, dans un temps où les Juifs fidèles, privés de leur temple et par conséquent de la possibilité de célébrer les sacrifices légaux, durent ou bien s'abstenir de tout culte ou bien en inventer un qui pût s'en passer. C'est alors qu'ils inventèrent les *synagogues*, où l'on s'édifiait par la parole, l'enseignement, le chant, la prière collective, mais où l'on ne sacrifiait pas. Ceux qui, profitant des édits libérateurs des rois perses, revinrent au pays de leurs pères, sans doute rebâtirent le temple et rétablirent les sacrifices; mais ils rapportèrent aussi le culte des synagogues, devenu un besoin. Celles-ci se multiplièrent dans tout le pays juif. La plus humble bourgade eut la sienne. Et quand d'autres évènements ou le désir du gain dispersèrent de nombreux essaims de Juifs dans un grand nombre de pays, les synagogues s'ouvrirent en même temps que leurs comptoirs. Jamais le monde antique n'avait vu pareille chose. L'Église chrétienne est fille de la synagogue. L'Évangile n'aurait jamais pu être conçu par l'esprit sacerdotal qui dominait au temple, et qui célébrait les sacrifices.

C'est dans les synagogues et grâce à leurs formes plus élastiques, plus libérales, qu'il se propagea. Les premières églises chrétiennes ne sont que des synagogues dissidentes. Leur organisation est calquée sur celle des communautés juives. Indirectement la mosquée procède de la même source.

Le sacrifice est ainsi devenu quelque chose de tout différent de ce qu'il était à l'origine. Fait mystérieux, surnaturel, objet de la foi et non plus de la vue, soit chez les catholiques, soit chez les protestants, s'accomplissant désormais dans une sphère transcendante, il n'a plus rien de commun qu'une filiation historique et un lien moral avec les sacrifices tels que les connut l'antiquité. Mais il occupe encore une place centrale dans l'orthodoxie chrétienne.

IV

LE SACERDOCE

Le développement religieux n'a pas seulement poussé l'homme à chercher des garanties et des moyens réparateurs de l'union avec l'être divin dans des actes déterminés et calculés de façon à lui assurer son bon vouloir, il a aussi amené la constitution du *sacerdoce* ou la sélection d'un certain nombre d'hommes, revêtus de fonctions religieuses spéciales, seuls capables de les remplir, et sans le ministère desquels l'union désirée est tenue pour impossible. Le mot de *sacerdote*, quelquefois proposé pour désigner ce genre de fonctionnaires d'une manière générale n'ayant pas été adopté, nous n'avons que le mot *prêtre* qui réponde à la même idée.

Ce mot, étymologiquement, n'est pas heureux. Il vient du grec *presbyteros* qui n'a rien du tout de sacerdotal et qui signifie simplement *ancien*, âgé. Dans les synagogues juives comme dans les premières églises chrétiennes, les *presbyteroi* ou anciens présidaient le collège de fidèles désignés par leurs coreligionnaires pour diriger les intérêts religieux et temporels de la communauté, mais tirant uniquement leurs pouvoirs de la délégation qu'elle leur conférait. Ce n'étaient nullement des prêtres au sens moderne du mot. On les appelait aussi *episcopoi*, surveillants ; d'où notre mot *évêque*. Vers le milieu du second siècle de notre ère, le titre d'*episcopos* ou évêque au singulier devint celui du président ou chef unique des *presbyteroi*. De là la supériorité de l'évêque sur le simple *presbyteros* ou prêtre. Mais de plus en plus le développement du dogme et du culte chrétien introduisit dans l'Église chrétienne un élément sacerdotal très caractérisé ; le mot *prêtre* signifia dès lors autre chose qu'*ancien* et inclut la possession de la dignité sacerdotale. C'est sous cette acception que ce terme est resté dans notre langue. Tous les prêtres ne sont pas évêques, mais tous les évêques sont prêtres. Le sacerdoce est donc la fonction, le prêtre est le fonctionnaire.

Quelle est la définition du sacerdoce ?

C'est l'institution religieuse en vertu de laquelle l'union de l'homme ordinaire, du *laïque*, avec la Divinité ne peut s'effectuer que par l'intermédiaire d'autres hommes revêtus d'un caractère spécial, qui les met eux-mêmes en rapport immédiat avec elle et leur permet de lui rattacher les autres. Le sacerdoce est essentiellement une médiation, une médiation nécessaire, et une médiation qui ne peut être effectuée que par ceux qui en sont revêtus (1). C'est ce double

(1) Voilà pourquoi c'est un abus d'appliquer la désignation de *prêtres* ou intermédiaires nécessaires entre l'homme et Dieu à des

caractère de nécessité et de monopole qu'il faut s'attacher à bien comprendre avant de faire l'histoire du sacerdoce.

La plupart des religions historiques ont un sacerdoce, c'est-à-dire que la plupart mettent à part une classe d'hommes dont l'intervention passe pour nécessaire à l'établissement du rapport normal entre l'homme et la Divinité. Mais, quelque générale que soit cette institution, nous ne pouvons pas dire qu'elle soit primitive au même titre, par exemple, que le sacrifice. C'est surtout au sacrifice qu'elle doit son établissement, bien que d'autres causes aient aussi concouru à la former. Mais partout où nous pouvons remonter jusqu'aux états primitifs des sociétés, nous voyons que le sacerdoce proprement dit était encore inconnu. Chacun, ou plutôt le père de famille, ou le chef de la tribu, sacrifia d'abord pour son compte et au bénéfice des siens. C'est ce qu'on peut démontrer par exemple pour les Grecs et pour l'antiquité sémitique et védique. L'histoire des patriarches et le livre de Job nous en fournissent des preuves à la portée de tous. On peut voir aussi qu'à mesure que les clans et les tribus restreintes des âges reculés s'agglomératent pour former des peuples et des nations, cette fonction de sacrificateur demeurait attachée au chef ou au roi qui personnifiait la cité

ministres ou simples officiers de religions non sacerdotales, tels que les ministres protestants, les rabbins juifs, etc. Dans le judaïsme, c'était l'ahâronide, le lévite, le sacrificateur, qui était prêtre ou intermédiaire nécessaire. Le rabbin ne peut être que docteur, conseiller, auxiliaire. Il en est de même du ministre protestant.

ou la nation. Les rois-sacrificateurs sont comme un trait commun de la haute antiquité. Pourtant, de bonne heure aussi, et même en bien des endroits cela remonte jusqu'à l'aurore de l'histoire, on voit se former des sacerdoces distincts du pouvoir politique ou guerrier et parvenant à concentrer dans leurs mains, avec l'autorité religieuse, toutes les fonctions essentielles du culte.

Comment s'expliquer ce phénomène?

Aux étages inférieurs de la religion, de nos jours encore chez les peuples étrangers à la civilisation, on peut remarquer la fréquence du penchant à considérer certains individus, mieux doués que les autres, d'une imagination plus vive, d'un sens religieux plus subtil, comme plus rapprochés de la Divinité, plus aptes par conséquent à interpréter ses volontés, à prédire ses desseins, à indiquer ce qu'il faut faire pour être avec elle dans la relation désirée. Il peut même arriver que ce qui serait à nos yeux une preuve d'infériorité physique et mentale passe à ceux des hommes encore profondément ignorants pour un signe de supériorité et de vocation divine. Ainsi, l'extase provenant d'un paroxysme nerveux, l'hallucination, certains genres de folie font aux hommes restés à ce niveau l'effet d'une prise de possession par un esprit supérieur. Même sans descendre si bas, on peut remarquer combien, dans une société dépourvue de culture, la moindre supériorité impose. Celui qui, par hasard ou tradition, connaît la vertu curative de quelques simples, celui qui sait parler en langage imagé et fluent, sans être embarrassé pour trouver ses expressions, celui qui connaît les charmes, les incantations, les formules mystérieuses, etc., acquiert immédiatement une très grande autorité sur ses semblables. C'est ainsi que non-seulement chez les Finnois et les Tartares, auxquels on a trop longtemps borné ce commençement de sacerdoce, mais chez tous les peuples non civilisés, il existe des sorciers, conjureurs, magiciens, devins, et nous savons trop bien que la race n'en est nullement éteinte dans les bas-fonds de notre société civilisée. Mais, du moins chez les sauvages, le charlatanisme n'expliquerait pas à lui seul la fréquence et la permanence du phénomène. Il est bien plus probable que le sorcier croit tout le premier à ses pouvoirs surnaturels. A plus forte raison les populations ignorantes sont-elles disposées à recourir à son ministère pour se rapprocher des dieux, conjurer les effets de leur mauvais vouloir ou s'assurer leurs faveurs.

Ce n'est pourtant pas encore le sacerdoce proprement dit, avec ses prétentions exclusives et son caractère de médiation nécessaire. On peut dire que le chantre-sorcier des époques et des religions primitives représente le type encore confus, l'amalgame encore informe de ce qui sera plus tard le prêtre ou le prophète, le poète ou le savant, l'artiste ou le médecin. Voici ce qui fera sortir de lui le prêtre.

La plupart des hommes recherchent l'union avec la Divinité, mais la regardent comme une chose qui devrait être plutôt que comme une chose qui est. Ou bien ils se sentent trop ignorants pour savoir comment on peut la réaliser, ou bien ils se sentent indignes moralement de se mettre en rapport immédiat avec l'esprit divin. Ceux qui leur paraissent plus hardis, plus confiants, surtout s'ils justifient cette assurance par un savoir supérieur (prétendu ou réel), leur font l'effet d'être l'objet de la préférence marquée des dieux. Ils trouveront donc l'assurance qui leur manque en s'adossant en quelque sorte contre ces favoris de la Divinité, qui mettront à couvert leur insuffisance et leur indignité. C'est dans ce sentiment de timidité, de faiblesse craintive qu'en tout temps, en tout lieu, résidera la grande force du sacerdoce.

Il y a plus. Nous venons de voir la place de premier rang que le sacrifice occupe dans l'histoire religieuse et comment presque partout il passe pour le moyen par excellence d'union ou de réunion avec la Divinité. Nous savons comment il devint le centre d'un rituel fort compliqué. La manière de sacrifier, les présages à tirer des victimes immolées, les chants, les formules, les prières spéciales, tout cela était beaucoup trop difficile pour le commun des hommes. Pourtant on pensait que si les choses ne se faisaient pas ponctuellement et régulièrement, le sacrifice perdrait son efficacité. De là le désir, le besoin d'avoir des sacrificateurs sachant bien le rituel, ne négligeant rien pour que tout se fît conformément aux règles. Dans les anciens commentaires sur les Védas, nous voyons clairement que le sacerdoce des Brahmanes sortit de la nécessité d'avoir un clergé célébrant savamment les sacrifices, qui avaient bien grandi depuis les temps d'innocence où l'Arya jetait le matin du beurre dans son foyer pour régaler le puissant Indra ou Agni le pur. Cette préoccupation du rituel, se joignant à l'idée que le présent ne pouvait être agréable à la divinité que s'il lui était offert par les mains de ceux qu'elle favorisait spécialement de ses préférences, acheva de constituer le sacerdoce en établissant une classe d'hommes considérés comme seuls aptes à bien sacrifier, de telle sorte que tout sacrifice accompli sans eux passa pour un acte sans valeur et bientôt pour un sacrilège.

Naturellement cette classe d'hommes dut à ses fonctions augustes d'être entourée de vénération. Elle reçut des honneurs, des privilèges, des exemptions. Elle vécut d'une vie distincte, elle eut ses intérêts propres, et il est facile de concevoir qu'aux époques reculées, grâce à sa position supérieure, à ses loisirs, à l'ambition louable dans son principe de justifier ces avantages par une supériorité réelle, cette classe se consacra plus volontiers qu'une autre à ce qu'on appelait déjà la science, à recueillir les vieilles traditions, à rédiger des annales, à fixer les dates, les divisions de l'année et cette source énorme d'influence, le calendrier populaire. Voilà pourquoi en tant de lieux le sacerdoce est le premier dépositaire de toutes les connaissances supérieures. Nous le voyons aux Indes, en Égypte, en Chaldée, en Perse, dans la vieille Gaule. Quelque chose de très analogue s'est reproduit dans notre moyen-âge. Enfin, dans les religions où la préoccupation morale s'unit étroitement à la pensée religieuse proprement dite, le clergé passa non-seulement pour la seule autorité qui sût éclairer et diriger les consciences, mais encore et surtout pour la seule qui pût communiquer l'absolution divine. C'est ce dernier privilège surtout qui le rendit si fort partout où il put l'exercer, aux époques même où il n'avait plus de supériorité intellectuelle bien marquée.

En résumé, sur la base d'une simple supériorité native ou acquise de certains hommes au milieu de leurs semblables encore profondément ignorants, ce qui constitue le sacerdoce, ce sont ces trois éléments: 1° le sentiment de crainte, d'incertitude ou d'indignité, général dans la masse; 2° l'importance extrême attachée au sacrifice et aux conditions rituelles de sa célébration; 3° le prestige dévolu à cette classe qui concentre et monopolise plus ou moins longtemps les connaissances supérieures dont on éprouve le besoin, mais qu'on ne possède pas.

En dernière analyse, ce qui fait le sacerdoce, c'est le sentiment de l'incapacité de l'homme ordinaire qui ne se croit pas capable d'être ou de faire ce qu'il faut pour réaliser l'union avec la Divinité.

Voilà aussi pourquoi, en tout temps, en tout lieu, l'autonomie de la conscience, le progrès des connaissances générales, le sentiment croissant de la dignité humaine ont été suivis d'une diminution du sacerdoce en autorité et en puissance.

Ajoutons ceci : selon la manière dont il s'est constitué, le sacerdoce a poussé jusqu'à l'extrême ses traits caractéristiques ou bien n'en a présenté qu'une image affaiblie.

Ainsi nous connaissons des sacerdoces *hérédi-*

taires, privilèges de race, de tribu ou de famille. Les Brahmanes hindous, les Lévites et surtout les Ahâronides de l'ancien judaïsme rentrent dans cette catégorie. Tout Brahmane est prêtre-né. Sans doute, pour exercer les fonctions sacerdotales il doit passer par des écoles et des initiations, mais la qualité requise fondamentale est d'être fils de Brahmane. Le sacerdoce en pareil cas forme une caste. Ordinairement l'origine de cette espèce de sacerdoce remonte à quelque compétition guerrière, invasion ou guerre civile, terminée par l'écrasement du vaincu et procurant, soit à une fraction, soit à la totalité des vainqueurs, un ascendant religieux dont la possession exclusive du sacerdoce est la conséquence. Le temps efface la mémoire de cette origine, et le prestige religieux rehausse désormais et maintient le privilège dans la croyance populaire. — Chez les Israélites, le privilège sacerdotal mit beaucoup de temps à se faire reconnaître. Dans les plus anciens temps, c'est-à-dire depuis l'établissement des tribus d'Israël en Canaan, il y avait une tribu de sacrificateurs, dite de Lévi, et peut-être devait-elle cette distinction au rôle prépondérant qu'elle avait rempli aux côtés du libérateur Moïse. Mais pendant longtemps ce sacerdoce n'eut rien d'exclusif. Sacrifiait qui voulait. Samuel, Saül, David, qui ne sont pas lévites, sacrifient quand il leur plaît. C'est plus tard seulement et grâce aux efforts persistants du parti jahviste que les Lévites arrivèrent au monopole de la sacrificature. Plus tard encore, le haut sacerdoce se concentra dans une partie de cette tribu, celle qui passait pour descendre directement d'Ahâron. Le sacerdoce fut donc en Israël une institution foncièrement aristocratique et resta jusqu'à la fin fidèle à ce caractère.

Ailleurs, au contraire, par exemple chez les Romains, le sacerdoce fut une magistrature de la cité conférée par voie d'élection populaire. Tel était du moins le mode usité à Rome pour désigner les pontifes et les prêtres les plus élevés en dignité. Le trait héréditaire, si marqué dans les deux exemples précédents, se retrouve encore dans le fait que le sacerdoce fut longtemps à Rome accessible seulement aux patriciens. Il est facile de comprendre que, dans les anciens temps et lorsque le sacerdoce devait surtout son prestige à ses connaissances supérieures, par conséquent aux traditions transmises, l'hérédité passât pour la condition naturelle de leur conservation scrupuleuse ; à quoi se joignait l'idée, alors si facilement acceptée, de la supériorité du sang prouvée par la supériorité sociale. C'est de haute lutte que les plébéiens finirent par conquérir sur ce point comme sur tant d'autres l'égalité avec les patriciens. En tout cas l'idée fondamentale de ce système, c'est que la cité choisit dans son sein ceux qu'elle croit les plus dignes de la représenter devant ses dieux.

Ailleurs encore le sacerdoce est ouvert à tous, mais, pour en être revêtu, il faut subir un certain nombre d'épreuves préalables, recevoir une éducation spéciale, s'astreindre à un genre de vie déterminé, et c'est après cela que les prédécesseurs du récipiendaire lui confèrent les pouvoirs dont ils sont eux-mêmes en possession. A l'idée d'hérédité succede celle de transmission continue. Comme exemples, nous pouvons citer dans l'antiquité les prêtres égyptiens et les druides gaulois, et dans les temps modernes les prêtres des églises chrétiennes qui ont admis le sacerdoce.

De tous les pays de grande civilisation, c'est la Grèce qui ressentit le moins l'influence du sacerdoce. Elle le dut d'abord à l'absence de centralisation politique, ensuite aux formes variées de ses sacerdoces qui ne purent jamais constituer ce qui eût ressemblé à une caste ou à l'un des grands pouvoirs de l'Etat. On retrouve en effet dans les sacerdoces de la Grèce antique les divers types que nous venons d'indiquer. Au commencement ce sont les chefs de familles et de tribus qui sont les sacrificateurs. Plus tard la dignité de prêtre et de roi se confondent. Les monarchies disparaissent, le sacerdoce royal disparaît avec elles, mais en bien des endroits le sacerdoce reste un privilège de l'aristocratie locale et, par souvenir religieux de l'ancien état de choses, il y a des prêtres qui joignent à leur nom le titre honorifique de roi, Βασιλεύς. A Athènes, l'archonte-roi n'avait que le second rang parmi les archontes, mais il était chargé de tout ce qui concernait la religion. Son épouse recevait par cela même le titre de reine, Βασίλισσα, et présidait en cette qualité à certaines cérémonies. Des faits analogues se retrouvent dans les autres cités grecques. Mais il y avait aussi des sacerdoces institués pour le culte de certaines divinités et qui demeuraient un patrimoine de famille. Ainsi les descendants du roi Codrus conservèrent le sacerdoce suprême au sanctuaire d'Eleusis. Les Eumolpides et les Boutades sont aussi des familles sacerdotales (1). Du reste, à Athènes comme à Rome, les fonctions sacerdotales ne pouvaient être dévolues qu'à des *eupatrides* ou descendants des vieilles familles. Les plébéiens ne réussirent pas, comme à Rome, à partager cette distinction avec les patriciens ; mais ils obtinrent que des sacerdoces spéciaux fussent créés à leur intention. Il y avait enfin près de plusieurs sanctuaires, notamment à Olympie, des écoles sacerdotales, où l'on instruisait des novices pour les préparer aux fonctions de sacrificateur. Ils devaient acquérir une connaissance exacte de la préparation des victimes ; aussi Athénée les comparait-il en raillant à des cuisiniers. Mais on imposait aussi d'autres études aux futurs prêtres. Tout cela démontre qu'en Grèce il y eut des sacerdoces de tous les genres et nous explique pourquoi le sacerdoce grec ne parvint jamais à cette unité d'organisation, de doctrine et d'intérêts qui en fit ailleurs une si redoutable puissance.

C'est surtout par les sacerdoces que l'histoire de la civilisation et celle de la religion se touchent. Nous n'avons pas à discuter théologiquement le principe et l'idée-mère du sacerdoce. Les uns regardent le prêtre et son indispensable médiation comme faisant partie intégrante de toute religion digne de son nom ; les autres pensent au contraire que le sacer-

(1) Comp. *Religions de la Grèce antique*, par M. Alfred Maury, Vol. II, ch. 12.

doce représente un stage inférieur de la religion et qu'en droit comme en fait, dans une religion développée, tout homme doit être en rapport d'union directe, immédiate, avec Dieu. Au point de vue strictement historique, la légitimité relative du sacerdoce tient tout entière au besoin qu'on en a, et c'est ainsi qu'on s'explique l'action tantôt bienfaisante et tantôt nuisible qu'il exerce.

C'est aux corporations sacerdotales ou à ce qui leur ressemble que sont dues les premières grandes découvertes qui ont rendu la civilisation possible, les premières observations astronomiques, l'écriture, les premiers calculs, les premières annales. Leur utilité est surtout manifeste quand on pense à toutes les chances de perdition et d'oubli que couraient ces inventions élémentaires au milieu de populations encore dépourvues de culture. Que de choses ne purent se découvrir et surtout se perpétuer qu'à l'ombre des sanctuaires ! Nous savons, nous modernes, ce que notre civilisation doit au clergé des premiers siècles du moyen-âge. On aura beau dire, c'est quelque chose, aux époques d'extrême grossièreté, que l'existence d'hommes qui représentent toujours un certain idéal de savoir, de religion, de sentiments supérieurs à l'épaisse vulgarité de la vie matérielle. L'art ne leur doit pas moins. Les clergés vieillis l'aiment encore ; ils s'en servent au profit de leurs intérêts, mais ils n'en font pas moins surgir ces grandes œuvres que la postérité contemple avec admiration et qu'elle désespère d'imiter.

Mais il ne faut pas oublier que tout sacerdoce repose sur le sentiment que la masse a de sa propre incapacité. Et si ce sentiment va en diminuant, si les progrès de la connaissance et les évolutions de la pensée religieuse lui font dépasser le niveau où elle était lors de la constitution du sacerdoce, si celui-ci, essentiellement conservateur, devient stationnaire, finit par être atteint, puis dépassé, un conflit inévitable se déclare. Le sacerdoce, par instinct de conservation, par fidélité aux croyances dont il est le gardien, et qu'il voit menacées par le mouvement des esprits, demeure attaché à un autre idéal social que celui qui se forme autour de lui. Il tâche de comprimer celui-ci, de l'étouffer à sa naissance, d'en entraver les applications. Une brouille grandissante se déclare entre lui et la société dont il fait partie, et comme, bien qu'affaibli, il dispose encore d'une force redoutable, le combat entre lui et l'esprit nouveau devient acharné et dégénère souvent en guerre à mort.

Le sacerdoce est une institution très tenace et très résistante; mais il est deux choses qui ont la vie plus dure encore que lui, bien qu'il prétende leur existence attachée à sa propre conservation, c'est la société humaine et la religion. L'expérience a déjà prouvé plus d'une fois que l'une et l'autre se passent fort bien de lui. Il oublie trop souvent que, même dans l'ordre religieux, il a un compétiteur, le prophétisme, que nous allons étudier à son tour dans ses origines et ses transformations. Le sacerdoce est né du sentiment qu'il était nécessaire. Il faut donc qu'il prenne garde à ne pas devenir inutile. Le jour où il aurait fait en sorte de passer pour nuisible, il aurait signé son arrêt de mort. Tellc est la leçon de l'histoire et la seule qu'il nous appartienne ici de maintenir.

V

LE PROPHÉTISME

Le titre que nous donnons à ce chapitre se justifie par la règle *A potiori denominatio.* Nous rangeons sous ce nom tout ce qui rentre dans les phénomènes de l'inspiration individuelle, et parmi ces phénomènes le prophétisme, dans l'antiquité, est le plus original et le plus digne d'être étudié. D'ailleurs, nous allons voir qu'il appartient aussi aux faits contemporains. S'il a perdu son nom antique, il s'est déployé en plusieurs branches distinctes qui représentent pour l'esprit moderne un même nombre de ses traits constitutifs d'autrefois.

Il faut toutefois s'entendre sur le sens des mots *prophétisme* et *prophétie.* Dans l'acception vulgaire, une prophétie est une prédiction, le prophétisme est l'art ou le don de prédire l'avenir à coup sûr et jusque dans les détails. En réalité, le prophétisme dépasse de très haut cette définition mesquine. Il est essentiellement la persuasion religieuse individuelle s'exprimant sous l'influence d'un sentiment religieu exalté.

Toutefois l'erreur populaire n'est pas dénuée d tout fondement. D'abord, en parlant des prophète on pense tout de suite aux écrivains bibliques po tant ce nom, et on est habitué à les regarder comm des hommes qui avaient reçu des lumières surnatu relles pour annoncer d'avance la venue d'un Rédem teur, son incarnation et même les détails de l'histoir évangélique. Il faut avouer que les commentateur juifs ont eu toujours grandement raison de proteste contre cette manière d'interpréter leurs prophète Le fait est qu'il n'y a pas l'ombre d'une prédictio miraculeuse dans les livres dits prophétiques, il y des prévisions, ce qui n'est pas du tout la mêm chose, des prévisions dont les unes étaient fo justes, dont les autres n'ont pas été confirmées pa l'événement.

Mais l'illusion date de loin. Les origines d prophétisme, grossières comme toutes les origine religieuses, nous montrent que les premiers phéno mènes pouvant rentrer dans la catégorie de l'inspi ration individuelle furent utilisés surtout comm servant à dévoiler l'avenir, chose à laquelle l'homme dans l'antiquité, tenait très fortement. C'est là un des différences les plus notables que l'on puisse si gnaler entre les tendances religieuses de l'antiquit et celles des temps modernes. Nous avons bien de idées, bien des formes, bien des cérémonies reli gieuses, que l'antiquité connut aussi. Ce qui nous fait absolument défaut aujourd'hui, même dans les églises les plus rapprochées du passé, c'est l'oracle, l'augure, la prédiction. Du moins, ce qui affiche la prétention d'y ressembler est relégué par tout homme sérieux dans la classe des puérilités d'almanach, et aucun clergé ne patronne la divination contemporaine.

A l'origine, il en fut autrement. Dans ce besoin de synthèse qui est au fond du sentiment religieux, l'homme, déterminé par le désir de la conciliation entre le cours des choses et sa destinée individuelle, chercha et crut trouver, dans certains phénomènes d'ordre physique à la fois et psychique, le moyen de conjurer l'avenir inconnu en sachant d'avance comment il se déroulerait.

Ici, en effet, la physiologie et la psychologie ont chacune leur mot à dire. Nous savons qu'il est certains états physiologiques donnant lieu à une grande exaltation des sentiments, et que, réciproquement, la grande exaltation des sentiments amène ces états physiologiques où l'individu perd plus ou moins la possession de lui-même et se trouve comme saisi, subjugué, par le sentiment dont il est plein. Alors, ou bien il est plongé dans un état comateux, dans une sorte d'extase muette, il vit indifférent à la réalité qui l'entoure, voyant des choses que nous ne voyons pas, entendant des sons que nous n'entendons pas, sans que rien de ce qu'il éprouve se traduise au dehors ; on ne s'aperçoit du moins de son état extraordinaire qu'à la rigidité de ses membres, à une certaine contraction de ses traits, à ses yeux noyés dans le vague ou retournés en dedans comme s'ils suivaient une vision intérieure; ou bien, au contraire, sa langue est libre, sa faculté de langage est décuplée, et tel homme qui, dans son état ordinaire, ne parle que difficilement, se met à parler avec une facilité, une abondance, souvent même avec une poétique éloquence qui ravit ses auditeurs.

Qu'il y ait dans un tel état un élément de surexcitation maladive, cela n'est pas contestable, puisque la possession de soi-même est supprimée ou tout au moins affaiblie. Mais ne méprisons pas les humbles commencements des grandes choses. Quand l'exaltation de la pensée ne dépasse pas le point où l'homme peut se commander et se diriger sciemment, elle devient la source des plus belles productions de l'esprit. La manifestation du génie dans l'art, dans la poésie, dans l'éloquence, l'enthousiasme qui fait les héroïsmes, les martyres, les dévouements sublimes en proviennent.

Ce qui est vrai, c'est que cette source peut longtemps faire jaillir des eaux troubles avant d'être purifiée par la réflexion et le sens moral. En religion comme dans les autres domaines, les phénomènes primitifs d'inspiration individuelle ont quelque chose de violent, d'excessif et par conséquent de morbide. Il est à croire que dans l'antiquité reculée ils étaient moins rares que de nos jours. Chez beaucoup de peuplades sauvages ils sont encore aujourd'hui d'une grande fréquence. En vieillissant, l'humanité grandit en puissance de réflexion et de possession d'elle-même. L'expérience accumulée des siècles nous a rendus défiants de tout ce qui est impulsion irréfléchie. Nous nous laissons dominer moins vite que les anciens par les émotions du moment. Remarquons toutefois que la rareté que nous signalons n'est vraie qu'en parlant de la classe sociale à laquelle nous appartenons. Si l'on pénètre dans les couches profondes de nos populations, on rencontre encore bien des phénomènes du genre extatique.

L'enthousiasme religieux en suscita beaucoup dans l'antiquité et, réciproquement, les états physiologiques correspondants furent assignés à une cause religieuse. Une sorte de délire momentané passa pour la prise de possession du patient par une puissance divine. On découvrit qu'il y avait des moyens physiques, le jeûne par exemple, de se procurer cet état d'exaltation, et c'est pourquoi nous voyons si souvent le jeûne passer pour une condition préalable de la divination. L'oracle de Delphes dut sa fondation à la découverte que ceux qui respiraient quelque temps les vapeurs sortant d'un soupirail naturel, se trouvaient bientôt dans une espèce de surexcitation qui leur faisait proférer des paroles tenues pour mystérieuses, parce qu'on les croyait dictées par un être divin. La *fureur prophétique* fut l'expression servant à désigner cet état de paroxysme nerveux et intellectuel. Racine a bien compris ce côté du prophétisme antique :

> Entre les deux partis Calchas s'est avancé,
> L'œil farouche, l'air sombre et le poil hérissé,
> Terrible, et plein du dieu qui l'agitait sans doute.

C'est de la bouche de ces inspirés que sortirent

plus d'une fois dans la haute antiquité des discours empreints d'une éloquence imagée, ou d'une poésie sombre, ou d'une admiration passionnée de la nature. C'est là qu'elle chercha la révélation de l'avenir.

Pour qu'elle en eût l'idée, il suffisait qu'elle crût à l'origine divine de ce langage exalté. D'ailleurs il arrive souvent que, dans ces exaltations de la pensée et du sentiment, l'inspiré s'élève à une certaine clairvoyance qui n'a rien de surnaturel, mais qui lui permet d'annoncer en termes généraux, que l'imagination des auditeurs précise ensuite, les catastrophes ou les délivrances. L'inspiré parle avec une entière conviction qui impose, sans énumérer les moyens termes par lesquels sa pensée passe avant de conclure, à peu près comme ces jeunes mathématiciens-prodiges qui résolvent par intuition des problèmes très compliqués. Au sein des populations ignorantes, la prévision passe aisément pour une divination miraculeuse et, comme tant d'autres analogies nous le prouvent, les prévisions démenties par l'événement s'oublient bien plus vite que celles qu'il a confirmées.

Chez les Grecs, la tradition avait conservé des noms de devins illustres, Amphiaraüs, Tirésias, Amphictyon, Cassandre, et, historiques ou non, ils démontrent l'importance attachée dans les temps primitifs à ce don de divination. C'étaient les μαντείς, dont le nom professionnel se rattache à μαίνομαι, être en fureur, délirer. Ils avaient élevé la divination à la hauteur d'un art. Ce fut peut-être ce qui la tua lentement, de même que la rhétorique, à la longue, éteint l'éloquence. Les devins grecs acquirent toutefois une grande réputation, même en dehors de la Grèce. Leur influence fut encore puissante aux époques où la classe la plus éclairée était désabusée sur leur compte. L'art de la *mantique* s'étendait aussi aux présages, aux augures que l'on pouvait tirer des phénomènes accidentels, singulière application de l'idée qu'il existe un cours des choses, déterminant les détails comme l'ensemble. On croyait pouvoir deviner la direction qu'il prendrait en interprétant le sens de petits incidents, comme on peut calculer la portée d'une trajectoire en mesurant une fraction de la courbe qu'elle décrit. C'était le langage divin des choses qu'il fallait tâcher de déchiffrer. C'est ainsi qu'à Dodone on prédisait l'avenir en écoutant ce que disaient les chênes séculaires plantés à l'entrée du sanctuaire et dont les feuilles bruissaient au vent ; ou bien que partout on s'imagina qu'on pouvait discerner le sens caché des choses en interrogeant les entrailles des victimes immolées. Comme on peut s'y attendre, à mesure qu'on s'éloignait de la première naïveté, l'artifice et le charlatanisme se mêlaient toujours plus à cette prétendue science. Cependant ils ne supprimèrent pas toujours la bonne foi. Le principe de la divination fut longtemps admis, même par des hommes très supérieurs au vulgaire. « Le délire (μανία) n'est pas » toujours un mal, » dit Platon (1), « au contraire, les » plus grands biens nous arrivent par un délire

(1) *Phædre*, 547, éd. Bekker.

» inspiré des dieux. » — « Il faut bien, » dit Diodore de Sicile (1), « que les âmes humaines tiennent quel- » que chose de la divinité ; car il arrive quelquefois » qu'elles prédisent l'avenir et que, par les fantômes » que crée l'imagination, elles voient d'avance ce » qui doit avoir lieu. » Le Latin, non moins superstitieux, mais moins imaginatif, plus sobre d'idées que le Grec, n'eut jamais de devins aussi remarquables ni aussi bavards. Il connaissait seulement de pauvres augures qui ne savaient répondre aux questions que par oui ou par non, sans belles phrases, tandis que les devins grecs prédisaient l'avenir en beaux vers et copieusement. On avait fait des recueils de leurs prédictions. Les fameux livres sybillins, si précieusement conservés à Rome, paraissent avoir tout bonnement renfermé des centons de vieux oracles grecs que les Romains révérèrent comme une révélation concernant les destinées de leur république.

Souvent aussi il arrivait, et c'était le cas pour la pythie de Delphes, que les paroles prononcées dans le délire artificiel ou spontané de l'exaltation étaient incohérentes, ne présentaient aucun sens suivi et avaient besoin d'une interprétation. C'était en Grèce l'office du *prophète* proprement dit. C'est ainsi qu'on désignait le prêtre chargé de coordonner et d'expliquer l'oracle incompréhensible. C'est de là que ce mot passa dans le vocabulaire religieux des juifs hellénistes et dans la version des Septante.

(1) Liv. XXXVII, *Fragm.* 15 ; comp. Liv. XVIII, c. 1.

Nous voyons en Grèce ce que devint l'inspiration individuelle utilisée uniquement par la curiosité de l'avenir. Elle descendit au rang d'un métier, et si le prophétisme n'avait jamais dépassé ce niveau superstitieux, il ne se recommanderait pas plus à notre estime que l'astrologie dont au seizième siècle tant de gens étaient encore entichés. Mais il devait dans une autre race s'élever bien plus haut, fonder en religion la tendance réformatrice et ouvrir la voie du progrès dans le sens du spiritualisme et de la pureté morale. C'est là qu'il devint une des grandes forces de l'esprit humain.

La mythologie développée ou la dramatisation systématique de la nature est essentiellement aryenne, le prophétisme antique est surtout sémite. Cela tient à la même disposition de race qui a fait naître les grandes épopées et les grands drames chez les peuples aryens, tandis que les Sémites sont au plus haut degré des lyriques. Cela veut dire que, dans le sentiment toujours très vif de son indépendance personnelle, le Sémite aime à exprimer ce qu'il sent, ce qu'il croit, ce qu'il préfère, sans tenir plus de compte qu'il ne lui plaît des autorités traditionnelles ou des puissances sociales sous le régime desquelles il doit vivre. Le moi prédomine chez lui. Or, le prophétisme est, dans l'ordre religieux, ce que le lyrisme est en poésie. Il relève avant tout de l'individu, de sa disposition et de son émotion personnelles. Le prophète n'est pas un prêtre lié à un sanctuaire, esclave d'une tradition. C'est une individualité.

Nous avons l'avantage de posséder des documents

nombreux, légués par le plus remarquable des peuples sémites au point de vue de l'histoire religieuse, et qui nous permettent de suivre les transformations successives du prophétisme depuis ses origines jusqu'à son entier déploiement. Comme partout, il commence par cette espèce de spasme, nerveux à la fois et psychique, tenant de l'enthousiasme et du délire. Nous ne pouvons en fournir une preuve plus évidente qu'en reproduisant les paroles qui ouvrent comme un refrain préalable les prophéties de Balaam, le prophète en renom appelé des bords de l'Euphrate par le roi de Moab, afin de maudire ou d'ensorceler les tribus d'Israël qui avaient envahi son territoire :

Ainsi parle Balaam, fils de Behor,
Ainsi parle l'homme dont l'œil est ouvert,
Ainsi parle celui qui entend les paroles de Dieu,
L'homme qui a les visions du Tout-Puissant,
Qui tombe à terre et dont les yeux s'ouvrent.

Voilà bien le langage du visionnaire, et si la tradition sacrée d'Israël nous représente Balaam comme animé d'intentions mauvaises, il ne faut pas oublier qu'elle ne conteste nullement son caractère de prophète et même qu'elle en fait l'instrument passif des volontés de Jahveh qui lui met dans la bouche des bénédictions, quand il aurait voulu proférer des malédictions (1).

L'état prophétique est donc, d'après ce vieux récit, un état extatique, de seconde vue, indépendant de la

(1) Comp. Nombres, XXII-XXIV.

volonté du prophète. Aussi l'ancien nom du prophète en Israël est-il le *Voyant*, l'homme qui voit, dans ses moments d'inspiration, ce qui échappe à la vue du vulgaire. Une chose à noter, confirmée d'ailleurs par de nombreuses expériences se prolongeant jusqu'à nos jours, c'est qu'il y a quelque chose de contagieux dans ces états particuliers du corps et de l'esprit. La même tradition d'Israël a enregistré, à propos du roi Saül, le souvenir d'un incident que la connaissance du caractère de ce prince, qui n'avait rien du tout d'un prophète, doit faire considérer comme très rare dans sa vie. Saül, étant tombé au milieu d'une troupe de Voyants qui s'abandonnaient ensemble à l'extase prophétique, fut saisi par la contagion et se mit à *prophétiser* avec les autres. Et il en résulta ce dicton resté dans la mémoire du peuple : « Le roi Saül est-il donc aussi parmi les prophètes (1) ? »

Nous voyons donc que, par ses origines, le prophétisme d'Israël ne se distingue pas des phénomènes de même genre que nous avons pu constater ailleurs. La différence qui se manifesta plus tard consiste en ceci que le prophétisme ne dégénéra pas chez les Israélites comme chez les Grecs en un pur métier, destiné à tomber toujours plus dans le charlatanisme. L'inspiration individuelle, sous l'influence de principes religieux et moraux supérieurs, se purifia de ces scories. Laissant de côté ces formes suspectes de l'hallucination et de la vision délirante, le prophète

(1) Samuel, X, 12.

israélite devint un enthousiaste convaincu, qu'animaient de grandes idées, de justes indignations, un patriotisme sincère. A la place des demi-épileptiques des âges primitifs apparurent des prédicateurs, des poètes, des chantres divins, qui furent les censeurs et les consolateurs de leur peuple, espèce de tribunat sans titre officiel, dont toute la puissance résidait dans le prestige du caractère et l'appui prêté par les consciences. C'est là que la différence entre le prophétisme et le sacerdoce éclate. Contrairement au sacerdoce, dont les tendances sont toujours conservatrices, le prophétisme est essentiellement réformateur. Le sacerdoce est aristocratique, le prophétisme est démocratique. Il prend le parti du pauvre contre le riche, du faible contre le puissant, du peuple contre les rois oppresseurs, du monothéisme sévère contre les corruptions polythéistes et idolâtriques de la religion pure, enfin, contre le sacerdoce qui la compromet et l'avilit par ses rapacités ou ses ambitions. Il y aura bien encore çà et là quelques traits qui rappellent les origines, quelque chose de brusque, de subit, dans les apparitions des prophètes. Tel qui, la veille encore, n'était qu'un pâtre ou un citadin ordinaire, se met le lendemain à prêcher, à discourir, à censurer rois, juges, prêtres et peuples. Le prophète Élie ne fait que paraître, disparaître, pour reparaître encore, et toujours d'une manière inattendue. Quand Amos de Thékoa fut saisi par l'esprit de Jahveh et se mit à prophétiser, le prêtre Amatsia, que scandalisait sa libre parole, lui dit : « Voyant, va-t-en et enfuis-toi au pays de Juda ; là,

» mange ton pain et prophétise. Mais ici c'est un » sanctuaire et la résidence du roi. » — Alors Amos lui répondit : « Je n'étais ni prophète ni fils de pro- » phète (1) ; j'étais un berger, et je cueillais les figues » sauvages, quand Jahveh me dit : Laisse là ton » troupeau et prophétise contre mon peuple d'Is- » raël (2). » Nous retrouvons encore là un écho de ce rude accent qui caractérisait le prophétisme primitif.

Pourtant, il a bien changé. Le prophète se possède et, s'il parle toujours d'inspiration, dans une belle langue poétique et imagée, on ne peut plus lui reprocher de n'être qu'un visionnaire, un halluciné. Bien loin de fournir des arguments à la superstition, c'est lui qui la combat. Nous devons incontestablement aux prophètes les plus beaux fragments de la littérature hébraïque, et ils ont été les promoteurs d'un progrès religieux dont nous bénéficions tous aujourd'hui. Citerai-je la belle vision d'Élie le Thisbite lorsque, fuyant la persécution du roi Achab, il se retire dans une caverne du mont Horeb, espérant qu'il aurait là une apparition de Jahveh ? Nous y trouvons, sous forme symbolique, tout un développement en raccourci de l'idée religieuse. Une voix mystérieuse dit au prophète : « Sors et tiens-toi devant l'Éternel ! » « Et, en effet, l'Éternel allait passer. Un vent violent » et furieux, qui fendait les montagnes et brisait les » rochers, passa d'abord. Mais l'Éternel n'était pas

(1) C'est-à-dire disciple d'un prophète.

(2) Amos, VII, 12-16.

» dans ce vent. Puis vint un tremblement de terre ; » mais l'Éternel n'était pas dans ce tremblement. » Puis vint un feu dévorant; mais l'Éternel n'était » pas dans ce feu. Mais, après le feu, un murmure » subtil et doux se fit entendre. L'Éternel passait, et » dès qu'il l'entendit, Élie se prosterna devant la » grotte et se couvrit le visage de son manteau (1). » C'est très beau. Le Dieu du prophète, ce n'est pas le phénomène visible, grandiose ou terrible, qui ravage, qui détruit, qui dévore ; ce n'est pas l'ouragan, ni le cataclysme, ni le feu qui consume, c'est le « murmure subtil et doux », que l'oreille religieuse perçoit et savoure, que l'œil ne peut voir, mais que l'âme écoute avec ravissement comme avec vénération. Jamais la mysticité, dans ce qu'elle a de légitime et de salutaire, n'a fait résonner de cordes plus suaves.

C'est le principe éminemment religieux du prophétisme, sa relation directe et immédiate avec l'esprit divin, qui le rendra confiant et fort dans son œuvre réformatrice. Un autre prophète, Ésaïe, fils d'Amots, s'élèvera contre la superstition des sacrifices. Ce qu'un prêtre n'aurait jamais dit, il enseigne que le vrai service de Jahveh consiste à bien faire, à soulager les malheureux, à redresser les iniquités, et non pas à multiplier les immolations. « Que me fait le » nombre de vos sacrifices ? » dit Jahveh lui-même par l'organe de son prophète, « je suis rassasié des » holocaustes de béliers et de la graisse des veaux,

(1) I Rois XIX, 11-13.

» et je ne prends aucun plaisir au sang des taureaux,
» des agneaux et des boucs... N'apportez plus d'obla-
» tions menteuses. J'ai en horreur votre encens, vos
» fêtes lunaires et vos jours de sabbat. Je ne souffre
» pas le crime pendant les fêtes solennelles... Même
» quand vous multipliez vos prières, je n'écoute pas,
» parce que vos mains sont teintes de sang... Puri-
» fiez-vous, cessez de mal faire, recherchez la droi-
» ture, redressez l'iniquité, rendez justice à l'orphe-
» lin et défendez la pauvre veuve (1). » Nulle part l'enseignement religieux n'avait encore parlé un langage aussi élevé. C'est un des premiers élans de l'esprit réformateur en religion.

Le prophétisme en Israël est très patriote. Il a pressenti les malheurs qui allaient fondre sur son infortuné pays. Mais il lui a rendu le plus grand service qu'on puisse rendre à un pays écrasé, celui qui consiste à entretenir le feu sacré de la foi patriotique, l'espérance, la confiance dans les destinées nationales, et, devant un peuple prêt à s'abandonner au désespoir, à entonner le *Sursum corda !* Nous en savons quelque chose. Au sein même de l'anéantissement apparent de sa nation, le prophète Ézéchiel conçut sa grandiose vision de la résurrection des ossements desséchés qui se ranimaient, se rejoignaient, se revêtaient de chair et remplissaient de nouveau du bruit de la vie la plaine immense où régnait auparavant le silence de la mort (2). C'est

(1) Esaïe, I, 11-17.

(2) Ezéchiel, XXXVII.

un autre Ésaïe qui, devant Babylone la grande, si fière de ses richesses, de sa puissance, de ses murs imprenables, qui semble avoir rivé pour jamais les chaînes de la captivité d'Israël, décrit ce qui arrivera lorsqu'elle devra subir à son tour le joug du vainqueur et descendre au scheol, au lieu souterrain où dorment les morts. Alors, dans une magnifique prosopopée, il peint l'étonnement des morts, quand ils voient arriver la fille de Babel, l'étoile du matin tombée du ciel. « Comment ! et toi aussi, te » voilà devenue comme l'un de nous (1) ! » C'est aussi chez lui que nous surprenons l'éveil du premier rationalisme. Comme il se moque des idolâtres qui se font des dieux sourds et aveugles ! « Le charpen- » tier étend un cordeau sur du bois, il y fait un » dessin avec une pointe ; puis il le mesure avec le » compas ; il lui donne ainsi figure humaine, une » belle figure humaine, digne d'habiter un temple. » Ou bien il va couper des arbres, il prend un chêne » ou un rouvre... Notre homme a de quoi brûler, il » en prend, il se chauffe, il allume et il cuit son » pain. Mais il en fabrique aussi un dieu, et il l'a- » dore ; il en taille une image, et il se prosterne » devant elle. Il en brûle la moitié au feu, avec cette » moitié il apprête sa viande, la rôtit, se rassasie, il » se chauffe et s'écrie : Ah ! ah ! je me réchauffe et » je vois du feu ! Mais avec le reste il se fait un dieu, » une idole, et il s'incline devant elle, l'adorant et » lui adressant sa prière (2).... Ou bien ils laissent

(1) Esaïe XIV.

(2) Esaïe XLIV, 13-17;

couler l'or de leurs bourses et pèsent l'argent à la balance, ils prennent à gages un orfèvre, pour qu'il leur fasse un dieu... Ils lèvent ce dieu, en chargent leurs épaules et le plantent sur ses pieds de façon qu'il se tienne debout. Oh! il ne bougera pas de sa place; on a beau lui crier, il ne répondra pas (1). »

Sans doute, même en Israël, le prophétisme ne resta pas toujours à cette hauteur de sentiment religieux et de saine raison. Il eut aussi sa part de défauts et d'étroitesse, il pactisa parfois avec les abus qu'il aurait dû combattre, son patriotisme fut souvent injuste ou chimérique. Les hommes qui ne vivent que pour leur idée sont rarement d'habiles politiques et contribuent à nourrir de grandes illusions. On put voir aussi à côté du prophète sincère et désintéressé, du *nabi*, comme il s'appelait désormais, c'est-à-dire de l'inspiré, le prétendu « voyant » qui conformait ses visions à ses désirs de lucre ou à ses ambitions. Toute part faite aux défauts et aux infidélités, le prophétisme d'Israël n'en reste pas moins un des phénomènes les plus remarquables de l'histoire religieuse, et nous devons trop à ces inspirés pour ne pas être indulgents devant leurs erreurs.

Si le sacerdoce a pour caractère de durer sous des formes toujours identiques, il est plutôt de l'essence du libre prophétisme d'être intermittent, de briller un moment du plus vif éclat, puis de s'éteindre pour renaître dans d'autres conditions. Le prophétisme

(1) *Ibid.* XLVI, 6-7.

d'Israël s'éteint lentement après le retour de Babylone. Le scribe, l'homme de la loi, de la tradition, de la lettre, lui succède et prend à tâche d'interpréter les textes au lieu d'en proposer. Mais il eut son réveil. Si nous cherchons, parmi les éléments constitutifs du peuple et de l'histoire d'Israël, celui qui engendra le mouvement d'où sortit l'Évangile, c'est évidemment le prophétisme qu'il faut indiquer. Jésus est prophète dans toute la force du terme. C'est ce qui définit le mieux sa personne, la nature et la tendance de ses enseignements. C'est toujours le même principe de persuasion intérieure, individuelle, qui respecte la tradition sacrée, mais qui sait aussi s'en émanciper quand elle se met en travers des *accomplissements* ou des innovations conseillées par un sentiment religieux plus délicat et plus pur. Aussi Jésus a-t-il bientôt contre lui les traditionalistes, les formalistes, les prêtres, c'est-à-dire les scribes, les pharisiens et le sacerdoce de Jérusalem.

Le prophétisme n'est pas resté renfermé dans les limites de la nation d'Israël. Des phénomènes analogues sont fréquents chez les autres peuples sémites. La seconde des grandes religions universalistes que le sémitisme léguera au monde, l'islamisme, dérive de la même source. Le réformateur arabe Mahomet est aussi et surtout un prophète.

Dans d'autres régions et d'autres races le progrès religieux s'opère aussi par l'action du prophétisme, bien que sous des formes différentes. Il y a, malgré toutes les différences, une étroite analogie entre le prophète israélite et ce Bouddha qui abandonne son rang, sa richesse, son existence princière, pour aller prêcher la délivrance, l'abolition des castes, l'émancipation de la nature et une morale d'une grande pureté. Quand le paganisme gréco-romain, avant de mourir, essaya de se réformer, ce fut une espèce de prophète qu'il s'efforça de créer de toutes pièces pour reconquérir son ascendant perdu. Apollonius de Thyane est un prophète, presque un Christ païen.

Le prophétisme est donc une puissance religieuse réformatrice plus répandue qu'on ne le croit ordinairement. Cependant tous ces traits sont anciens, ils appartiennent à une époque dépassée, à un état d'esprit qui depuis longtemps n'est plus le nôtre. A-t-il cessé d'être ?

Selon nous, il n'a fait que changer de nom, et il s'est partagé en plusieurs branches distinctes qui se confondaient à l'origine et en lui ne formaient qu'un seul tronc.

Les successeurs des anciens prophètes, ce sont les grandes individualités religieuses qui ont creusé leur sillon dans l'histoire comme libérateurs et réformateurs des traditions oppressives.

C'est au prophétisme aussi qu'il convient de rapporter les grandes entreprises de réforme morale tentées au nom d'un principe religieux. Quand Théodore Parker, l'illustre prédicateur américain, sacrifie sa science, son repos, sa sécurité, sa vie elle-même, pour arborer dans toute l'Union le drapeau de la libération des esclaves, quand il tonne de sa voix puissante contre les maux et les infamies de l'esclavage, quand il répète sur tous les tons à une nation, qui ne commençait à l'écouter qu'au moment où il allait mourir épuisé : « Vous êtes sur les bords d'une mer rouge, d'une mer de sang! » Théodore Parker est un prophète et ressemble à s'y méprendre à ceux d'autrefois.

Il y a du prophète aussi dans un saint Bernard voulant réformer l'Église dans son chef et dans ses membres. Il y a du prophétisme dans toute prédication religieuse vraiment éloquente. Car le prophète, de simple voyant extatique qu'il était à l'origine, devint un prédicateur chaleureux.

Enfin la divination primitive elle-même n'est pas restée sans correspondant au milieu de nous. Si, religieusement, l'ancienne prière qui indiquait à la puissance divine ce qu'elle devrait bien faire pour notre bien s'est résumée dans l'acte de foi implicite qui consiste à dire : Que ta volonté soit faite! l'ancienne prétention de deviner l'avenir dans ses détails et ses accidents possibles s'est élargie et rationalisée dans la *Philosophie de l'histoire*. Cet ordre de recherches nous permet, non pas de prédire ce qui arrivera demain ou le jour suivant, non pas de satisfaire une curiosité puérile comme un almanach ou une somnambule extra-lucide, mais de dégager du flot confus des événements les lois permanentes de l'histoire. C'est par cette méthode que l'on peut prévoir les conséquences qu'entraînent pour les nations leurs tendances, leurs fautes ou leurs belles œuvres. La science politique sera formée le jour où des expériences suffisantes et suffisamment raisonnées auront montré le résultat certain des directions imprimées à la vie des peuples. Déjà le prophétisme antique, dans sa dernière période, inclinait de ce côté. Son dernier écho, ce fut les *Apocalypses*, écrits bizarres et tourmentés, obscurs à dessein, aujourd'hui percés à jour et d'une interprétation bien simple qui met à nu les illusions de leurs auteurs. Elles n'en furent pas moins les premiers essais d'une systématisation de l'histoire d'après une certaine symétrie.

En un mot le prophétisme n'est pas mort, il s'est épanoui et il se perpétue sous d'autres noms. La réforme religieuse et la spiritualité religieuse, l'émancipation des autorités oppressives, la guerre aux institutions corruptrices, la poésie religieuse, la philosophie de l'histoire, etc., sont à divers titres ses représentants dans le monde moderne. C'est le vieux tronc qui s'est déployé en branches.

VII

L'AUTORITÉ RELIGIEUSE

Que la religion soit purement mythologique, ou légaliste, ou dogmatique, elle engendre toujours un certain nombre de croyances communes dont chacun de ceux qui vivent sous son influence doit prendre connaissance.

En parlant des premiers âges de la religion dans l'humanité, nous disions qu'il y avait eu certainement au sein des tribus primitives des individus mieux doués que les autres, possédant un sentiment religieux plus intense, une imagination plus vive, et qui avaient dû déterminer les idées de leurs semblables en leur donnant une forme concrète, précise, imagée, que ceux-ci n'auraient pas trouvée d'eux-mêmes, mais qu'ils avaient adoptée sans y réfléchir. La raison de cette facile acceptation, c'est qu'au fond les initiateurs partaient d'intuitions et de notions qui leur étaient communes avec leur entourage. Ils donnaient une forme arrêtée à ce qui existait déjà confusément dans les âmes, et, en fait, le progrès religieux ne s'est jamais effectué autrement. Les premières directions imprimées à la pensée sont toujours très puissantes. Dites à un jeune enfant en lui montrant la lune : Vois cette tête, cette bouche, ces yeux qui te regardent! L'enfant voit la tête, la bouche et les yeux, et les montre à ses petits camarades. A Genève, on voit l'empereur Napoléon Ier enseveli jusqu'au menton dans la neige éternelle du Mont-Blanc. Il faut un peu de complaisance pour s'en apercevoir, mais une fois qu'on est *au point* et qu'on a saisi la ressemblance, on la voit toujours et on ne comprend pas qu'on ne l'ait pas vue tout de suite. De même, dans l'humanité primitive, les premières notions mythologiques, indiquées par des poètes inconscients de leur poésie, deviennent le partage de tous ceux qui les entendent. Les pères et les mères les transmettent à leurs enfants. Les imaginations successives se trouvent lancées dans la même direction. Ces notions acquièrent le caractère d'évidences ou d'axiômes qu'on ne discute pas, et voilà une tradition formée.

Cette tradition une fois formée emprunte une grande force au sentiment que l'homme isolé a de sa faiblesse, surtout en matière religieuse. Elle s'impose aux générations qui se succèdent avec un prestige que le temps en s'écoulant ne peut qu'accroître. Elle enregistre des récits que les vieillards ne se lassent pas de répéter, comme les jeunes ne se lassent pas de les entendre. Elle recommande des rites, des observances, des sacrifices, dont on a depuis longtemps oublié la signification première, mais dont on s'acquitte scrupuleusement, parce que c'est la coutume héréditaire. Plus l'âge dont il s'agit est dépourvu de critique, plus la tradition fait autorité. Il est très rare qu'un sauvage connaisse la raison de ses coutumes religieuses. Presque toujours, quand on lui demande des explications, il se contente de répondre que ses pères lui ont appris à faire de cette manière, et il s'étonne que cette réponse ne vous suffise pas. C'est qu'en effet rechercher l'origine d'une tradition, c'est avoir déjà dépassé l'âge de la foi complètement naïve. Dans un tel âge la tradition fait autorité en vertu de son antiquité ou, pour mieux dire, de son éternité apparente. Car, pour les esprits peu développés, l'antiquité et l'éternité se confondent. L'homme qui n'a ni voyagé ni lu se figure qu'on vit et qu'on pense partout comme il vit et pense lui-même, qu'on a toujours vécu et pensé de même. Notre siècle est certainement celui de tous où le sens de l'histoire a été le plus généralement répandu. Nous en portons le goût jusque dans nos ameublements. L'antiquité le connut à peine. Les plus grands peintres jusqu'au siècle dernier ne s'en doutaient même pas. C'est ce qui explique la docilité avec laquelle les générations successives acceptent la tradition qui leur est transmise et ne s'avisent pas même de l'examiner pour savoir si elle mérite créance.

En religion surtout, la puissance de la tradition est grande. Car elle idéalise les choses les plus vulgaires en leur imprimant le cachet de l'antiquité. Une brique de fabrication moderne n'arrête pas même nos regards ; si elle revient de Babylone ou de Ninive, nous la contemplons avec dévotion. Les croyances religieuses et les symboles religieux deviennent plus vénérables encore en s'embaumant d'antiquité. Ils semblent rentrer par là dans l'ordre des choses éternelles. Tant que l'esprit critique n'est pas éveillé, l'innovation paraît irréligieuse. C'est cette vénération de l'antique qui explique plus d'une bizarrerie des rites et des coutumes religieuses. Pourquoi, par exemple, dans mainte religion, les instruments de fer sont-ils proscrits en tout ce qui concerne les actes religieux proprement dits, et les instruments de pierre seuls admis ? Cela doit remonter au temps où s'introduisirent les instruments de métal. On les adopta aisément pour les usages ordinaires. On trouva quelque chose d'audacieux et de sacrilège à s'en servir également dans les cérémonies religieuses. De nos jours, nous avons vu des personnes pieuses froissées à l'idée qu'on voulait éclairer au gaz nos vieilles églises, comme si cette lumière mondaine, industrielle, d'invention récente, était moins religieuse que celle des vieilles lampes fumeuses tremblotant sous les voûtes. Là encore se révèle le caractère synthétique de la religion, cherchant à rattacher l'individu à l'esprit éternel. Tandis que tout passe, change et disparaît, il semble à l'homme qu'en se ralliant à quelque chose qui subsiste, il s'unit à l'immuable.

Il faut reconnaître, d'autre part, que cette docilité devant la tradition s'associe à un très médiocre souci de la vérité. Je ne sais trop si l'horreur légitime que l'intolérance inspire à quiconque est assez instruit pour connaître les pages lamentables qu'elle ajoute au livre de l'histoire n'a pas souvent empêché les historiens et les philosophes de s'apercevoir d'une chose pourtant bien évidente : c'est aux excès du fanatisme religieux que l'on doit l'importance extrême attachée depuis lors à la question de vérité sur tous les domaines. Les bourreaux n'ont pas été moins instructifs que les victimes. Que des hommes, incapables de crime à tous les autres égards, se soient laissé emporter jusqu'aux fureurs froides contre ceux qu'ils accusaient de nier la vérité, cela prouve le prix qu'ils y attachaient, et on peut à bon droit se demander si l'amour passionné du vrai en toute chose, qui a fait la science moderne, eût été possible ou du moins fût devenu très commun, si l'Europe n'avait pas traversé des siècles d'intolérance. Le fait est que l'antiquité connut cette noble passion à un bien moindre degré que nous.

Mais, avant d'en venir là et dans les religions développées, l'homme, sans révoquer en doute la tradition, s'aperçut qu'elle risquait de s'altérer ou de se perdre, si l'on n'organisait rien pour la protéger contre les causes de déperdition ou d'oubli. Naturellement ce furent les sacerdoces ou les corporations de prêtres qui fournirent les conservateurs et les continuateurs attitrés des traditions antiques. Une classe d'hommes vivant à part, devant par profession mieux connaître que tous les autres la théorie et la pratique des choses religieuses, devait passer pour dépositaire par excellence de la tradition. L'autorité de cette tradition devint donc l'autorité sacerdotale.

L'homme ordinaire, dans sa faiblesse, dans son ignorance, devait s'adresser aux prêtres pour savoir au juste ce qu'il avait à croire et à faire. Le sacerdoce était tout disposé à ajouter cette puissance incalculable à celle qu'il possédait déjà comme sacrificateur et intermédiaire indispensable. On la lui eût conférée, lors même qu'il l'eût refusée. On a souvent accusé le sacerdoce d'ambition, d'amour de la domination, et le fait est qu'il n'a que trop souvent prêté à ce genre d'accusation. Mais il ne faut pas se dissimuler qu'il a été bien plus souvent encore un effet qu'une cause.

L'autorité du sacerdoce fut plus grande encore là où il garda longtemps le monopole des connaissances les plus indispensables à la vie sociale, lorsqu'il dut fixer le calendrier, établir la jurisprudence, rédiger les annales. Si sa puissance en Grèce fut moindre que partout ailleurs, ce n'est pas seulement parce qu'il manqua d'organisation et de centralisation, c'est parce qu'il n'eut jamais la possession exclusive des lumières. Le dépôt des traditions religieuses fut confié au moins autant aux poètes qu'aux prêtres. C'est pourquoi, dans toute l'antiquité, c'est la Grèce qui se distingua entre toutes les nations comme le pays du libre esprit.

A Rome, la tradition religieuse était chose de l'État comme le sacerdoce lui-même. C'est le sénat qui en était le dépositaire en titre. Il légiférait en religion comme en tout le reste, et quand le paganisme gréco-romain fut persécuteur, ce fut essentiellement pour des motifs de l'ordre politique.

Il en fut autrement dans l'Inde et en Perse, où le sacerdoce défendit les vérités dont il était le gardien pour des raisons avant tout religieuses. Pour cela, de même que dans les autres régions où il assuma le même rôle et les mêmes prétentions, il dut élever la supériorité qu'il réclamait jusqu'à l'absolu, c'est-à-dire que son autorité prétendit à l'*infaillibilité*, comme si ses décisions doctrinales eussent été dictées par la Divinité elle-même. Ainsi se formèrent les *orthodoxies*, c'est-à-dire les systèmes de croyances réputées exactes, pures de tout alliage et présentées comme indispensables à l'adoption de tous ceux qui voulaient vivre en communion avec la puissance divine. Et tel est le besoin d'autorité en matière de religion que cette prétention fut admise, non pas seulement au sein de la chrétienté, mais dans bien d'autres religions et notamment dans le brahmanisme et le bouddhisme. Dans l'Église chrétienne, l'épiscopat une fois constitué, considéré comme le gardien seul compétent des traditions apostoliques, s'érigea dans les conciles œcuméniques ou généraux en organe infaillible de la vérité. Là ne s'arrêta pas cette tendance à reconnaître l'autorité sans avoir beaucoup d'autres preuves de sa légitimité que le besoin qu'on en a. Le moment vint où l'on observa que les conciles sont rares, de réunion difficile, qu'ils ne sont pas toujours d'accord, que leurs décisions peuvent donner lieu à des interprétations différentes, qu'il vaudrait bien mieux posséder un organe permanent et vivant de la vérité éternelle, et où l'on voulut centraliser dans un seul homme, dans un seul évêque, l'autorité auparavant disséminée dans le corps de l'Église. Et malgré des obstacles, des résistances, des objections sans nombre, les partisans de cette infaillibilité personnelle l'emportèrent à la fin, parce qu'ils étaient dans la logique du besoin d'autorité. Nous ne sommes pas encore au bout. L'infaillibilité du pontife, pour être complète et tout à fait rassurante, suppose son impeccabilité. Car, au fond, il sert à peu de chose de posséder un organe personnel infaillible de l'éternelle vérité, si l'on n'est pas certain qu'il ne *voudra* jamais la retenir ou l'altérer pour des motifs d'intérêt égoïste. C'est le résultat final, inévitable, de l'autorité religieuse attribuée au sacerdoce.

Mais ce privilége sacerdotal n'est pas la seule forme qu'ait revêtue l'autorité de la tradition. Il est un mode intermédiaire, d'une logique moins rigoureuse, laissant par cela même plus de champ à la liberté de l'esprit et aux variations de la pensée, toutefois né, lui aussi, du besoin de fixer des traditions précieuses, de les préserver de l'oubli et de l'altération, et de les transmettre à la postérité comme la pierre de touche des croyances. Nous voulons parler des livres sacrés.

Toutes les religions n'en ont pas, mais beaucoup, et des plus importantes, en possèdent. Le brahmanisme a ses Védas et ses lois de Manou, le mazdéisme a son Zend Avesta, le bouddhisme son Tripitaka (les trois corbeilles), la Chine a ses Kings, l'islamisme son Coran, le judaïsme sa Bible, qui devint celle aussi du christianisme avec l'adjonction du Nouveau Testament.

Il nous manque des lumières suffisantes sur la manière dont se sont formés la plupart de ces Livres sacrés ou Saintes Écritures. Mais l'analogie permet de supposer qu'une même loi de formation a présidé à leur apparition. Nous savons assez bien comment se sont codifiées les Saintes Écritures des Juifs et des chrétiens, et cela suffit pour qu'on se rende compte des procédés suivis pour la rédaction ou la coordination des autres.

Pourquoi, par exemple, les Juifs qui, au temps de l'ancien Israël, s'étaient passés de Livres sacrés, en constituent-ils dans la période qui s'écoule entre le retour de la captivité et l'ère chrétienne ?

Nous avons déjà vu, en parlant de l'institution des synagogues également contemporaine, qu'il s'agissait pour eux de ne pas perdre les souvenirs du passé, menacés qu'ils étaient par les révolutions, les déportations et tout ce qui avait anéanti leur existence nationale. Déjà certains écrits antérieurs à la grande catastrophe avaient été composés. Il y avait des recueils de lois, un surtout dont la brusque apparition au temps du roi Josias avait fait grande sensation. D'autres codes avaient été rédigés pendant ou peu après la captivité. On en fit un ensemble qu'on encadra dans une combinaison de plusieurs récits historiques roulant sur les antiquités d'Israël. De ce travail sortit le Pentateuque ou, comme disent les Juifs, la Loi. Il y avait de plus un certain nombre de prophètes dont les discours avaient été écrits. On adjoignit ces discours à ce premier recueil. Enfin il circulait un nombre assez considérable d'hymnes, de sentences, d'annales et de chroniques. Cela fit une troisième division, qui ne fut pas aussi hermétiquement close que les deux premières, mais qui comptait déjà au temps de Jésus-Christ les livres qui la composent actuellement dans la Bible hébraïque. Le simple fait de réunir tous ces livres, divers par la date et le contenu, n'eût pas suffi pour leur conférer la dignité de Livres sacrés. Ils auraient fort bien pu n'être qu'une bibliothèque d'un haut intérêt pour l'histoire politique et religieuse de la nation israélite. Mais ils servirent très promptement au culte des synagogues. On lisait chaque fois quelque fragment de ces livres vénérés, on le commentait, on l'expliquait. Ces livres furent donc élevés sur un véritable piédestal et mis à part de tous les autres. Ils devinrent l'Écriture, la Bible ou le Livre par excellence. On s'habitua à les considérer comme la source et le fondement des croyances, ce qui leur conféra un caractère tout spécial, incomparable. Enfin on les divinisa autant qu'on peut diviniser des livres, c'est-à-dire qu'on les considéra comme dictés par l'esprit même de Dieu. Ce fut là le point de départ d'un tas de subtilités rabbiniques. On alla, par exemple, jusqu'à reproduire religieusement les fautes de copistes qui s'étaient glissées dans les textes et jusqu'à découvrir un monde de mystères dans le nombre des lettres que comptait chacun des écrits réunis dans le recueil sacré.

L'origine du Nouveau Testament ne diffère pas essentiellement de celle de l'Ancien. Il se compose aussi de différents livres, composés par divers auteurs, à différentes dates, et certainement aucun de ces auteurs ne prévoyait que la postérité joindrait son ouvrage à vingt-six autres pour former une nouvelle Écriture sainte. Ce travail de réunion remonte au second siècle, lorsque les églises chrétiennes furent envahies par les doctrines gnostiques, mélange de spéculation orientale, de polythéisme et de christianisme, très à la mode à cette époque — la religion a aussi ses modes ou ses engouements temporaires — et qui risqua de noyer la tradition chrétienne dans un déluge d'opinions bizarres et de rêveries capiteuses. On désira donc, par instinct de conservation, posséder des monuments écrits, incontestés, de l'enseignement chrétien des premiers jours, et on réunit un certain nombre d'évangiles, d'épîtres, d'histoires apostoliques, etc., remontant ou passant pour remonter au siècle des apôtres. Cette collection, qui ne fut définitivement arrêtée qu'assez tard, mais qui contint de bonne heure les principaux livres dont elle se compose aujourd'hui, devint donc la norme, le document officiel de la vraie tradition chrétienne. On lisait ces livres comme ceux de l'Ancien Testament dans les assemblées religieuses. Ils ne tardèrent donc pas à être revêtus du même caractère sacré.

A l'origine, il n'y eut aucune espèce de conflit entre l'autorité sacerdotale qui se constituait aussi de toutes pièces et cette autorité du Livre que chacun pouvait lire. Au contraire, ce fut le sacerdoce chrétien qui fut le principal collecteur du recueil nouveau et qui lui donna sa sanction. Il en fit le texte de ses instructions, il crut y trouver la confirmation de son autorité; seulement il se réserva de plus en plus le droit d'en fixer l'interprétation. Il fonda l'orthodoxie chrétienne sur ces textes désormais canoniques, et il oublia absolument qu'ils présentaient plusieurs types de doctrine très différents. Mais c'est une illusion commune à ceux qui lisent les Livres sacrés sans esprit de critique indépendante que de ne pas voir les différences doctrinales qui les distinguent les uns des autres.

Voici maintenant ce qui arriva. L'autorité vivante et parlante du sacerdoce prit en fait le dessus sur l'autorité du livre qu'on lisait toujours moins. La tradition chrétienne, comme toute tradition prolongée, s'augmenta, se chargea d'éléments hétérogènes, dévia sous maint rapport des lignes primitives, et le moment vint où le livre, qui ne changeait pas, se trouva en désaccord profond avec le sacerdoce, qui avait beaucoup changé. Tel fut l'antagonisme qui éclata lors de la Réforme. A la tradition sacerdotale, le protestantisme opposa la tradition consignée dans le Livre sacré.

Il y avait certainement là un pas de fait vers l'émancipation de la pensée religieuse. Un livre, servant de base à une société religieuse, doit être lu, et lire, c'est déjà provoquer la réflexion, l'examen, la décision individuelle. Tout protestant fut bientôt pape, une Bible à la main. Puis, comme cette Bible n'était ni toujours claire, ni toujours d'accord avec elle-même sur tous les points, les diversités dogmatiques ne tardèrent pas à surgir. Notons ici que, dans son enthousiasme pour sa charte traditionnelle écrite, le protestantisme tomba, comme le judaïsme, dans une véritable bibliolâtrie. Il fit de la Bible une dictée miraculeuse et, comme le lui reprochèrent souvent ses adversaires, un pape de papier.

Et pourtant, c'est à cette étude passionnée de la Bible qu'est dû l'essor de la critique historique. Les populations qui se nourrirent de cette lecture acquirent sur l'antiquité, sur d'autres races que la nôtre, sur les mœurs, les habitudes, les idées des siècles depuis longtemps écoulés, des notions dont restèrent privées les populations soumises à l'autorité sacerdotale. Ce n'est pas du tout l'effet du hasard si les grands travaux de critique historique et d'histoire comparée ont été jusqu'à présent poussés beaucoup plus activement dans les pays protestants que partout ailleurs. Ils trouvaient un public qui s'y intéressait, préparé d'avance à les goûter et à les comprendre.

Enfin, le résultat final s'est dégagé de toutes ces recherches. Il n'y a pas plus de surnaturel dans l'autorité des livres sacrés que dans celle des sacerdoces. Selon les époques, les populations, l'état des esprits, ces deux autorités se sont montrées tour à tour bienfaisantes ou oppressives. La religion en soi est indépendante de l'une et de l'autre. Toutes deux ont été avant tout constituées comme organes protecteurs de la tradition. Les livres sacrés, dans chaque religion, demeurent le document par excellence permettant de remonter sûrement à leur principe et à leur esprit originel. Tant vaut une religion, tant vaut son Livre sacré. A ce titre, la Bible reste toujours digne de notre respect et de notre plus vif intérêt. Rien ne peut faire qu'elle ne contienne un grand nombre de ces paroles que l'humanité n'oubliera pas. Mais elle n'a aucun droit, j'ajoute qu'elle n'a aucune prétention d'enchaîner la liberté de l'esprit.

VII

LA THÉOLOGIE

Le mot de théologie n'a pas très bonne réputation dans la France contemporaine. Beaucoup de personnes entendent par là une science qui, disent-elles, n'en est pas une, en ce sens qu'elle est dominée par des doctrines posées à *priori* qui ne lui laissent aucune liberté sérieuse d'examen, une science par conséquent factice, qu'on apprend dans les séminaires aux jeunes gens qui se destinent à la carrière ecclésiastique, mais que les véritables savants ne peuvent prendre au sérieux. Voilà une définition beaucoup trop étroite, qui confond une forme particulière de son objet avec l'objet lui-même et dont, à notre point de vue historique, nous appelons énergiquement.

Il serait peu logique de rayer de l'ordre des études scientifiques les branches de savoir que tous ne reconnaissent pas également comme positives et susceptibles de démonstration rigoureuse. Il ne manque pas de gens qui ne croient ni à la médecine ni à la philosophie. J'estime pourtant qu'il serait bien singulier d'en supprimer l'étude dans les programmes d'enseignement.

Partout où l'observation constate un groupe de faits, visibles ou invisibles, reliés entre eux par une parenté interne, formant une classe à part au milieu de tous les autres, il y a lieu à une science spéciale.

Or, la religion est la raison commune d'une masse de faits distincts des autres, croyances, mythes, symboles, rites, traditions, sacrifices, sacerdoces, livres sacrés, etc., et cette masse constitue le domaine religieux proprement dit. Par conséquent, dès que l'esprit humain en a la capacité et le loisir, il porte sur elle un regard curieux, il cherche à en faire le tour, à la comprendre, c'est-à-dire à la ramener aux formes et aux catégories de sa raison ; de là une branche spéciale du savoir humain qu'on appellera la *Théologie* ou science de Dieu, plus exactement de tout ce qui concerne la divinité.

Cette science, pas plus que ses sœurs, n'a de commencements très brillants. Beaucoup moins ancienne que son objet, puisqu'en définitive elle met en action l'intelligence et la réflexion, elle porte, comme toutes les sciences à leur début, ce cachet d'imagination, de poésie et d'arbitraire, qui peut charmer esthétiquement, mais qui est antiscientifique au plus haut degré. Ce n'est pas une raison suffisante pour contester son existence. Le véritable esprit scientifique, un moment entrevu dans l'ancienne Grèce, est en réalité chose très moderne.

Dans le fait lui-même de l'élaboration d'un mythe ou de l'organisation d'un rite, il y a un travail de coordination et de systématisation qui procède de la réflexion. Là où la religion se tourne de préférence vers l'animisme, et par conséquent vers la sorcellerie, il y a des espèces de théologiens qui prétendent connaître les formules, les incantations, les gestes mystérieux, forçant les esprits conjurés à intervenir d'une certaine manière dans les affaires humaines. Là où la religion engendre surtout un ritualisme compliqué, celui qui connait bien les rites, le prêtre qui sait les hymnes qu'il faut chanter, comment la victime doit être immolée, ses entrailles interrogées, comment il faut la dépouiller et la découper sur l'autel, à quel moment précis il convient d'arrêter la combustion et de distribuer aux assistants la coupe qu'ils partagent avec la divinité, ce prêtre, ce grand maître des cérémonies religieuses est un savant dans sa partie et possède sa théologie sur le bout du doigt. Enfin, quand la curiosité de l'esprit s'éveille sans qu'il ait encore dépouillé sa crédulité native, quand il cherche à connaître exactement toutes ces belles histoires qui se racontent sur les dieux, les déesses, leur filiation, les origines, celles surtout de sa tribu ou de sa cité, les théologiens seront le prêtre ou le poète qui savent tout cela, qui racontent avec ordre, dans un langage digne du sujet, en beaux vers ailés, harmonieux ou tragiques.

C'est pourquoi, dans l'antiquité grecque, le premier théologien de renom est Hésiode, qui décrit les origines du monde, des dieux et des déesses, leurs amours, leurs combats, comment les hommes d'abord ont vécu, et comment les grands dieux olympiens, dieux de l'ordre régulier des choses, ont fini par venir à bout des puissances monstrueuses, perturbatrices, nées des premiers embrassements du Ciel et de la Terre. Voilà une théologie toute primitive encore, qui consiste dans l'exposé poétique des vieilles traditions et dans leur coordination.

Tant qu'on reste sur le terrain de la mythologie, la théologie ne peut guère être autre chose. Cette coordination a ses procédés particuliers. Par exemple, elle concilie les traditions différentes roulant autour d'un même fait naturel en établissant un rapport de paternité entre les dieux divers qui s'y rapportent. Quand Hésiode dit que Kronos est le fils d'Ouranos et Zeus le fils de Kronos, cela veut dire qu'Ouranos, Kronos et Zeus sont au fond le même être, le ciel. Quand on raconte que l'auguste Jupiter a porté à d'autres qu'à sa compagne en titre, Héré, l'hommage de ses feux, traduisez : Héré, la déesse éthérée des hauteurs de l'air, fut considérée dans la plupart des cités comme l'épouse du Ciel, mais en plus d'un endroit on avait assigné au Ciel une autre compagne, la terre, sous les noms de Déméter (Cérès), Léda, Danaé, Latone, etc., et cela sans penser à mal. Le poète d'Ascra ne fut pas, du reste, un phénomène isolé. Avant lui, les aèdes ou chanteurs itinérants avaient colporté des poèmes analogues au sien, probablement moins complets, et nous trouvons, jusque dans le Rig Véda, des hymnes qui ne sont autre chose que des essais de systématisation de la première mythologie aryenne.

Il en sera autrement quand la philosophie sera

née. En Grèce comme dans l'Inde, il se formera une espèce de théologie philosophique dont le caractère sera d'introduire sous les formes, dans les mythes et les croyances de la religion populaire, des idées provenant de la spéculation philosophique, mais qui, moyennant quelque complaisance, s'amalgament avec les formes traditionnelles et se présentent comme ne faisant plus qu'un avec elles.

Parmi les théologiens-philosophes de l'antiquité, on peut citer Pythagore, qui fonda presque une religion et à qui il manqua peu de chose pour donner à l'Occident une sorte de Bouddha. Platon fait aussi de la théologie en ce sens qu'il interprète souvent les traditions populaires conformément à ses idées spéculatives. Varron chez les Romains, Plutarque chez les Grecs, rentrent plutôt dans la catégorie des exposants et des narrateurs. L'Inde voit aussi fleurir des écoles à la fois philosophiques et religieuses, appliquant aux traditions védiques et brahmaniques des principes puisés en dehors d'elles. On distingue chez elle la philosophie Vedânta, accusant une tendance monothéiste assez prononcée, la philosophie Nyâya qui s'occupe surtout de la logique et des sources de la connaissance, la philosophie atomistique dite Vaiseshika et le système à tendance panthéistique et même athéistique de Sânkhya. Aucune de ces philosophies ne se présente détachée de la religion védique ; au contraire, chacune prétend en être la véritable interprétation.

Au sein du peuple juif la théologie en tant que science raisonnée est longtemps inconnue. C'est le prophète, le psalmiste ou le sage aux paroles sentencieuses, qui déterminent chez lui la direction des idées religieuses. Le théologien juif paraitra avec le légiste, le scribe, le rabbin, principalement en qualité d'interprète et de commentateur des Livres sacrés, particulièrement de la Loi. Cette première théologie juive, qui a produit l'œuvre colossale du Talmud, est essentiellement une jurisprudence. Mais ce travail en amène d'autres. Le judaïsme qui suit la captivité s'est ouvert à des doctrines que l'ancien mosaïsme ne connaissait pas ou dont il ne possédait que les germes, par exemple la doctrine des anges bons ou mauvais, de Satan, du Messie, de la vie future sous forme de résurrection corporelle. Les rabbins pour la plupart adoptent ces innovations, les régularisent, les propagent. Le judaïsme, au temps où Jésus parut, en était tout imprégné.

Le même judaïsme, mais cette fois en Égypte, nous fournit une preuve nouvelle et fort curieuse de l'influence des idées philosophiques sur l'élaboration théologique des doctrines religieuses. Je veux parler de l'école dite du judaïsme alexandrin et dont Philon le juif est le plus éminent représentant. Chez lui, c'est l'Ancien Testament et Platon qui se rencontrent et qui fusionnent. Le fond est platonicien, la forme est biblique, mais non sans que le fond modifie la forme, et réciproquement. Ce qui distingue surtout la théologie de Philon, c'est que, sans rien connaître du christianisme, par la simple application de ses idées platoniciennes à la tradition hébraïque, il proclame la théorie du Verbe, fils de Dieu, intermédiaire entre la création et la Divinité absolue, pensée divine émise avant les temps et douée depuis lors d'une existence personnelle, révélatrice de la vérité, rédemptrice des hommes. C'est le Logos ou le Verbe qui, dans la pensée du Juif alexandrin, sort de l'Être absolu par une génération ineffable, comme Pallas Athéné sortit dans la mythologie du front de son père Jupiter. Et quel prodigieux chemin cette théorie spéculative n'a-t-elle pas fait ! Un demi-siècle s'était à peine écoulé qu'un évangéliste l'appliquait à la personne de Jésus ; deux siècles après, la question qui agitait le monde consistait à savoir si le Verbe ou le Fils était ou non consubstantiel au Père, et l'empereur Constantin, plus ému de ce différend que des Barbares qui frappaient aux portes de la civilisation, réunissait à ses frais le premier grand concile œcuménique et souscrivait la fameuse formule de Nicée qui proclamait contre Arius la consubstantialité du Père et du Fils.

A partir de ce moment nous entrons en pleine période théologique. La théologie va devenir pour longtemps l'occupation favorite des esprits, chez les païens comme chez les chrétiens. Car le néo-platonisme sera surtout une théologie. Le vieux paganisme, à la veille de sombrer, eut aussi son spasme, son raidissement final contre l'agonie qui commençait pour lui. La réaction païenne compte des noms fort distingués, Libanius, Hiéroclès, Porphyre, l'empereur Julien qui, lui aussi, fut théologien. Mais cette théologie artificielle ne tint pas contre la théologie chrétienne, qui n'était pourtant pas beaucoup plus naturelle ni plus scientifique, mais qui avait cet avantage énorme qu'au lieu d'être la théorie d'une religion mourante, elle était celle d'une religion jeune encore, possédant la confiance et l'espoir. Il ne faut jamais confondre la valeur des grands mouvements qui emportent l'humanité avec celle des théories à prétentions savantes qu'on en peut dresser. Si notre révolution, avant d'agir sur le monde, eût attendu qu'un ou plusieurs penseurs en donnassent la formule scientifique, elle attendrait encore.

Il y a deux faits à noter, au point où nous sommes de cette esquisse à main levée de l'histoire de la théologie. — Le premier, c'est qu'elle est intimement liée à l'histoire de la philosophie. En réalité la théologie n'a cessé d'être une simple exposition coordonnée ou un pur commentaire de la tradition que le jour où elle s'est emparée de cette tradition pour l'envisager à la lumière des principes philosophiques et la soumettre à des formes correspondant à ces principes. — Le second, c'est que les résultats de cette application des théories philosophiques aux objets de la religion deviennent à leur tour partie intégrante de la foi traditionnelle et s'imposent avec l'autorité d'une tradition immuable à la théologie ultérieure. Le *dogme* est né.

Nous avons déjà relevé cet élément très important de l'histoire des idées religieuses, que l'établissement de l'Église chrétienne au sein de populations nourries des vieilles traditions polythéistes avait donné une gravité inconnue jusqu'alors à la question du vrai et du faux en religion. Nous avons dit avec quelle indulgence habituelle, souffrant à peine quelques interruptions momentanées, le polythéisme envisageait cette alternative. Avec le judaïsme, le christianisme et l'islamisme, c'est-à-dire avec les religions monothéistes, il en fut tout autrement. La préoccupation du vrai devint si forte que, dans le christianisme surtout, on vit un phénomène également inconnu de l'antiquité, la recherche passionnée de l'orthodoxie, c'est-à-dire de la croyance exacte. Nous avons dit comment cette recherche ardente investit le sacerdoce chrétien du privilège de l'infaillibilité, et que l'orthodoxie se trouva constituée par l'adhésion aux décrets rendus par les conciles ou assemblées d'évêques. Ces décrets, ceux du moins qui visaient à fixer la teneur des doctrines, devinrent des *dogmes* (1). Dans le langage théologique un

(1) Le mot *dogme*, δόγμα, signifiait d'abord simplement opinion plausible, thèse qu'il faut approuver. Les stoïciens lui donnèrent un sens plus rigoureux en l'appliquant aux sentences définissant les articles de la loi souveraine ou les préceptes moraux. Cicéron. *Acad. Quæst.* IV, 9, nous en donne cette explication : *Quæ (sapientia) neque de seipsa dubitare debet, neque de suis decretis quæ philosophi vocant* δόγματα, *quorum nullum sine scelere prodi potest... Non potest igitur dubitari, quia decretum nullum falsum possit esse, sapientique satis non sit non esse falsum, sed etiam stabile, fixum, ratum esse debeat, quod movere nulla ratio queat.* Un peu plus loin, *ibid.* 43 : *Ne incognito assentiar, quod mihi tecum est dogma commune.* C'est dans le même sens que nous retrouvons ce mot employé par Marc Aurèle, Εἰς ἑαυτόν, II, 3 : ταῦτά σοι ἀρκείτω, ἀεὶ δόγματα ἔστω. — Cette acception philosophique du mot *dogma* provenait, selon toute apparence, du terme δοκεῖ, δέδοκται, *il paraît* ou *il a paru bon, il est décidé*, qu'on mettait en tête des arrêtés émanés des pouvoirs publics.

dogme est plus qu'une doctrine, une opinion discutable, pouvant être modifiée dans le fond ou dans la forme. C'est quelque chose d'absolu, d'invariable, et c'est de l'adhésion soumise aux dogmes promulgués par l'Église que dépend l'orthodoxie. Par conséquent l'explication, la démonstration et la défense du dogme seront, jusqu'au moment où cette autorité sera contestée théologiquement, la tâche proprement dite de la théologie.

On sait comment, au moyen-âge, la théologie fut la science absorbante, celle qui comprenait toutes les autres, qui était du moins honorée d'une prééminence indiscutée. C'est alors que la philosophie fut déclarée son humble servante, *ancilla theologiæ.* On ne remarquait pas que si elle n'avait pas été d'abord à l'école de sa servante, la maîtresse n'aurait su rien dire et qu'elle continuait d'en subir l'influence. La divinité de Jésus-Christ et la divine Trinité supposent beaucoup de platonisme ; le péché originel, la rédemption, l'autorité de l'Église, la valeur des sacrements, les mérites des saints et leur réversibilité sur les fidèles, etc., s'appuient sur les principes du réalisme qui fait de la généralité, de l'élément commun de la collectivité, de l'*idée* en un mot d'un ensemble, une réalité concrète, ce qui est encore du platonisme. Il est vrai que toutes ces croyances, jadis thèses de théologie, avaient été élevées à la hauteur de dogmes définitifs. Mais, dans les esprits d'élite, la foi aspirait à se donner une expression rationnelle, *fides quærens intellectum.* Alors naquit la scolastique, fille d'Aristote, et connaissant très mal son père.

Pendant quelques siècles il y eut une série de formidables docteurs qui consacrèrent aux définitions et démonstrations des dogmes de l'Église une dialectique d'une subtilité, d'une vigueur prodigieuses. C'est au milieu d'eux que l'aurore de la pensée libre jetait un premier rayon, grâce à maître Abélard, bien plus célèbre aujourd'hui par ses malheurs que par son *Sic et Non*. Pourtant, le *Sic et Non*, le oui et le non de la tradition, comme si elle pouvait se contredire ! C'était un événement. Bernard de Clairvaux, théologien médiocre, mais grand prédicateur et d'une ardeur incomparable, eut comme une vision de ce que cette critique naissante porterait un jour de ravages dans l'édifice consacré par les siècles. Toutefois, le crépuscule devait durer longtemps, et pendant qu'il durait encore, s'éleva la *Somme* majestueuse de Thomas d'Aquin, œuvre effrayante d'analyse croyante et de pesanteur scolastique. On dirait d'une immense cathédrale gothique, moins le caprice et la grâce. Elle n'a pas été dépassée dans son genre, et ce n'est pas sans de sérieux motifs qu'elle est recommandée comme le dernier mot de la sagesse humaine par ceux qui croient le salut de l'humanité lié au maintien de l'idée religieuse telle qu'elle fut comprise et développée par l'Ange de l'école. Thomas d'Aquin eut des émules et même des adversaires, par exemple Duns Scot. La querelle du nominalisme et du réalisme, au fond toute philosophique, réagit sur la théologie. Les docteurs nominalistes furent ordinairement d'une orthodoxie moins sûre que les autres. Mais la théologie chrétienne demeura sans changement notable jusqu'à la Réforme.

Depuis lors il y eut bifurcation, une théologie catholique et une théologie protestante, se dirigeant d'après des principes et en vue de fins différentes. Vers la même époque, les sciences de noms divers s'étaient détachées, comme autant de pupilles émancipées, du giron de leur mère-nourrice qui, moins alerte, moins pimpante, eut beaucoup de peine à les suivre et bien souvent y renonça. La théologie ne fut guère plus qu'une science d'application étudiée par ceux qui voulaient entrer au service de l'une ou l'autre des deux églises. Le dogme fut des deux côtés l'étude principale à laquelle toutes les autres devaient être subordonnées. Entre temps, l'orthodoxie protestante s'était constituée avec une rigueur presque aussi exclusive que celle qui distinguait sa rivale, et quand on en fait l'histoire, on s'aperçoit qu'elle eut, après les mouvements hardis du seizième siècle, son moyen-âge et sa scolastique pendant le dix-septième et une bonne partie du dix-huitième. On vit reparaître cette lourde, minutieuse et subtile façon de discuter le dogme dont les docteurs du moyen-âge avaient fourni le modèle. Ajoutons que la controverse entre les deux Églises hostiles absorbait presque entièrement la pensée et le labeur des théologiens.

Cependant on voyait déjà se dégager deux tendances d'un grand avenir. Les théologiens protestants, dans leur critique des dogmes catholiques de la transsubstantiation, des sacrements en général, de l'autorité infaillible de l'Eglise, ouvraient la voie à un rationalisme hardi qui ne pouvait manquer de s'étendre à leur propre orthodoxie. L'école socinienne ne se faisait pas faute de la faire voler en éclats. D'autre part, entraînés par la controverse à faire de la Bible l'autorité religieuse tranchant souverainement tous les différends, ils la lisaient et l'étudiaient beaucoup sans oser lui appliquer les procédés d'une critique indépendante. La vénération dont la Bible était l'objet allait jusqu'à la superstition, jusqu'à la divinisation du livre.

C'est ce qui explique pourquoi la critique biblique indépendante naquit en dehors du protestantisme, grâce aux travaux d'un juif excommunié, Spinosa, et d'un prêtre érudit, Richard Simon. Aux objections timorées que l'on faisait à ce dernier du sein de l'Église catholique, il répondait que les théologiens protestants, n'ayant d'autre base que la Bible pour appuyer leurs doctrines, étaient forcés de la mettre hors de discussion, mais que les théologiens catholiques, fondant leurs enseignements sur la tradition continue et l'infaillibilité de l'Eglise, étaient beaucoup plus libres de scruter, sans sortir de l'orthodoxie, les origines et le mode de composition des livres de la Bible. Cette raison spécieuse n'empêcha pas les défenseurs attitrés de l'orthodoxie catholique, Bossuet entre autres, de secouer la tête avec défiance, n'augurant rien de bon de cette « critique libertine qui menaçait de tout envahir ». Richard Simon fut blâmé, molesté, un peu persécuté, et son exemple fut si peu encourageant qu'il demeura sans successeurs. La vaillante école bénédictine du siècle dernier se livra à de très remarquables travaux d'érudition sur les premiers siècles et dénicha, comme on disait alors, un certain nombre de saints et de saintes, mais elle n'exerça aucune action sur la théologie ecclésiastique proprement dite. L'héritage de Richard Simon fut recueilli surtout par les théologiens protestants. A la longue il ne pouvait leur échapper que la Bible elle-même repose, quant à sa formation et à la manière dont elle nous est parvenue, sur le principe de la tradition. Qui en a réuni les livres divers? Qui a prononcé que ces livres et et non pas d'autres devaient la composer? Qui nous garantit que, par la suite des temps, il ne s'est pas opéré des retranchements ou des additions? A la fin, ces questions devaient s'imposer et forcer la théologie protestante à les traiter scientifiquement.

Puis la philosophie s'était enrichie et transformée. Avec Descartes, Spinosa, Leibnitz, elle avait jeté dans la circulation beaucoup d'idées et de méthodes nouvelles. Une fois de plus on allait voir se vérifier la loi qui veut que la théologie subisse toujours tôt ou tard l'ascendant de la philosophie. La théologie protestante eut sa période leibnitzienne ou plutôt wolfienne, Wolf, le disciple de Leibnitz ayant le plus contribué à propager les idées de son maître dans les universités. Le prestige du dogme traditionnel avait bien diminué, et nous ne nous faisons guère d'idée en France de l'incroyable masse d'ouvrages d'érudition que la théologie allemande produisit sur les deux domaines voisins de la critique biblique et de l'histoire ecclésiastique. Plus tard encore, la théologie allemande eut sa période kantienne, puis sa période hégélienne ; puis, elle subit une réaction dans le sens d'un retour aux vieux dogmes. Mais l'ancienne théologie dogmatique, fondée de prime abord sur l'autorité d'un dogme révélé, avait vécu. Depuis lors on vit professer la théologie telle que nous la comprenons aujourd'hui, c'est-à-dire un ensemble de connaissances critiques, historiques, philosophiques, roulant sur toutes les matières religieuses, spécialement, mais non plus exclusivement, sur les origines et l'histoire du christianisme. Le cours dont les premières leçons se trouvent ici sous forme condensée est à vrai dire un cours de théologie, mais de théologie absolument laïque. On reconnaît en effet, dans la théologie vraiment scientifique, que le christianisme ne peut être compris, que la Bible ne peut être sainement appréciée qu'à la condition de les comparer l'un et l'autre aux religions du monde entier, à leurs traditions et à leurs Livres sacrés. Ce point de vue n'infirme en rien la légitimité des études théologiques poursuivies en vue du ministère dans une église quelconque. Toutes choses égales, il vaut infiniment mieux que les ministres d'une société religieuse soient instruits et scientifiquement préparés à l'exercice de leurs fonctions que s'ils étaient abandonnés sans défense aux illusions de l'ignorance. Mais nous pouvons revendiquer pour le terrain où nous nous plaçons l'avantage d'un complet désintéressement, et mesurer nos sympathies pour la théologie ecclésiastique ou d'application au degré d'indépendance et de véritable esprit scientifique dont elle fait preuve.

En résumé, la théologie est à la religion ce que tout savoir méthodique est à un groupe déterminé de faits. Devançant quelquefois les autres progrès de l'esprit humain, quelquefois en retard sur eux, la théologie passe par trois phases : dans la première elle expose et coordonne les traditions; dans la seconde, elle définit, démontre et développe les dogmes en vigueur dans une société religieuse; dans la troisième elle s'émancipe graduellement des autorités dictatoriales qui enchaînaient le libre essor de la science religieuse, et, sauf le cas de son application spéciale aux sociétés religieuses constituées avant nous, elle se meut désormais aussi hardiment et librement dans le champ de l'examen que toute autre branche de connaissances. Enfin, que la philosophie dont elle s'inspire soit ancienne ou récente, peu importe, il est de fait que la théologie est toujours déterminée ou modifiée par le cours des idées philosophiques. Le dogme lui-même n'est jamais autre chose que l'interprétation philosophique, embaumée dans une formule sacrée, des faits traditionnels.

Il faut donc de toute nécessité, pour saisir les vrais rapports de la religion et de la théologie, se rendre compte aussi des rapports de la première avec la philosophie.

VIII

LA PHILOSOPHIE

Notre embarras serait grand, si nous devions choisir entre toutes les définitions qui ont été données de la philosophie celle qui doit passer pour la plus exacte. Le plus souvent, la définition proposée n'a été vraie qu'au point de vue du système particulier dont elle faisait partie. Sur le terrain historique où nous avons le droit ou plutôt le devoir de rester, nous prenons l'ensemble des travaux qui, d'un commun accord, sont rangés sous la catégorie des œuvres philosophiques. Nous observons qu'ils ont tous pour condition la pleine liberté de l'esprit, qu'ils procèdent avant tout de l'intelligence, tandis que la religion procède en première instance du sentiment, qu'ils sont ordinairement consacrés à la recherche des premiers principes en se fondant, sciemment ou non, sur la somme des connaissances acquises au moment où ces essais s'élaborent, qu'enfin ce qui concerne l'âme, le moi pensant, la destinée humaine, fait partie d'une manière toute spéciale de leur champ d'examen.

Donc, historiquement, nous avons le droit de définir ainsi la philosophie : c'est la recherche libre de la vérité supérieure dans le monde et dans l'homme sur la base des connaissances acquises en général et de l'observation de la nature humaine.

L'affinité de la religion et de la philosophie vient de ce que toutes les deux visent la réalité supérieure ou souveraine. La religion vient du sentiment spontané que l'homme en a et qu'il interprète tout d'abord, sans réflexion comme sans méthode, sous la direction prépondérante de l'imagination. La philosophie vient du besoin que l'homme éprouve de rectifier par des formules rationnelles les inspirations du sentiment. Ce sont pourtant deux sœurs, filles de l'esprit humain, et chacune d'elles rend hommage à sa manière à cette impulsion qui pousse l'esprit humain à chercher l'unité suprême des choses, à la saisir quand il croit l'avoir trouvée, à se remettre à l'œuvre quand il s'aperçoit qu'il ne la possède pas. Qu'importent à ce point de vue les aberrations et de la philosophie et de la religion ? Elles en ont leur belle charge l'une et l'autre ; mais ce ne sont pas les résultats qu'il faut soupeser, c'est la tendance, c'est l'effort, et les deux efforts sont parallèles.

Cependant l'accord est bien souvent troublé par d'amères et âpres disputes.

C'est que la tradition religieuse, toujours formée dans un temps d'ignorance relative, propose à la raison des assertions où celle-ci, au bout d'un certain temps, ne se reconnaît plus, qui la choquent. Quelquefois un génie religieux, réformant et transformant la religion, élevant le niveau religieux de l'âme à une hauteur auparavant inconnue, éloigne la difficulté et devient le point de départ d'une tradition nouvelle. Mais un tel événement est très rare. Il se passe de longues périodes pendant lesquelles la tradition religieuse demeure immobile. Chaque fois aussi la raison mécontente cherche la satisfaction que la tradition lui refuse et la cherche en dehors d'elle.

La philosophie, dès son apparition, se présente par conséquent à l'état de détachement de la tradition religieuse et part d'une supposition plus ou moins hostile à son égard. Nous avons été rendus attentifs au fait que là où, comme en Grèce, l'autorité de cette tradition a quelque chose de mal défini, de fluide, l'antagonisme théorique ne se fait que faiblement sentir. Et pourtant, l'exemple de Socrate et de quelques autres penseurs de l'antiquité est là pour nous prouver que cet antagonisme peut fort bien, même alors, passer dans les faits et revêtir une forme tragique.

Il est toutefois un biais qui permettra à la philosophie et à la religion de vivre sur le pied de paix pendant un certain temps. C'est quand la philosophie s'accommode des formes et des symboles de la tradition et traduit dans la langue traditionnelle ses spéculations et ses idées favorites. Nous en voyons des exemples notables dans l'Inde, chez les pythagoriciens et les platoniciens, dans le néoplatonisme, dans le judaïsme alexandrin, qui se persuada que Moïse et Platon étaient parfaitement d'accord, bien qu'il déroulât un système où ni Platon ni Moïse ne se seraient reconnus. La tradition devient alors philosophique, et la philosophie devient une théologie.

Mais cela ne peut durer indéfiniment. Cet accord est plus diplomatique que réel. De nouvelles évolutions de la pensée libre la mettent sur le pied de l'antagonisme contre la tradition, même pénétrée d'idées philosophiques. Il peut d'ailleurs arriver, et il arrive, que la philosophie soit irréligieuse par sa tendance.

Elle le sera toutes les fois qu'elle aboutira au hasard comme au dernier mot des choses. En effet, la synthèse qui fait la prétention fondamentale de la religion, sa raison d'être et son ambition constante, n'est plus possible si, au lieu d'un principe centralisateur et coordinateur des choses, la pensée n'a plus pour station suprême que cette catégorie irrationnelle et absolument contraire au postulat le plus impérieux de l'esprit que nous appelons le hasard. C'est pour cela que, dans l'antiquité païenne, l'école philosophique la plus suspecte aux yeux des hommes religieux fut toujours l'épicurisme. Peu importe que plus ou moins sérieusement Épicure admît l'existence des dieux. Il ne reconnaissait aucun lien réel entre eux et le monde, et quant à celui-ci, son existence, son organisation, sa durée provenait de la rencontre fortuite des atômes infiniment nombreux entraînés dans une chute éternelle par une force indéfinissable. Un tel système est irréligieux, parce qu'il bannit l'esprit de l'univers. La religion ne sait plus à qui ni à quoi se prendre. Puisqu'il n'y a pas de pensée dans le monde, la pensée humaine ne peut s'attacher à rien qui lui soit analogue. Rien qui réponde non plus à l'idée de permanence ou d'immutabilité. L'homme ne peut pas même trouver logiquement un point d'appui dans l'admission de lois éternelles tenant à l'essence même des choses. Si l'univers, en effet, n'est autre chose qu'une combinaison fortuite, qui nous assure que cette combinaison n'aura pas épuisé demain, dans une heure, dans un instant, ses chances de durée, et que le Cosmos, le monde organisé, ne sera pas remplacé par un indescriptible chaos *in ictu oculi ?*

C'est ce qui sera toujours le côté faible d'une philosophie purement atomistique, lors même qu'elle a plus d'une fois réagi avec utilité contre les spéculations creuses d'une métaphysique trop dédaigneuse de l'expérience. Ajoutons que bien rarement la philosophie a fait de l'athéisme un principe. C'est abuser des mots que d'adresser ce reproche aux écoles qui, telles que le positivisme de nos jours, concluent simplement à notre impuissance mentale dans la recherche de la cause première. Ce n'est pas déroger à cette théorie, en supposant qu'elle soit admise, que de formuler la question du *What next ?* et après ? et, à défaut d'une solution satisfaisant de tous points les exigences d'une logique rigoureuse, de recueillir et d'interroger les indications de la nature humaine avec ses besoins, ses tendances spontanées et ses aspirations vers l'idéal.

En règle ordinaire, pourtant, la religion se trouvera plus à l'aise avec les philosophies qui ont une métaphysique religieuse elle-même, et qui donnent raison à l'homme quand il veut s'unir à l'esprit souverain, être suprême, cause première, pensée immanente et directrice des choses, idéal réel ou tout autre nom qu'il lui convient d'appliquer à l'être que le langage usuel appelle Dieu. C'est pourquoi le platonisme et le stoïcisme dans l'antiquité, les systèmes de Descartes, de Spinosa, de Leibnitz, de Kant, de Hegel ont imprimé un grand élan à la pensée religieuse, et l'ont puissamment modifiée. Maintenant, il ne faudrait pas partir de là pour dire que c'est la philosophie qui fait la religion. Ce n'est pas vrai à l'origine, ce ne l'est que dans une certaine proportion par la suite. Il ne peut être question que d'une influence sur la théorie doctrinale de la religion ou la théologie. Chaque système de philosophie n'a qu'un temps. Il paraît, s'impose ; puis, se brise et fait place à un autre. Seulement, les systèmes vraiment puissants de philosophie ne disparaissent pas sans laisser dans la pensée générale des éléments qui leur survivent et qui font désormais partie du patrimoine général. Platon ne nous a-t-il pas légué l'idéalisme, Descartes l'autonomie de l'esprit, Spinosa l'anti-dualisme, Leibnitz l'idée de la force substantielle, Kant celle de la souveraineté du devoir dans la vie, Hegel celle du devenir ou du développement par l'opposition des contraires? Autant de sillons indestructibles tracés sur le champ de l'esprit, autant de perles précieuses dont s'est enrichi le trésor de l'humanité et qui font désormais partie de sa dot inaliénable.

Mais, vis-à-vis de ces penseurs religieux eux-mêmes, la tradition religieuse recule souvent d'effroi, et, par l'organe de ses théologiens attitrés, leur déclare une guerre violente.

C'est que cette tradition, imprégnée d'idées philosophiques du passé, veut s'imposer comme révélation surnaturelle, et n'entend pas qu'il soit licite de chercher la vérité en dehors d'elle. L'autonomie de l'esprit lui paraît hostile aux droits qu'elle s'arroge. A plus forte raison quand cette philosophie enseignera des doctrines en opposition ouverte avec ses dogmes. Alors elle lui reproche, non-seulement sa témérité, mais encore son impiété, ses blasphèmes. Elle prend l'offensive. Elle demande compte à la sagesse de ce monde de ses erreurs, de ses extravagances, et se proclame infiniment plus rationnelle que sa rivale (1). Trop de fois elle n'a pas craint de

(1) Je me rappelle encore très nettement une conférence que j'entendis il y a plus de trente ans à Paris, dans l'église de l'Assomption. Le prédicateur était ce père Ventura qui eut son heure de célébrité et qu'une certaine réputation de libéralisme avait précédé parmi nous. Italien, il parlait notre langue avec un accent prononcé, mais avec beaucoup de facilité et même avec élégance. Son sujet était la démonstration de la supériorité de la théologie catholique sur la philosophie. C'est avec une impitoyable faconde et une véritable érudition qu'il énuméra toutes les erreurs, tous les non-sens, toutes les sottises, dont les philosophes s'étaient rendus coupables depuis l'antiquité jusqu'à nos jours. C'était une interminable kirielle de bévues, dont plusieurs fort comiques provoquaient presque le rire du nombreux auditoire réuni dans le saint lieu. Au fond, l'impression d'ensemble était attristante, parce qu'en définitive on assistait à la danse macabre de la pauvre raison humaine. Les auditeurs, jeunes gens instruits pour la plupart, en paraissaient très frappés. Comment le prédicateur n'avait-il pas prévu que parmi eux il pouvait s'en trouver

chercher une confirmation de la victoire qu'elle s'adjugeait elle-même dans le recours à des armes qui n'avaient décidément plus rien de rationnel, qui imposaient le silence de la peur, non celui de l'acquiescement.

Nous sommes heureusement délivrés de ce genre d'appréhension. Mais la lutte sur le terrain des idées n'est pas finie et elle pourrait bien ne jamais finir. Elle revient à celle de la liberté et de l'autorité. Au point de vue historique qui est le nôtre, on ne peut contester la légitimité relative ni de l'une ni de l'autre des deux prétentions. La légitimité relative ou historique suppose, non pas un droit absolu, mais un droit relatif tenant aux besoins qu'une institution ou un pouvoir quelconque est seul en état de satisfaire. Le fait est que, depuis le jour où la réflexion a dominé la vie individuelle et collective, il n'a pas été plus possible de se passer de la tradition religieuse que de la philosophie. Que ferait la multitude ignorante sans une certaine autorité, lui indiquant tout au moins le chemin à suivre ? Et quel despotisme étouffant, quelle stagnation mortelle, quand l'autorité

qui faisaient aussi des études de théologie et que, sans avoir la prétention de connaître tout ce qu'elle pouvait leur apprendre, ils en savaient assez déjà pour sentir que son argumentation pouvait se retourner contre lui, et que si l'on devait aligner toutes les erreurs débitées par les théologiens — et dans le nombre il en est de fort lamentables — on se verrait en présence d'une liste au moins aussi longue que celle qu'on pouvait tirer de la philosophie ? Je cite cet exemple pour montrer que ce n'est pas par le menu, par le détail, qu'il convient de traiter ces grandes questions. Avec une telle méthode on ne sortirait jamais des récriminations.

n'est pas tempérée et à la longue rectifiée par la liberté ! Nous ne pensons pas avoir besoin d'affirmer que, partout où la lutte est engagée, nous sommes pour la liberté. Dans le meilleur des régiments il y a toujours quelques soldats qui lui font peu d'honneur, et peut-être en les prenant tous l'un après l'autre trouverait-on dans chacun d'eux des vices de constitution ou de caractère. Mais à la guerre on ne s'arrête pas devant ces détails. On regarde avant tout le drapeau, et si ce drapeau est celui de l'indépendance nationale, de la patrie et de la liberté, ce n'est pas le moment de bouder pour des vétilles, on court au feu avec les autres, et l'on ne pense plus qu'aux grandes idées que représentent ses plis symboliques et à tous ces vaillants hommes qui se sont fait tuer pour sa défense.

Mais ce n'est pas être infidèle à la cause de la liberté que de rechercher si l'on ne pourrait trouver les termes, sinon d'un accord impossible, au moins d'un *modus vivendi* qui permettrait d'entretenir des relations pacifiques. Il est clair qu'il ne peut s'agir d'une soumission qui équivaudrait au suicide. La première condition de la trêve indéfiniment prolongée que nous voudrions voir acceptée des deux parts, c'est la persuasion qu'il faut se résigner à la coexistence des deux adversaires. Les théologiens traditionnels ont souvent méconnu le bon droit de la pensée indépendante ; mais peut-on dire que les philosophes et leurs partisans aient toujours rendu justice au point de vue opposé ?

Nous avons dit que la théologie dogmatique provenait toujours de la fusion de doctrines philosophiques avec des éléments fournis par la tradition. Il est arrivé mainte fois à la philosophie de ne pas se reconnaître elle-même dans le dogme et, en croyant combattre une puissance étrangère, c'est sur elle-même qu'elle a dirigé ses coups. Alors on dit : c'est la faute des théologiens ; pourquoi n'ont-ils pas présenté leurs doctrines philosophiques sous leur forme authentique ? Pourquoi les avoir mélangées et déguisées ? Tout simplement parce que les théologiens ne faisaient pas de théorie abstraite, mais de la religion concrète, positive, rentrant dans la vie réelle.

Prenons, par exemple, du point de vue historique et sans chercher ni à le confirmer ni à le combattre, le dogme de la divinité de Jésus-Christ. Ce dogme est le résultat de la convergence de deux grands mouvements d'idées, l'un d'origine purement philosophique, l'autre d'origine religieuse. Ce dernier a pour point de départ le sentiment d'un idéal divin de beauté morale, de pureté, de mansuétude et d'héroïsme, qui s'est révélé dans la personne de Jésus. Ce sentiment s'exalte, devient enthousiaste et trouve très vite sa formule juive dans cette expression : Jésus est le Messie. Après sa mort, il est le Ressuscité, l'homme qui maintenant vit au ciel. L'apôtre Paul survient. Déjà les traits historiques du Fils de l'homme commencent à s'effacer dans le nimbe éblouissant dont la vénération des siens a entouré sa tête, et, bien que faisant encore partie de l'humanité, le Christ de Paul est tellement céleste, tellement sublime, qu'il commence à sortir de l'histoire pour entrer dans les régions métaphysiques et devenir le centre, le moyen et le but de la création. Jésus, soulevé par l'enthousiasme qu'il inspire à ses disciples, s'élève donc lentement vers Dieu par une ascension continue. — Mais, au sein du judaïsme hellénique et sans aucun rapport d'origine avec l'Évangile, une théorie métaphysique est née, qui se propage aussi, celle du Verbe, ce dieu de second ordre, cet organe de la création et de la révélation, qui concentre en lui-même et déploie dans le monde la pensée divine et l'oppose à la matière, à la chair, aux ténèbres. Naturellement le mouvement religieux qui pousse à l'exaltation de Jésus coïncide avec le mouvement philosophique dont la théorie du Verbe est l'idée essentielle. Un siècle s'écoule à peine, et déjà la fusion s'opère. Jésus en montant vers Dieu rencontre le Verbe qui en descendait, bientôt ils ne font plus qu'un, et l'histoire évangélique se transforme à son tour dans le même sens sous la plume de l'auteur philonien du quatrième évangile.

Voilà donc un confluent de philosophie et de religion qui, après d'interminables débats, après que Sabellius, Paul de Samosate, Arius, Macedonius, d'autres encore, ont été rejetés par la majorité épiscopale, après Nicée, après Constantinople, Ephèse et Chalcédoine, aboutit enfin au dogme orthodoxe de la Trinité tel qu'il se déroule dans le symbole attribué à Athanase, le *Quicumque*.

Il en résulte que, si plus tard la philosophie croit

devoir attaquer ce dogme, elle ne devra pas oublier qu'après tout, c'est elle qui l'a engendré. Si elle n'avait pas produit la théorie métaphysique du Verbe, les premières générations chrétiennes ne s'en seraient pas engouées et ne l'auraient pas appliquée à la personne de Jésus. Tel était le prestige exercé par cette personne que des deux côtés, juif et grec, on ne crut pouvoir la trop glorifier. Le Juif, qui ne concevait rien de supérieur à son Messie, dit : C'est lui ! Et quand le christianisme se mit à parler grec, le Grec qui, après Dieu, ne concevait rien de plus haut que le Verbe divin, dit encore : C'est lui ! Mais, il faut le reconnaître, si coupable il y a, le coupable est le platonisme. C'est parce qu'ils ont voulu penser philosophiquement, parce qu'ils ont cherché à ordonner sous forme rationnelle leurs croyances, leurs sentiments, leurs traditions premières, que les penseurs chrétiens ont appliqué la notion du Verbe à la personne de Jésus-Christ.

Mais alors d'où vient que le dogme, né de la greffe de la philosophie sur la religion, se prolonge et s'épanouit dans des conditions où la philosophie et la raison n'ont plus rien à voir ?

La cause principale en est que le dogme cherche à satisfaire d'autres besoins que ceux de la raison. S'il s'empare d'une notion ou d'une théorie philosophique, ce n'est pas pour les beaux yeux de la philosophie, c'est pour la satisfaction exclusive du sentiment religieux. Cela fait, il marche en avant, hardi, imperturbable, ne s'arrêtant même pas devant le contradictoire ou l'absurde, souvent même le savourant avec transport, comme s'il y voyait une marque de vérité divine. Cela ne l'empêche pas de se servir, chemin faisant, d'une quantité de notions et de définitions qu'il emprunte encore à la philosophie, mais sa logique est absolument dominée par le but auquel il tend. Il a élevé Jésus si haut qu'il a fait de lui un être divin. Admettons qu'il a eu raison. Dès lors il ne sera content que lorsqu'il aura bien établi à Nicée que le Fils est de même substance que le Père. Cela ne lui suffit pas encore. Ce Fils éternel s'est incarné et c'est parce qu'il s'est fait homme qu'il a opéré le salut des hommes. Il faut donc maintenir sa réelle humanité non moins soigneusement que sa divinité. C'est Ephèse et Chalcédoine qui compléteront Nicée, et il en sortira la doctrine « des deux natures » ou du Dieu-Homme, possédant à la fois, distinctement et pourtant sans séparation, dans l'unité de sa personne, la nature divine et la nature humaine. Ce n'est pas encore tout. La nature humaine est douée de volonté, la nature divine aussi, et qu'arriverait-il si la volonté humaine et la volonté divine allaient se contredire dans la personne du Dieu-Homme ? Pour échapper à ce péril, les *monothélites* prétendent qu'en lui la volonté divine existe seule. Mais supprimer la volonté humaine, c'est porter atteinte à l'intégrité de la nature humaine. L'orthodoxie, fixée sur ce point à Constantinople en 680, consistera donc à croire qu'il y a bien dans le Dieu-Homme volonté divine et volonté humaine, mais que la volonté humaine est toujours et nécessairement d'accord avec la volonté divine. Tout cela est excessivement subtil, mais d'une logique inexorable en vue du but poursuivi. Ce qu'on ne peut nier d'autre part, c'est que tout le long de cette histoire la philosophie joue un grand rôle, bien que subordonné au sentiment religieux cherchant sa satisfaction, et tant que ce sentiment conserve sa force et son prestige, les objections du raisonnement auront peu de prise sur le dogme.

Nous pourrions faire des remarques toutes semblables sur d'autres dogmes, tels que ceux de la chute, ou de la rédemption, ou de l'autorité de l'Église. Il est une science historique bien récente encore, puisqu'elle ne remonte pas plus haut que ce siècle, et qui a produit en Allemagne des ouvrages de premier ordre, l'*Histoire du Dogme*. Elle met en pleine lumière cette marche persistante de l'esprit humain sur le domaine de la pensée religieuse. Elle nous montre comment les dogmes naissent, comment ils grandissent et s'épanouissent, comment enfin ils déchoient et finissent par mourir. Ce dernier moment vient quand ils ne disent plus rien au sentiment religieux. Alors la raison reprend tous ses droits et les juge en souveraine. Il y a dans la chrétienté des dogmes disparus, celui, par exemple, de la fin prochaine du monde. Il en est qui tendent à disparaître, comme ceux qui stipulaient l'existence des démons et la réalité de leurs relations avec les hommes. Quel homme instruit et sensé de nos jours croit encore aux sorciers ?

En résumé, la religion, fille du sentiment spontané, et la philosophie, fille de la raison libre, sont deux sœurs d'âge inégal qui se disputent souvent et ne peuvent pourtant se passer l'une de l'autre. Il y aurait selon nous un terrain pratique où, la légitimité du principe de chacune d'elles étant admise, il serait possible d'établir une continuité de rapports pacifiques et de services réciproques. Ce serait, du côté religieux, la reconnaissance de la part que la philosophie prend toujours au développement de la pensée religieuse et aux formes intellectuelles qui lui donnent son expression normale ; du côté philosophique, ce serait le ralliement sympathique à l'évolution la plus libérale et la plus scientifique de la pensée religieuse dans une période déterminée. Mais, même en dehors de cette solution à laquelle des deux côtés un petit nombre seulement est suffisamment préparé, la conviction que la coexistence et l'action mutuelle de ces deux grandes puissances font partie du développement normal, naturel et nécessaire de l'esprit humain suffit déjà pour que des égards mutuels remplacent l'ancienne acrimonie, et cette conviction, l'histoire religieuse en fournit la démonstration péremptoire.

IX

LA MORALE

La religion, qui aspire à donner à l'homme la synthèse harmonique de sa vie personnelle avec l'univers, dont il occupe un point, se trouve par cela même en relation étroite avec les déterminations supérieures de la vie humaine qui se ramènent à la triple catégorie du vrai, du bien et du beau. En étudiant ses rapports historiques avec la théologie et la philosophie, nous envisagions sa relation avec le vrai ; il faut à présent considérer ceux qu'elle soutient avec le bien, c'est-à-dire avec la *morale*.

Au point de vue historique, la morale peut se définir de deux manières : ou c'est la réalisation, dans la vie, de l'idéal du bien tel que l'homme le conçoit, ou c'est la théorie philosophique et la règle de cette réalisation.

Évidemment, nous avons à nous préoccuper en histoire de la morale pratique plutôt que des systèmes des moralistes. La morale est bien plus vieille que les moralistes, de même que la religion a précédé de beaucoup les théologiens. Nous devons consacrer quelques instants à la recherche de son origine ou de son principe. Nous nous trouvons ici en présence de deux théories. Les uns pensent que la morale provient d'une disposition native de l'esprit humain à faire dépendre le jugement qu'il applique aux actes et aux intentions d'une notion *sui generis*, celle du devoir, qui ne saurait être confondue avec aucune autre, pas même avec celle de l'utilité. D'autres veulent qu'elle ne soit qu'une transformation de cette notion de l'utile. Les variations nombreuses, les contradictions même du sens moral, le désir de tout expliquer dans la nature humaine sans recourir à des principes existant en dehors d'elle, certaines tendances sensualistes et matérialistes les ont amenés à ne voir dans la morale qu'une forme supérieure de l'égoïsme intelligent, expérimenté, découvrant à la fin qu'il est plus avantageux de résister aux entraînements aveugles et de se soumettre à ce qui, par la suite, prend le nom de devoir. Par exemple, tout homme a pour tendance innée de s'approprier tout ce qui, étant à sa portée, peut lui procurer du bien-être. Tant qu'on en est là, chaque homme est le pillard de son voisin. *Homo homini lupus.* C'est bien comme cela qu'il a commencé, dit-on ; mais avec la réflexion grandissante il s'est aperçu qu'un pareil régime, bien loin d'augmenter son bien-être, le diminue, et qu'au nom de son intérêt bien entendu il vaut bien mieux poser en règle générale que chacun jouira seulement des fruits de son travail ou de ce qu'il aura obtenu pacifiquement des autres par voie d'échange librement consenti. De là le précepte social qui interdit le vol et la constitution d'une force sociale pour le prévenir ou châtier le voleur. Les générations se succèdent, sont élevées dans l'idée que le vol est chose mauvaise, la chose mauvaise devient honteuse, et par voie d'hérédité le précepte devient axiomatique dans les consciences. La même genèse est applicable à toutes les autres règles morales.

Historiquement, il faut commencer par le reconnaître, ce second point de vue peut s'étayer de nombreuses confirmations apparentes. Il est de fait que, partout où nous pouvons les voir, les commencements de la morale sont très humbles, comme ceux de la religion. Il est encore aujourd'hui des populations restées tout près de l'état primitif, où les principes élémentaires de ce qui constitue pour nous la morale semblent pour la plus grande partie profondément inconnus. Il en est d'autres où ce qui nous paraît un crime épouvantable, l'infanticide, par exemple, ou le parricide, est chose usuelle et légitime. On ne peut contester ni l'influence de l'éducation ni celle de l'hérédité. Enfin, nous connaissons le célèbre raisonnement utilitaire : Il n'y a qu'une impulsion, qu'un mobile dans l'homme ; chacun s'aime avant tout lui-même ; s'il arrive à l'homme d'agir sous l'inspiration de l'amour de ses semblables, c'est qu'il souffrirait d'agir autrement, c'est qu'il trouve son bonheur dans l'acte sympathique, c'est toujours sa propre satisfaction qu'il cherche, et la seule différence entre lui et l'égoïste vulgaire se réduit à une différence de goût.

Tout cela est très vrai, mais rien de tout cela ne rend raison du sentiment moral. Vauvenargues, au siècle dernier, observait déjà que la question était de savoir ce qui distingue ceux qui s'aiment dans le bien de ceux qui s'aiment dans le mal. L'unité du mobile n'explique nullement la diversité des directions. L'hérédité, l'éducation, la coutume sont très puissantes pour fixer la permanence des caractères de race. Mais comment expliqueraient-elles la première apparition de ces caractères? Dire que la morale s'est formée par l'action d'éducateurs moraux, n'est-ce pas raisonner comme ceux qui veulent que la religion ait été primitivement l'œuvre des prêtres? Et si l'on ne conçoit pas l'effet d'une éducation quelconque sur des êtres qui ne seraient pas éducables; en d'autres termes, si toute éducation implique que le but qu'elle se propose existe déjà virtuellement, en puissance, chez l'être qui la reçoit, qu'est-ce que l'éducation morale aurait pu obtenir de l'homme, si celui-ci n'avait pas été doué de la faculté morale? Prenons garde de nous payer de mots. L'expérience utilitaire peut bien nous apprendre qu'une société où le vol est prévenu et puni se trouve dans une situation bien plus heureuse que s'il pouvait se donner impunément libre carrière. Mais jamais elle ne me démontrera que je dois me subordonner, me sacrifier moi-même à l'intérêt général et m'abstenir de voler, si je puis le faire en toute sécurité. Si je me trompe dans mes calculs d'intérêt, je peux en éprouver du dépit, mais ce sentiment n'a rien de commun avec celui de la tristesse morale ou du remords; que dis-je ? quand nous hésitons sur le jugement à porter sur ceux de nos actes dont les conséquences sont fâcheuses, nous sommes heureux de pouvoir nous dire sincèrement que nous avons été malhabiles ou imprévoyants, mais que nous n'avons pas eu de mauvaise intention. Le sentiment de l'innocence morale nous console alors de celui de l'utilité manquée. Voilà ce que les utilitaires oublient trop souvent. Il n'y a aucune connexion logique entre l'expérience de l'utile et les faits moraux qu'ils prétendent en faire sortir. La plupart d'entre nous se sont vus plus d'une fois certainement dans l'occasion de se rappeler le vieil adage : « Fais ce que dois, advienne que pourra ! » Substituez maintenant à cette belle devise : Fais ce qui t'est le plus utile, et advienne que pourra ! Ne voyez-vous pas que vous la changez en une maxime dont le plus vil des coquins pourra se prévaloir ?

Il faut donc, en morale comme en religion, reconnaître dans l'esprit humain une disposition spontanée, *sui generis*, provenant de sa constitution native, destinée à s'épanouir à l'école de l'expérience, mais que celle-ci ne saurait créer.

Cet épanouissement, du reste, n'est pas plus primitif dans l'humanité que chez l'enfant qui vient de naître. Il n'est pas plus étonnant de voir les peuples primitifs ou retardataires commettre sans aucun remords ce qui chez nous s'appellerait un grand crime, qu'il ne l'est d'apprendre qu'ils peuvent considérer comme des êtres personnels et adorables tant de choses inanimées qui sont complétement étrangères à la vie de l'esprit. Notons, toutefois, que si l'on n'a encore découvert aucune peuplade absolument dénuée de toute notion religieuse, on n'en connait pas davantage chez qui la vie morale soit absolument nulle. Il faut sur ce point aussi renoncer au beau rêve du siècle dernier. Il n'y a pas plus de morale primitive aimable et pure que de religion primitive simple et sans erreur. La morale, comme la religion, est partie de très bas pour s'élever très haut, et dans les deux sphères, le progrès accompli dans une partie de l'espèce ou dans son élite n'empêche pas le reste de s'arrêter longtemps dans les préjugés et les ignorances de l'âge antérieur. Il est des superstitions en morale aussi bien qu'en religion.

Ce parallélisme du développement moral et du développement religieux n'empêche pas qu'en principe et pendant une grande partie de leur histoire la religion et la morale sont indépendantes. Il ne ressort nullement de leur définition qu'elles doivent nécessairement se confondre. La religion veut réaliser la synthèse de l'esprit humain et de l'esprit supérieur dont l'homme croit discerner dans l'univers l'existence et la souveraineté. Il n'y a rien là qui soit d'avance et spécifiquement moral. Il peut même arriver que, dans l'idée d'arriver à l'union qu'il cherche avec l'esprit divin, l'homme recoure à des moyens que la morale repousse. Il suffit pour cela qu'il se représente l'objet de son adoration de telle sorte que, pour lui plaire, il croie devoir accomplir des actes que sa conscience réprouverait vis-à-vis de ses semblables. Des peuples, qui avaient depuis des siècles renoncé à l'anthropophagie, ont persisté longtemps à offrir pour pâture à leurs dieux des victimes humaines. Des milliers de femmes ont fait dans certains sanctuaires le douloureux sacrifice de leur chasteté à des divinités de la sensualité furieuse. Et si l'homme s'imagine que son dieu tient avant toute chose au règne sans partage de son orthodoxie, il s'abandonne avec dévotion aux crimes du fanatisme, et c'est alors que des êtres inoffensifs et doux peuvent se changer en bêtes féroces.

La morale, à son tour, se forme et se déploie indépendamment de la tradition religieuse. Les dieux du paganisme sont dissolus, arbitraires, vindicatifs, impitoyables. Cela n'empêche pas leurs adorateurs de s'élever à des notions de pureté morale, de justice et de clémence qui prennent définitivement place dans la conscience générale. L'Ancien Testament nous parle très-souvent d'un Jahveh terrible, exterminateur, tirant d'effroyables vengeances de ceux qui l'ont offensé : c'est pourtant sur ce terrain que germera la morale par excellence de la mansuétude et du pardon. Enfin, nous voyons tous les jours que la moralité réelle des hommes n'est pas nécessairement proportionnelle à l'intensité de leurs sentiments religieux.

Mais gardons-nous de regarder cette indépendance réciproque comme définitive et absolue. La religion finit par attirer la morale dans sa sphère, et la morale par rechercher la religion et la rectifier. Tout tient à tout, en définitive, dans l'homme, dans l'histoire, comme dans le monde. La première intervention de l'ordre moral dans l'ordre religieux, et réciproquement, a lieu quand l'homme s'élève à la notion que son dieu ou ses dieux sont les fondateurs et les soutiens de l'ordre général du monde. Si le monde n'est pas un chaos, si les jours, les nuits, les saisons suivent une marche régulière, c'est que les dieux veillent et maintiennent l'ordre des choses contre les puissances néfastes qui voudraient le troubler. Mais ce n'est pas seulement le monde physique dont la régularité doit être maintenue par la puissance divine, c'est aussi la société humaine, la famille et la cité. Là aussi la loi de l'ordre s'impose. Qui l'a fixée ? Qui la maintient et la sanctionne ? Les dieux. Et, selon la méthode polythéiste de la division du travail divin, les mythologies développées attribuent la garde de certaines lois morales à certaines divinités. Vesta sera la protectrice de la paix domestique, Junon préside à la fidélité conjugale, Jupiter châtie les parjures et les violateurs de l'hospitalité, et les terribles Euménides poursuivent jusqu'aux bouts de la terre les coupables impunis qui fuyaient devant leur crime.

Ailleurs, par exemple en Perse, le mal physique et le mal moral ne forment plus qu'une seule masse ; il en est de même du bien physique et du bien moral, et la religion se résume dans une dramatisation continue de la lutte entre ces deux puissances. Cette notion dualiste s'est prolongée jusque dans le christianisme où si longtemps le prince des ténèbres et du mal, Satan, fut considéré comme un véritable émule, un antagoniste forcené du Père éternel. En Chine, les lois conservatrices de l'empire sont des émanations du ciel. Dans l'Inde, le brahmanisme enveloppe toute la vie dans un réseau de préceptes. La morale n'est plus que l'application systématique de l'idée religieuse à la vie. Par contre-coup, dans le bouddhisme originel, la morale supplante la religion. Du moins le bouddhisme, qui nie en principe toute religion concrète, reconnaît un ordre moral souverain et logiquement ne devrait pas reconnaître d'autre souveraineté.

Cette entrée de la préoccupation morale dans la sphère des croyances religieuses aura pour résultat de déterminer dans un sens très précis la direction des idées relatives à la vie future. La vie d'outre-tombe, qui fait aussi partie, mais d'une manière parfois bien vague, des croyances universelles, prend un tout autre caractère quand, sous l'influence du point de vue moral, elle devient le lieu des rémunérations divines. C'est tout un nouveau chapitre de l'histoire religieuse.

Cette connexion de la religion et de la morale sera plus étroite encore au sein des religions monothéistes. Là il n'y a plus de division du travail divin. Tout, le monde physique, la société humaine, la personne humaine, tout n'a qu'un maître et un maître tout-puissant. L'ordre moral est son œuvre au même titre et aussi complétement que l'ordre visible. L'obéissance à la loi morale est donc essentiellement un devoir religieux. Par contre le progrès des idées morales réagit sur la notion qu'on se fait de leur source suprême. Dans le monothéisme l'homme n'admet pas qu'il puisse exister une perfection morale qui ne coïnciderait pas avec la volonté divine. Par conséquent son idéal religieux s'élève et s'épure en même temps que son idéal moral. On peut même dire que dans l'Évangile la religion et la morale ne se distinguent plus aisément. Du moins, quand on remonte, à la lumière de la critique moderne, jusqu'à l'enseignement personnel de Jésus, on y trouve ce trait caractéristique que sur la base du principe monothéiste et de l'affinité de nature entre l'homme et Dieu (affinité qui s'exprime par la relation *filiale* de l'homme avec Dieu), la religion de Jésus se meut indépendamment du dogme et du rite, se composant essentiellement de dispositions et d'applications strictement morales.

On doit se demander si la morale a gagné ou perdu à cette alliance étroite avec la religion. La réponse à cette question si débattue aujourd'hui ne saurait être simple. D'une manière générale on peut dire que le propre du sentiment religieux, quand il s'associe à un autre élément de la vie humaine, est de rendre cet élément beaucoup plus intense et plus puissant. Qui ne sait la vigueur exceptionnelle que le patriotisme, l'esprit de sacrifice, l'activité soutenue, le dévouement sous toutes ses formes empruntent à leur alliance avec le sentiment religieux? Comme la faiblesse morale de l'homme est aussi évidente que la nécessité de la vie morale, on a le droit de conclure de cette simple observation qu'en thèse générale la morale gagne en attrait, en puissance, en solidité, à son alliance avec la religion.

Mais il ne faut pas méconnaître non plus que trop souvent la religion mal éclairée a pu fausser le sens moral ou l'engourdir.

Ainsi la sanction extérieure promise à la morale par tant de religions risque souvent de rabaisser la moralité humaine au niveau du calcul le plus utilitaire. Le bien, pour être fait, doit être aimé pour lui-même; le mal, pour être sérieusement évité, doit faire horreur. Nous fierions-nous beaucoup à la probité d'un homme que la peur seule des gendarmes et des tribunaux empêcherait de voler? De même, le paradis et l'enfer ne correspondent à des notions vraiment morales que lorsqu'on les a dégagés de leur appareil mythologique et qu'on est convaincu de la vérité que l'homme de bien porte son ciel dans son cœur; que, si le méchant n'est pas en enfer, c'est l'enfer qui est en lui. La seule considération qui doive atténuer ce jugement, c'est que dans l'enfance de l'esprit, individuel ou collectif, il est difficile de s'élever à cette hauteur de vues. Comme l'a dit un apôtre, l'enfance est l'âge de la loi qui encourage et qui punit; dans l'âge de réflexion, ce qui moralise, c'est la grâce du bien, c'est-à-dire sa suprême beauté.

En second lieu, la jonction de la morale et de la religion amène souvent cette exagération de la morale qui a pour nom *l'ascétisme*. C'est le principe en vertu duquel les appétits et les désirs naturels ne doivent pas être seulement réfrénés et dominés, mais systématiquement combattus, affaiblis, autant que possible anéantis. L'ascétisme invente la souffrance là où la nature ne la fournit pas d'elle-même. Il condamne le bien-être comme chose répréhensible en soi. La réduction du corps à l'état de cadavre serait son idéal. La plupart des religions qui ont fait une large place à la morale ont donné sur cet écueil, surtout le brahmanisme, le bouddhisme et le christianisme du moyen-âge. Non-seulement la vraie morale n'a rien à gagner aux extravagances de l'ascétisme, non-seulement cette erreur religieuse rend l'homme incapable de s'acquitter de ses devoirs envers la société humaine, mais trop d'expériences démontrent que, là comme ailleurs, la nature qui se plie à l'ordre rationnel se révolte contre la violence. On se rappelle le mot, si juste dans sa brutalité, de Pascal sur ce qui arrive à l'homme qui n'est ni ange ni bête, quand il a la malheureuse idée de vouloir faire l'ange.

Un troisième genre de tort que la religion peut faire à la morale a lieu quand elle ne la distingue pas du ritualisme. La religion, nous l'avons vu, donne toujours naissance à un certain symbolisme et ce symbolisme à un rituel. Rien de plus légitime jusqu'au moment où une confusion, d'ordinaire assez intéressée, s'établit entre le devoir moral et l'observance rituelle, et ce moment arrive lorsque la religion établit l'égalité entre les deux obligations. Souvent même il résulte de l'extrême importance attachée à l'accomplissement du rite cette conséquence très démoralisante que l'observateur ponctuel du rite passe pour plus rapproché de Dieu ou de l'idéal de la vie normale, malgré les terribles violations de la loi morale dont il a pu se rendre coupable, que l'homme de bien qui a négligé ou refusé de se soumettre aux obligations rituelles. Le rite peut ainsi devenir l'anesthésique de la conscience. — Une observation toute semblable s'applique aux religions qui font de l'orthodoxie ou de la correction de la croyance la première des obligations qui s'imposent à l'homme.

C'est donc par l'utilitarisme, l'ascétisme, le ritualisme et la préoccupation absorbante de l'orthodoxie que l'alliance de la religion et de la morale peut faire tort à celle-ci. Les mauvais effets de cette alliance proviennent donc d'une mauvaise direction de la religion elle-même. L'histoire religieuse enregistre, en même temps que ces écarts du sentiment religieux, les redressements que l'esprit prophétique, spiritualiste, réformateur, suggère et finit par faire triompher.

Signalons enfin la part importante que le point de vue moral, une fois développé, a prise aux modifications et aux directions de la pensée religieuse.

L'homme, en possession d'un sens moral de quelque délicatesse, ne tarde pas à s'apercevoir qu'il est toujours, quoiqu'il fasse, inférieur à son idéal moral. Dans les religions qui stipulent une rémunération fondée sur le mérite ou le démérite moral, la crainte des châtiments divins ajoute un poids très considérable à tout ce qui pousse l'homme à chercher dans la religion la synthèse des contradictions de la destinée. C'est ce qui a donné lieu à tous les rites expiatoires qui tiennent tant de place dans l'histoire des religions et à la doctrine d'une chute originelle que l'on retrouve autre part que dans la tradition chrétienne. C'est aussi la même expérience qui a valu tant de puissance aux religions offrant à l'homme une *rédemption*, c'est-à-dire le moyen ou la méthode du retour à la paix avec eux-mêmes. C'est le terrain où la mythologie s'est le plus longtemps prolongée, on le verra dans l'histoire du dogme de la rédemption; c'est aussi celui où la philosophie religieuse peut réussir le mieux à dégager la haute vérité qui s'exprime avec plus ou moins de clarté à travers les définitions des dogmatiques traditionnelles.

Nous n'avons pas à prendre parti dans le débat qui se déroule de nos jours entre les adversaires et les partisans de ce qu'on appelle la morale indépendante. On a pu voir que nous avions peu de goût pour ces scissions radicales que l'on prétend établir entre choses voisines, qui peuvent être distinctes, mais qui finissent toujours par se rejoindre quand on prolonge leurs lignes. Il est clair que la question se résout différemment selon qu'on l'envisage du point de vue social ou du point de vue individuel. L'inévidence de la vérité religieuse, laquelle ressort du fait lui-même de l'extrême diversité des croyances, fait qu'on ne saurait chercher dans une doctrine religieuse le fondement ou le principe de la vie sociale. En revanche aucune société ne pourrait subsister si elle ne partait pas de certains principes déterminant les rapports sociaux de ses membres, et ces principes rentrent dans la sphère de la morale. On dira peut-être que les vérités morales ne sont pas toujours plus évidentes que les vérités religieuses. Cela est vrai, mais il y a ici force majeure, et la société qui vit très bien avec plusieurs religions ne pourrait s'accommoder de plusieurs morales publiques. Au point de vue social la morale est donc indépendante de tout le reste et doit être considérée comme telle.

Mais, au point de vue individuel, la question que le for intérieur de chacun de nous est seul apte à juger, est de savoir s'il ne faut pas féliciter l'homme qui puise dans des convictions religieuses dégagées d'étroitesse, d'utilitarisme et de superstition, le ressort, le charme, la vigueur de sa vie morale. Sans condamner personne, mais persuadé que pour la plupart des hommes l'alliance ainsi comprise de la religion et de la morale ne peut être que salutaire, nous nous prononçons pour l'affirmative.

X

L'ART

L'art est le domaine du beau comme la morale est celui du bien, et la synthèse religieuse devait le comprendre aussi dans ses affluents de divers genres. On en a donné des définitions nombreuses. La seule qui puisse embrasser toutes ses formes, qui s'applique aux arts de la vue, tels que la danse, l'architecture, la sculpture, la peinture, comme aux arts de l'ouïe, tels que la musique, la poésie, l'éloquence, est celle qui le résume dans la pénétration de l'idéal et de la matière, effectuée par la volonté et le travail de l'homme.

On a voulu parfois ramener l'art à une imitation aussi exacte que possible de la nature, et cette définition se trouve dans Platon et dans Aristote qui n'ont pas fait preuve, en la proposant, d'une grande perspicacité. Le *trompe-l'œil* serait donc le dernier mot de l'art. En réalité ce n'en est que l'enfance. Si l'architecture n'avait fait qu'imiter la nature, elle n'aurait produit que des grottes, des huttes de castor, des ruches d'abeilles, des fourmilières et des nids d'oiseau. La musique se serait bornée à nous offrir des gazouillements, des bourdonnements et des coassements. Même dans les arts tels que la peinture et la sculpture, où l'imitation est d'une importance incontestable, il s'en faut qu'elle épuise le mandat de l'art. La figure de cire, qui ressemble au corps vivant de manière à défier les plus grands chefs-d'œuvre de la statuaire, ne vaudra jamais, au point de vue de l'art, la moindre terre cuite où se révèle le génie d'un véritable artiste (1).

Il résulte de la définition donnée que la religion et l'art sont, de nature, indépendants l'un de l'autre; mais cette indépendance n'exclut pas des rapports intimes et fréquents.

L'art, par exemple, pénétrera dans le domaine religieux bien plus aisément que dans le domaine philosophique, parce que la religion est chose concrète et réelle, tandis que la philosophie est le règne

(1) Voilà pourquoi, même dans le portrait, la photographie, quelque perfectionnée qu'elle soit et quand même elle peindrait les couleurs avec autant de sûreté de touche qu'elle dessine les lignes, ne remplacera jamais le pinceau. La raison en est que la physionomie change constamment, et que l'art du portraitiste, qu'il s'en rende compte ou non, consiste à saisir la physionomie centrale, celle à laquelle toutes les autres se rapportent, ce que la photographie ne pourra jamais faire. Il y a des portraits que les uns trouvent très ressemblants, les autres manqués. Pourquoi ? C'est que le peintre n'a su reproduire qu'une physionomie accidentelle de la personne. Cette physionomie centrale que le portraitiste saisit comme par intuition quand il a le génie de son art, n'existe pas dans la réalité ; elle se devine et ne se copie pas. L'art est donc autre chose que la simple imitation.

de l'abstraction. Comment pourrait-on revêtir de formes artistiques la théorie morale de Kant ou la dialectique de Hegel? La religion, fille du sentiment, qui cherche son expression rationnelle dans la théologie, mais qui, gardant toujours sa nature mystique, parle au cœur et à l'imagination non moins qu'à l'intelligence, se prêtera infiniment mieux aux exigences comme aux efforts de l'art.

De très bonne heure l'art et la religion se rencontreront dans le symbolisme. Nous nous rappelons que le symbole repose sur le sentiment d'une analogie reliant entre elles des choses de nature très différente et donnant une forme visible et tangible à des idées qui n'ont pourtant rien de commun en réalité avec l'objet qu'il prétend représenter. Le symbole est donc, comme l'art, la combinaison d'une idée et d'un objet sensible. Seulement cette combinaison n'est qu'extérieure, une simple juxtaposition, tandis que l'art est la pénétration de l'un par l'autre. Cela suffit toutefois pour que l'art et le symbole marchent à la rencontre l'un de l'autre. Le symbole tend à devenir œuvre d'art et l'art fournira les plus beaux symboles.

Mais il s'écoulera bien du temps avant que la religion et l'art coïncident au point de se fondre en des œuvres achevées et combinant en quelque sorte les deux natures. La religion commence par demander à l'art de purs services. Les premiers symboles sont d'ordinaire très grossiers. Les *menhirs*, les pieux fichés en terre pour représenter quelque divinité, les idoles des peuples sauvages n'ont rien de commun avec l'art. C'est qu'au fond l'impression religieuse et l'impression esthétique diffèrent. Dans les Églises qui admettent le culte des images saintes, la dévotion des foules se porte-t-elle vers les chefs-d'œuvre ? Seraient-ce les madones de Raphaël, ou les descentes de croix de Rubens, ou le Moïse de Michel-Ange qui attireraient de préférence la masse des adorateurs ? Nullement. La foule les néglige et préfère de beaucoup porter ses adorations à des images vulgaires, qui parlent beaucoup plus fortement à ses sens épais et à son imagination, amie du mystère bien plus que du beau.

Dans des milieux de civilisation relative et quand les moyens d'exécution se sont bien perfectionnés, l'art est encore le subordonné du symbole. On peut appliquer cette remarque à l'art religieux de la vieille Égypte, de l'Inde, de la Chine, de l'Asie Mineure, avec leurs divinités monstrueuses, où le type animal se mêle avec le type humain pour aboutir à des composés hideux : dieux et déesses à huit bras pour montrer que leur action s'étend partout, bustes humains surmontés d'une tête de bœuf, de chien ou d'épervier, sphynx colossaux dont la tête humaine sort d'un cou de lion, déesses-terre emmaillottées, mais le corps couvert de mamelles, comme si l'on voulait dire par là que la terre immobile est la nourrice universelle, etc.

L'architecture sait plus tôt que les autres arts atteindre une grande perfection, tout en se subordonnant aux exigences d'une idée religieuse. Cela tient à la simplicité forcée de ses moyens d'expression. Le temple babylonien avec ses étages superposés, dirigés vers le ciel comme s'il voulait y atteindre — et quand les Hébreux connurent le grand temple de Babel, ils ne mirent pas en doute que telle avait été l'intention de ses constructeurs, — a déjà quelque chose de très imposant. Il exprime la hauteur, l'orgueil de la souveraineté, et l'exprime bien. Le temple égyptien, avec les avenues de sphynx accroupis qui y mènent, ses puissantes assises, ses compartiments obscurs, son sanctuaire inabordable au commun des mortels, est l'éloquent symbole d'une religion qui fait surtout appel au sentiment du mystère et qui insiste sur la placide régularité de la vie divine, type de ce que doit être la vie humaine. Les temples immenses de l'Inde, non pas construits, mais creusés à l'intérieur des montagnes de granit ou de porphyre, cathédrales souterraines, dénotent bien le caractère porté au colossal, au paradoxe, de la religion brahmanique, où l'homme cherche moins à s'élever vers la divinité qu'à y entrer pour s'y engloutir. C'est avec le temple grec que l'art pur se déploie en harmonie intime avec une religion de clarté et de sérénité. C'est en Grèce aussi que les monstres mythologiques s'humanisent, prennent décidément la forme humaine, ce qui faisait dire à Hegel que l'énigme proposée par le sphynx à Œdipe n'était autre chose que l'énigme religieuse posée par l'Égypte et résolue par la Grèce.

Mais là encore nous voyons que le développement religieux et celui de l'art demeurent au fond distincts, quand même ils semblent se confondre. Si la religion grecque l'emporte en beauté sur toutes les autres dans l'antiquité, elle est loin d'avoir atteint à d'autres égards le rang le plus élevé. Elle demeure toujours bien puérile dans ses principes, et son influence morale reste assez mince. En revanche, d'autres religions, qui lui sont supérieures au point de vue du sérieux et de l'influence morale, se montrent plutôt antipathiques aux arts, du moins aux arts de la vue, tels que la sculpture et la peinture.

C'est que l'art, précisément parce qu'il a nécessairement une face sensible ou matérielle, peut être un danger pour la religion tout aussi bien qu'un auxiliaire. Ici toutefois il faut faire une distinction. Il est des religions qui repoussent les œuvres d'art un peu comme le renard de la fable dédaignait les raisins. Quand, par exemple, Tacite nous dit des Germains qu'ils refusaient de représenter leurs dieux sous des formes humaines, on peut se demander comment ils auraient fait pour les sculpter et les peindre. La même question peut se poser à l'égard des Sémites nomades des époques patriarcales. Mais il n'en est pas de même pour les Perses, au temps de la grande floraison du mazdéisme, ni pour les Israélites après la captivité de Babylone, ni pour les Musulmans, et parmi les églises chrétiennes on peut remarquer une différence saillante et bien connue au sujet de l'intervention de certains arts dans le culte.

Dans l'antiquité, ce rejet des arts se rapportant spécialement à la vue s'associe au sentiment que toute forme matérielle donnée à la divinité la rapetisse et fait par conséquent l'effet d'une profanation. Et, au point de vue religieux, la plus artistique des profanations reste toujours une profanation. Parmi les polythéistes de la Grèce et de Rome, il ne manquait pas d'esprits réfléchis qui regrettaient que la piété vulgaire fût liée, comme elle l'était, à des représentations matérielles, et qui rappelaient avec complaisance que, dans les premiers temps, la religion se passait d'idoles. C'est qu'en effet la consécration des images divines dans les lieux de culte entraîne presque fatalement dans l'esprit de la foule ignorante ce qu'on appelle l'*idolâtrie*, c'est-à-dire l'adoration, non plus de l'être divin, représenté par l'image, mais de l'image elle-même élevée au rang de personne consciente. Dès lors aussi on adore autant de divinités distinctes qu'il y a d'images renommées de la même divinité. Voilà ce qui explique la guerre acharnée que les prophètes et les partisans du monothéisme rigide, en Arabie comme en Israël, déclarèrent aux « images taillées ». Cette répulsion ne s'étendait pas aux autres arts qui ne souffrent pas du même inconvénient, tels que l'architecture, la musique ou la poésie. Il y a sur ce point des nuances assez subtiles dans le sentiment religieux. Ainsi l'Église grecque, fidèle à la tradition byzantine, admet volontiers les images peintes sans perspective, tandis qu'elle repousse les statues ; c'est-à-dire qu'elle supporte la couleur et proscrit le relief.

Il est remarquable que, dans l'histoire proprement dite du christianisme, on assiste à la reproduction des diverses phases que traverse le sentiment religieux en rapport avec l'art dans l'histoire religieuse en général. Le christianisme primitif, en réaction contre le polythéisme, répudie les images et les éloigne de ses sanctuaires. Toutefois, et de très bonne heure, l'art fait sa rentrée dans l'Église par la porte du symbolisme. On le voit surtout aux sépultures des catacombes. Peu à peu ce symbolisme remonte à la clarté du jour et pénètre dans les lieux de culte, non sans provoquer quelques résistances (1), et au bout d'un certain temps il se confond avec l'art. Depuis lors la vénération des images occupe une large place dans le culte chrétien. Cette coutume est d'un grand secours dans l'œuvre de la conversion des masses barbares. Il y a pourtant une réaction très énergique en Orient au temps des empereurs iconoclastes, et en Occident sous Charlemagne, lorsque le concile de Francfort voulut interdire le culte des images. Mais elle ne fut pas de longue durée, et le moyen-âge catholique put faire appel à tous les arts pour déployer les magnificences de la cité de Dieu descendue sur la terre. L'abus, il est vrai, se montra étroitement lié à l'usage, et le schisme du seizième siècle divisa profondément sur ce point la chrétienté.

Il serait donc intéressant de creuser un peu plus la question des rapports de l'art et de la religion, non pas, bien entendu, pour discuter théologique-

(1) Un de ces traits qui dénotent combien l'orthodoxie peut varier avec les époques, c'est celui que raconte de lui-même saint Epiphane, le grand pourfendeur des hérésies de son temps. Il déchira avec indignation un velum tendu à l'entrée d'un sanctuaire de Palestine, et sur lequel était peint une image du Christ ou de quelque saint. (Epiph. *ad Johann. Hierosol.* opp. II, 317).

ment la question débattue entre les deux formes principales du christianisme, mais pour comprendre comment le sentiment religieux a pu, sur le domaine de l'art, adopter deux voies aussi opposées (1).

Tandis que l'art, défectueux, il est vrai, et sans élévation, se prêtait dans l'Inde à matérialiser la poétique religion des Védas, si supérieure par sa pureté aux extravagances et aux bizarreries du brahmanisme, il élevait la religion des Grecs au plus haut degré de perfection dont elle fût susceptible. La nature et les formes d'une religion peuvent donc subir de graves modifications du chef de l'application de l'art à ses manifestations visibles. Mais de plus on peut se demander si, à mesure que le sentiment religieux s'élève, il n'arrive pas à se détacher de certains arts qui lui avaient longtemps fourni des satisfactions réelles, ou bien, et cela au fond revient au même, si tous les arts se prêtent au même degré

(1) En considérant les choses de haut, on peut distinguer ainsi le catholicisme et le protestantisme : le catholicisme est l'expansion de l'idée chrétienne, le protestantisme en est la concentration. Dans le premier, l'idée chrétienne s'étend autant que possible sur tout, au risque de se volatiliser, de se perdre même, à force de s'étendre sur ce qu'elle devrait repousser. — Dans le second, l'idée chrétienne revient, pour ainsi dire, sur elle-même, cherche à ressaisir à sa source son énergie primitive, au risque d'aboutir à un puritanisme étroit, fermé à tout ce qui n'est pas lui-même. Si l'on veut bien se rendre compte de cette distinction qui rend hommage à la grandeur et à la légitimité relative de ces deux grands rameaux de la chrétienté, en même temps qu'elle indique d'avance leurs dangers et leurs défauts, on s'expliquera la plupart des différences qui les séparent, et on comprendra aussi comment la piété la plus sincère a pu se scandaliser d'un côté de ce qui la nourrissait et la fortifiait de l'autre.

à servir d'expression ou de symbole au sentiment religieux devenu plus délicat et plus pur.

Nous avons cité la danse parmi les arts. Elle en est un en effet. C'est la pénétration de la marche et du geste vulgaires par un certain idéal de mesure, de rythme, d'harmonie, voulant exprimer une pensée. La danse a été chez tous les peuples un art religieux. Encore aujourd'hui les populations dites sauvages n'en connaissent guère d'autre. Parmi nous la danse n'est plus un art qu'à l'opéra, dans le royaume de la féerie, et dans nos mœurs elle n'est plus qu'un divertissement goûté par la jeunesse. Rien ne serait plus contraire à nos idées à tous que d'essayer de lui refaire une part dans les cérémonies religieuses. Pourquoi ?

C'est que, de tous les arts, la danse est le moins indépendant de sa forme matérielle, qui est le corps humain lui-même et sa locomotion. Au lieu d'élever sa matière et de la transfigurer, il tend par un côté à la rabaisser. L'homme qui danse est pris difficilement au sérieux, parce qu'il se rapproche du pantin. Il semble abdiquer toute liberté pour se soumettre servilement à une mesure et à une cadence qui lui sont imposées (1). Louis XIV, qui était con-

(1) Voilà pourquoi de nos jours, même à l'opéra, le *danseur* est infiniment moins goûté que la *danseuse*, la femme ne perdant pas la grâce du mouvement comme l'homme, quand il est soumis à une règle asservissante. Oserons-nous profiter de l'occasion pour émettre en passant une protestation contre le mauvais goût qui a flanqué le palais élevé à l'art sous ses formes les plus variées, le grand Opéra de Paris, d'un groupe, fort remarquable au point de vue de la statuaire, j'en con-

naisseur en fait de dignité apparente, renonça à la coutume qui imposait au roi de France l'obligation de figurer dans les ballets. En un mot, la matière dans cet art cache trop l'idéal pour que le sentiment religieux purifié puisse y chercher son expression.

La danse n'est pas le seul art qui ait souffert de la même incohérence se révélant au bout d'un certain temps entre lui et le sentiment religieux. Un autre art, bien plus noble, apanage de toute civilisation et plus que jamais goûté parmi nous, l'art dramatique, donne lieu à une observation toute semblable. Il est d'origine religieuse, en Grèce comme dans l'Europe moderne. Chez nous, à ses débuts, il a été approuvé et encouragé par l'Église. Puis il s'en est détaché, séparé, à mesure qu'il s'est perfectionné, et l'Église a fini par le condamner. Si aujourd'hui la sévérité de celle-ci se relâche, il n'en est pas moins vrai que personne ne songerait à rendre à cet art dans le culte chrétien la part qu'on lui assignait autrefois. Sans doute, la liberté infiniment plus grande que déploie l'acteur dramatique comparé au danseur, l'effort d'intelligence et d'observation qu'il doit faire pour s'incarner dans son personnage, les ressources infinies dont il peut disposer pour éveiller toute la gamme des sentiments humains, tout cela fait que l'art dramatique s'élève incomparablement plus haut que celui de la danse. Pourtant, s'il s'agit de représenter les êtres qui

viens, mais qui a le défaut, colossal en cet endroit, de présenter sous la forme d'une bacchanale celui précisément de tous les arts qui a le plus besoin d'être anobli, idéalisé, pour être digne de figurer à côté des autres ?

sont l'objet de la vénération religieuse, un certain malaise s'empare à la fois de l'auteur et du spectateur. Nous souffrons bien le diable sur la scène, parce que nous n'y croyons guère ; nous n'y supporterions pas le Christ, parce que, même à défaut de foi, nous le vénérons, et si l'on voulait nous édifier, comme au moyen-âge, en promenant une belle fille sur un âne ou en l'habillant de manière qu'elle représentât la vierge Marie, croyants et incroyants, nous n'y verrions qu'une profanation. Là encore, l'idéal et la matière artistique ne peuvent plus se pénétrer (1), il y a conflit, c'est-à-dire qu'il y a disproportion entre le personnage qu'il s'agit de figurer, les sentiments que sa pensée éveille, les idées dont il forme le centre, et sa représentation visible. Le rôle est toujours trop haut, l'acteur toujours trop bas.

Ce doit être une raison de sentiment toute semblable, bien que moins généralement admise, qui a fait que le sentiment religieux s'est trouvé détourné de chercher dans les tableaux et les statues le genre de satisfaction qu'il demande au culte. Ce qui ne veut pas dire que le même homme, qui répugne à adorer devant les images, ne saura pas goûter, en les contemplant en artiste, des jouissances de l'ordre le plus élevé. Mais alors, c'est l'idéal du peintre ou du statuaire qu'il admire, le sien propre n'y est pas intéressé. S'il y a disproportion entre l'œuvre et son idée

(1) La représentation animée de la Passion qui se célèbre encore périodiquement dans le village d'Oberammergau, en Bavière, et qu'on dit bien *réussie*, prouve, par son exception même, combien ce genre de drame est devenu étranger à nos idées actuelles.

à lui, son sentiment religieux n'en est pas froissé. D'autre part, il faut comprendre que tous ne partagent pas cette répugnance, et si surtout l'adorateur est habitué à accepter passivement l'idéal religieux qui lui est imposé, il sera beaucoup moins sensible à cette disproportion que celui qui a travaillé à se faire cet idéal lui-même à lui-même.

En revanche, les arts tels que l'architecture, à cause de la simplicité de l'idée qu'elle exprime, la musique, le plus immatériel de tous les arts, la poésie et l'éloquence — cette dernière particulièrement appréciée au sein des religions monothéistes d'enseignement et de propagande — sont d'une application religieuse incontestée. Ils ont de plus l'avantage, comme l'a très judicieusement observé M. de Rémusat, de produire un effet *collectif* ou de grande masse, et le sentiment religieux se complaît tout spécialement dans les participations nombreuses.

En résumé, la religion et l'art sont deux sphères indépendantes, mais dont l'histoire nous montre le contact et la pénétration réciproque, et plus un art fait prédominer son côté idéal sur la matière qu'il emploie pour se manifester, plus il vise l'effet collectif, plus aussi son alliance avec la religion est admise et goûtée par le sentiment religieux.

XI

LA CIVILISATION

La civilisation est la résultante de tout ce que l'homme fait pour vivre de la vraie vie humaine, supérieure à la vie purement instinctive et animale, en un mot, de la vie de l'esprit.

Là encore, nous nous trouvons en face d'une difficulté de définition. La civilisation n'est pas une de ces catégories bien tranchées qui se distinguent nettement de tout ce qui n'est pas elles. Il n'y a de bien évident que les deux extrémités de la chaîne. Quand on nous parle de peuplades qui ignorent le vêtement, la culture de la terre, l'industrie même élémentaire, qui vivent uniquement des fruits de la forêt, des racines, des hasards de la chasse et de la pêche, où la loi du plus fort règne seule, nous disons sans hésiter que ce sont des sauvages. — Si, au contraire, il s'agit d'un peuple sédentaire, industrieux, organisé de manière que les faibles soient protégés contre les violents, construisant des édifices, cultivant les arts et les sciences, nous reconnaissons avec la même certitude qu'il s'agit d'un peuple civilisé.

En fait, la civilisation, ainsi comprise, n'est encore que le partage de la minorité du genre humain, et les peuples absolument sauvages sont très rares. Mais appellerons-nous civilisés les peuples nègres parce qu'ils sont ordinairement sédentaires et agricoles, les Cafres et les Hottentots parce qu'ils possèdent de nombreux troupeaux, les Esquimaux parce qu'ils sont vêtus et qu'ils ont soin de s'approvisionner de poisson séché et d'huile de phoque ?

Ce serait ridicule ; pourtant, ils sont au-dessus de la sauvagerie absolue.

Nous serions assez tenté de dire que la civilisation commence à partir du moment où un peuple possède une histoire. Les peuples sauvages, en effet, n'ont pas d'histoire. Les années et les siècles se passent pour eux dans la monotonie d'une existence toujours la même, ne donnant prise tout au plus qu'à de vagues souvenirs mythiques. Les peuples civilisés ont une histoire, parce que leur vie, incomparablement plus riche, plus accidentée, passe par des crises et des révolutions qui constituent les points saillants de leur développement. Mais ce serait prendre un des signes de la civilisation pour la civilisation elle-même.

Ajoutons que, là même où elle se déploie avec le plus de puissance et d'éclat, la civilisation n'est jamais achevée. Elle marche vers la réalisation d'un idéal encore très éloigné. Cet idéal se compose de science, de moralité ou de justice et de beauté. Et, à mesure que l'on s'en rapproche, le principe de justice uni à celui d'humanité exige que la participation à la vie civilisée devienne de plus en plus générale. Si quelque chose milite en faveur de notre civilisation moderne, quand on la compare à l'ancienne, c'est précisément ce caractère universaliste, égalitaire, dans le bon sens de ce mot, qui la distingue. Il ne nous suffit pas, comme aux anciens, que la vie supérieure de l'esprit soit le lot de quelques privilégiés, nous entendons que tous y participent de plus en plus, et nous voulons que le soleil de l'esprit luise, comme celui de la nature, pour tout le monde.

Il en résulte que nous reconnaissons les commencements de la civilisation là où nous découvrons des institutions ayant pour fin la culture de l'esprit. Dès lors, le sauvageon doit être considéré comme greffé. Il dépendra maintenant de bien des circonstances de savoir s'il portera promptement du fruit, du bon fruit, et beaucoup. Mais, depuis ce moment, on peut dire que la civilisation est entrée dans son *devenir*. La culture de l'esprit est donc l'indice de la civilisation qui se fait, qui avance.

Mais cette culture, à son tour, suppose des conditions qui ne sont pas encore la civilisation, mais qui sont indispensables à sa croissance, et ces conditions se ramènent à deux fondamentales, la sécurité personnelle et la division du travail.

Si nous nous reportons au mode d'existence des tribus complètement dénuées de civilisation, nous voyons que l'une et l'autre de ces deux conditions est réduite à zéro. Le sauvage vit dans une perpétuelle appréhension des causes de destruction qui le menacent et doit faire lui-même ses armes, sa hutte, son canot, ses outils. L'association ne fait pas converger les efforts individuels vers une fin d'intérêt collectif. C'est seulement en vue de quelques expéditions de guerre ou de chasse que le sauvage se donne des chefs. Le progrès primordial est donc celui d'une organisation militaire et judiciaire, qui protégera les individus associés dans le clan ou la horde primitive et qui les délivrera de cet état permanent de défiance et de crainte. Alors ils pourront travailler avec quelque sécurité. Le travail, à son tour, engendrera sa propre division ; car la diversité des aptitudes et des forces ne tardera pas à révéler la supériorité des produits dus aux mains les plus exercées dans un genre d'ouvrage déterminé. Le travail divisé entraîne l'échange, par conséquent le commerce ; celui-ci mène à l'adoption d'un signe représentatif des valeurs. Enfin, la sécurité individuelle s'accroît par le sentiment des ressources, supérieures aux besoins, que le travail accumulé procure. On ne craint plus ni de mourir de faim ni d'être dévoré par les fauves ou bien écrasé brutalement par plus fort que soi.

C'est alors que des besoins nouveaux, supérieurs, auxquels nul ne songeait auparavant, se révèlent. L'homme a désormais de la confiance, du loisir et du goût pour exercer son intelligence et savourer des jouissances qu'il ne connaissait pas auparavant. Les arts utiles, ceux qui augmentent sa puissance, ses gains, sa sécurité, la lecture, l'écriture, le calcul, deviennent aussi le charme de son existence et le poussent dans la direction où, devenus à leur tour de simples moyens de progrès, ils rendent possibles la science, la politique et l'art. Par là les conditions de la sécurité première vont encore en s'améliorant. On s'avise de construire des routes, de parcourir des mers, de transporter jusqu'aux régions lointaines les productions du sol pour en rapporter celles que le sol ne produit pas. L'intercourse s'établit entre toutes les branches de la famille humaine. Les rapports de peuples à peuples deviennent de merveilleux agents de progrès. L'édifice de la civilisation s'élève. Notons ces deux points essentiels : c'est la solidarité établie entre les membres d'un même groupe humain, puis entre les divers groupes ; c'est, en second lieu, le travail incessant, productif, multipliant indéfiniment ses œuvres, qui forment la base nécessaire, permanente de cet édifice. Mais il a pour couronnement suprême le triomphe de la justice, de la vérité, de la beauté sur la terre. La civilisation simplement matérielle ne sort pas de la catégorie du pur moyen.

De ces considérations très générales, mais qui se recommandent selon nous par leur exactitude, résultent les notions qu'il faut maintenir sur les rapports de la religion et de la civilisation. C'est un sujet à propos duquel, de nos jours, on ne se fait pas faute d'exagérations en sens divers, les uns voulant que la civilisation soit exclusivement le fruit de la religion, les autres tout près de regarder celle-ci comme sa pire ennemie.

L'histoire ne confirme ni l'une ni l'autre de ces prétentions absolues.

Nous aurons peut-être lieu de voir, dans une des premières parties de notre cours, que la seule chose qui explique le départ si étrange des populations du globe en nations civilisées ou aptes à le devenir et en nations incapables d'arriver d'elles-mêmes ou par le contact avec d'autres à la civilisation, c'est une différence primordiale dans l'intuition religieuse du monde. Ce qui est certain, c'est qu'il n'est pas une civilisation dont le berceau ne soit religieux. Encore aujourd'hui nous ne savons définir la civilisation à laquelle nous appartenons nous-mêmes que par le nom de civilisation chrétienne. Il y a une communauté d'atmosphère morale que nous respirons tous, quellesque soient nos vues individuelles, qui s'impose aux non-croyants comme aux croyants et dont la réalité ne se reconnaît jamais mieux que lorsqu'on est transporté dans les régions relevant d'une autre tradition. Cette atmosphère, quoiqu'on en ait pu dire, est d'origine chrétienne.

De plus, s'il est vrai que la civilisation procède de la solidarité qui s'établit parmi les hommes et qui succède au farouche isolement de la vie sauvage, il doit être aussi vrai que tout ce qui tend à les arracher à cet isolement, à les rapprocher, à les faire vivre d'une vie commune, doit être aussi favorable au mouvement civilisateur. A ce titre la religion, moyen puissant de rapprochement et de réunion des hommes, les y sollicitant même en vertu de cette tendance à rechercher les échos sympathiques et les émotions concordantes que nous avons observés dans le sentiment religieux, a dû être et, en fait, a été un grand agent de civilisation.

Si, de plus, la civilisation vise une fin supérieure à

celle qui consisterait uniquement à développer le bien-être matériel, si elle aspire à réaliser la pleine vie de l'esprit, la religion a été, elle est toujours le véhicule qui emporte l'homme loin du terre à terre de la vie simplement animale et qui lui permet de découvrir des horizons d'une beauté suprême dont il rapporte une impression profonde, élevant ses pensées, purifiant ses goûts, le préparant à cette vie de l'esprit dont elle-même fait partie et qui est la fin réelle de la civilisation.

Enfin le travail, qui est le générateur proprement dit de la civilisation, est un fait moral, puisqu'il suppose l'effort, la prévoyance, la domination de soi-même. Le sauvage est toujours extrêmement paresseux. La religion, qui trempe le ressort moral, agit donc aussi de ce côté comme élément civilisateur.

C'est à l'histoire particulière de chaque religion de faire ressortir comment elle a pu favoriser ou entraver l'essor de la civilisation par les principes qu'elle a propagés et les applications spéciales qu'elle en a faites à la vie sociale.

Mais nous disons : favoriser ou entraver, parce qu'en fait l'influence religieuse n'a pas toujours porté des fruits heureux. Par exemple, au lieu de rapprocher, d'unir les hommes dans le sentiment de leur solidarité, elle a pu mainte fois les séparer en camps profondément hostiles et semer des haines fanatiques. Les persécutions religieuses, les guerres religieuses, les supplices religieux, ces horribles choses qui feraient croire à Satan, s'il était possible d'y croire, sont dans nos mémoires à tous, et il est inutile d'insister.

La religion a nui à la civilisation toutes les fois qu'elle a nourri un esprit de routine superstitieuse qui se mettait lourdement en travers de tous les progrès de la science, de toutes les réformes sociales, de toutes les libertés réclamées par l'esprit humain.

Elle a été son ennemie, soit qu'elle ait sanctionné, comme trop souvent dans l'antiquité, le débordement des plus honteuses passions ; soit que, s'inspirant d'un ascétisme absurde, elle ait détourné l'homme du mariage, de la famille, du travail.

En d'autres termes la religion n'est civilisatrice que si elle est en harmonie avec les conditions de la civilisation. C'est assez dire qu'elle doit puiser en elle-même la capacité de se transformer pour ne pas entrer en conflit avec les besoins et les idées que chaque nouvelle période de l'histoire humaine voit éclore. Telle institution, telle forme religieuse qui, à son aurore, fut éminemment civilisatrice, ressemble plus tard aux lisières qui nous aidèrent à faire nos premiers pas, et qui nous entraveraient singulièrement aujourd'hui, si nous devions les porter encore. Ce sera donc un intéressant chapitre des études que nous consacrerons à l'histoire des religions que la recherche des conséquences sociales que chacune d'elles a dû produire, et nous voyons d'après quels principes il nous sera permis de porter un jugement motivé.

XII

LA SCIENCE

Tout ce qui précède nous autorise à abréger ce que nous avons à dire au nom de l'histoire sur les rapports de la religion avec cette autre reine de l'esprit humain, la *science*, c'est-à-dire la connaissance méthodique, expérimentale et constamment vérifiée des faits de tout genre que le monde peut offrir à nos observations.

La religion, sous toutes ses formes, propose à l'homme une synthèse entre lui et le non-moi en l'unissant aux esprits ou à l'esprit souverain qui domine l'ensemble des êtres. L'homme aime la conscience de cette union et par conséquent se plaît à la nourrir, à l'aviver par tous les moyens à sa disposition. Mais la forme sous laquelle il se la représente, les conditions qu'il croit nécessaires à sa réalité dépendent des notions qu'il se fait de ce monde où il a senti la présence active de la divinité. La religion revêt donc à l'origine des formes suggérées par une connaissance très imparfaite des choses.

Longtemps ces formes, devenues traditionnelles, ne font qu'un avec la religion, et il semble aisément qu'elle soit indissolublement liée aux idées enfantines au sein desquelles elle a pris naissance.

La science ne peut donc faire autrement, en vertu même de ses progrès, que d'ébranler au bout d'un temps donné les traditions religieuses pour autant que celles-ci impliquent les idées fausses qu'on s'était faites auparavant du monde et de la manière dont il est constitué. Les changements qu'il faut dès lors imposer au cadre changent nécessairement le tableau. Mais alors surgit une autre illusion qui consiste à croire que la religion en soi périt avec sa forme traditionnelle. L'histoire démontre qu'en pareil cas elle ne manque jamais de se transformer, et qu'elle ne meurt pas.

Du reste ce serait une erreur de penser qu'il y a toujours et nécessairement conflit entre la religion et la science. Elles comptent au contraire des périodes d'union et d'appui réciproque. C'est le plus souvent au sein des sacerdoces primitifs que se dessinent les premiers linéaments de ce qu'on peut déjà appeler la science. C'est encore bien confus et très élémentaire, mais cette science embryonnaire est d'autant plus précieuse qu'il n'y a que celle-là. Il faut se dire aussi qu'en réalité l'esprit scientifique, avec l'ardeur et l'entière indépendance que nous lui connaissons, est chose toute moderne. Même pendant toute cette grande période de civilisation qui commence à Périclès pour finir avec l'empire romain, malgré les travaux d'hommes tels qu'Aristote,

Archimède, Hippocrate, Gallien, Pline, quelques astronomes et géographes, la science resta extrêmement timide et ne parvint pas à changer d'une façon notable les idées qu'on se faisait du monde. Chez ceux mêmes qui étaient détachés du polythéisme vulgaire, le principe païen, la tendance à personnifier l'inanimé exerçait encore une grande influence, et rien n'est plus contraire au progrès scientifique. Par exemple, des hommes très sérieux pouvaient expliquer le phénomène des marées par la respiration de la mer qui soulevait et abaissait alternativement son vaste sein. Les étoiles passaient très souvent aux yeux des anciens les plus instruits pour des êtres animés et conscients. Le pli d'esprit mythologique persistait donc chez ceux qui avaient répudié la mythologie elle-même.

Le monothéisme juif, qui affranchissait l'esprit de cette espèce de prépossession polythéiste, qui résumait toute existence et toute puissance divines dans un seul Dieu supérieur au monde, aurait dû, semble-t-il, favoriser davantage l'éveil de l'esprit scientifique. Mais il avait aussi ses inconvénients. Très étranger lui-même à la science expérimentale et méthodique, il cherchait dans la puissance divine la cause immédiate de tous les phénomènes. Si le tonnerre grondait, si le soleil suivait son cours, si les saisons se succédaient, c'est que Dieu le voulait ainsi, et cela devait tenir lieu de toute autre explication.

L'idée a été émise que c'était le christianisme qui, en absorbant les esprits et en les cantonnant dans le domaine exclusif des discussions religieuses, avait arrêté net les sciences qui commençaient enfin à prendre leur essor. Ce n'est pas exact. Le christianisme ne devint absorbant qu'à partir de la fin du troisième siècle. C'est alors seulement qu'il entama puissamment les hautes classes sociales, les seules où il pût être question d'un développement scientifique. Pendant toute la période antérieure, si l'ancien monde en eût été vraiment capable, ce développement se fût opéré, et il n'eut pas lieu. Depuis lors, en effet, les controverses théologiques détournèrent toutes les attentions, les barbares survinrent, la nuit fut épaisse et longue.

Je l'ai dit et je le répète, je suis convaincu, malgré l'apparence paradoxale de cette assertion, que c'est l'intolérance orthodoxe de l'Église au moyen-âge qui a imprimé à la société chrétienne cette disposition à chercher à tout prix le vrai, dont l'esprit scientique moderne n'est que l'application. Plus l'Église attachait d'importance à la profession de la vérité, au point même de considérer l'erreur involontaire comme un crime damnable au premier chef, plus se forma dans la persuasion générale le sentiment de la valeur immense de cette vérité, et par conséquent la disposition à la conquérir là où l'on s'apercevait qu'on ne la possédait pas. Comment expliquer autrement que la grande science ne se soit développée, n'ait été poursuivie avec constance qu'au sein des sociétés chrétiennes? Ce remarquable phénomène ne dénote-t-il pas l'influence, au moins indirecte, de l'éducation antérieure? Le fait est que c'est seulement en vertu de cette passion maîtresse que des hommes très religieux, tels que Bacon, Copernic, Galilée, Kepler, Pascal, Newton, Linnée ont pu jeter les bases de l'édifice que nous admirons aujourd'hui.

Nous n'avons pas à nous étendre sur la regrettable histoire du conflit que chacun connait. L'Église, qui avait d'abord souri aux premiers efforts de la science moderne, prend peur pour sa tradition inféodée à une notion du monde que cette science modifie tous les jours. Comme le Wagner du poète allemand, elle s'effraie de ne pouvoir faire rentrer dans sa prison le génie qu'elle a déchaîné. Ou bien elle prétend le diriger elle-même, lui dicter ce qu'il a à dire, lui imposer silence. Vains efforts ! La science est victorieuse de la tradition. Dieu n'a pas créé le monde en six jours ; Josué n'a pas arrêté le soleil ; celui-ci, pas plus que la lune et les étoiles, n'a été attaché au firmament par la main créatrice pour éclairer la terre ; Jonas n'a pu vivre dans son grand poisson, et le pape Alexandre VI, d'ingénieuse et sombre mémoire, aurait mieux fait de ne pas partager la terre entre les Espagnols et les Portugais, en donnant à ceux-ci tout l'est, à ceux-là tout l'ouest... Mais à quoi bon multiplier ces exemples ? Nous sommes encore pleinement engagés dans ce conflit de la science et de la tradition religieuse. Mais ce qu'il importe de bien se dire, c'est que ni la religion ni la science n'en mourront et que, ne pouvant se passer ni de l'une ni de l'autre, l'esprit philosophique doit aviser aux moyens de comprendre et d'approuver leur coexistence.

La science a certainement droit à toute l'autonomie possible. Ses admirables conquêtes justifient à cet égard toutes ses prétentions, et nous pouvons considérer comme gagnée la cause de sa pleine et entière liberté.

D'autre part, une certaine modestie lui sied. Ses progrès, quelque considérables qu'ils soient, n'empêchent pas qu'elle vient se heurter de toutes parts à l'inconnu. De plus, elle doit se garder de se décerner à elle-même une apothéose que, plus d'une fois déjà, le cours du temps a démenti. Que seront nos sciences contemporaines aux yeux de nos successeurs de l'an 2000? Si le mouvement scientifique, ainsi que nous l'espérons bien, se perpétue, elles seront pour eux, ce que sont pour nous les sciences du dix-septième siècle, si peu développées encore malgré de réels et importants progrès. Il s'en faut, d'ailleurs, que les résultats de la science aient été purement négatifs pour l'âme religieuse. Est-ce que notre ciel, où gravite une poussière de mondes, est-ce que les incalculables périodes pendant lesquelles se préparait ce qui existe, est-ce que toutes ces imposantes majestés des temps et des espaces qu'elle nous a révélées n'ont pas fourni au sentiment religieux des aliments qu'il ne pouvait connaître autrefois ? Celui qui ne cesse pas de sentir le souffle de Dieu à travers l'immensité de l'univers a le droit de se rassurer devant toutes les découvertes encore à faire, en se disant, fort de l'expérience des siècles, que toutes les fois que l'homme est parvenu à saisir la vérité dans le monde, il l'a régulièrement trouvée cent fois plus belle que tout ce qu'il avait rêvé.

Mais surtout il est bon de comprendre qu'en définitive et à la condition d'être bien comprises, la religion en soi et la science indépendante ne devraient jamais être hostiles, parce qu'en fait elles ne répondent pas aux mêmes besoins et ne sauraient se substituer l'une à l'autre. Si la science provient du besoin intellectuel de connaître le réel et le vrai en toutes choses, la religion vient au devant d'aspirations d'un autre genre qui ne sont pas moins naturelles, moins inhérentes à l'esprit humain. La science procède méthodiquement, n'usant de l'hypothèse que par provision, toujours soumise à l'expérience. Elle est, par essence, analytique, et c'est pour cela qu'elle ne saurait aboutir à la synthèse universelle que pourtant l'esprit réclame aussi. Non, quand même il n'y aurait plus rien de caché pour elle dans les faits dont elle s'occupe, quand même elle pourrait passer, sans un moment d'incertitude, de la formation des nébuleuses à celle des derniers infusoires, ce ne serait jamais qu'une somme, après tout, qu'elle aurait obtenue, et l'univers est plus qu'une somme, c'est l'infini. Comment donc la science ferait-elle pour dégager expérimentalement l'unité reliant la totalité des êtres ? Comment déterminerait-elle le cours tout entier d'un fleuve dont la source et l'embouchure lui échappent également ? La science, souveraine maîtresse dans le domaine du fini, ne peut le dépasser sans se contredire. Il arrive quelquefois à ses représentants les mieux qualifiés, dominés qu'ils sont par leurs habitudes de pensée exclusivement analytique, de s'imaginer qu'ils ont fait la synthèse uniquement parce qu'ils ont soigneusement énuméré tous les faits petits et grands dont la série constitue un objet d'études. Vous avez, je suppose, démontré qu'il n'y a dans le corps vivant que des lois mécaniques, physiques et chimiques en action, et qu'on rêvait autrefois quand on parlait de force vitale ou d'esprits animaux ; vous avez étiqueté toutes les cases et toutes les circonvolutions du cerveau humain et déterminé avec précision le rôle de chacune d'elles dans les opérations mentales. C'est à merveille ; mais pensez-vous que par là vous ayez donné l'ombre d'une explication de la vie et de la pensée ? Et la convergence, et la cause directrice, et la source d'harmonie, de coordination permanente, où est-elle? Elle y est pourtant, et elle vous échappe. Ce serait bien autre chose s'il s'agissait de la synthèse de l'univers !

C'est alors que la religion, non pas dans une seulement de ses formes traditionnelles, mais dans sa prétention fondamentale et persistante, reçoit son tour de parole. « Ce que vous ne pouvez faire, » dit-elle, « je le fais ; ce que vous n'osez prononcer, je le proclame ; le vide immense que laisseront toujours vos plus belles recherches, je le remplis. Je suis l'aspiration indestructible du cœur humain. Je suis la voix des profondeurs de l'âme. Je suis le lien qui unit la poussière humaine à la pensée absolue, et dans cet abîme insondable au bord duquel, en vertu même de vos procédés, vous arrivez fatalement, je pressens la réalité souveraine, celle qui vraiment est, je perçois dans le gouffre sans fond une voix qui m'appelle, je discerne une lumière qui m'attire. Oh ! je me trompe peut-être bien dans les idées que je m'en fais. Il se peut fort bien que je ne possède que des à-peu-près, des symboles, des reflets. Qu'importe ! Êtes-vous bien sûrs, hommes de science, de connaître exactement la nature du soleil, et cela vous empêche-t-il de vous éclairer à sa lumière, de vivre de sa chaleur? De même, j'ose affirmer la réalité de mon objet, indépendamment des idées que je tâche de m'en faire, et cela me suffit. Continuez vos utiles, vos admirables travaux. Vous adorez l'Éternel en cherchant sa face de vérité ; laissez-moi chercher en lui l'idéal complet dont le pressentiment m'enlève à la terre, dont la prévision me procure d'ineffables délices, et vivons en paix. »

C'est l'ardent effort de l'humanité pour répondre à cet appel mystérieux que nous tâcherons de raconter.

FIN.

TABLE DES MATIÈRES

Pages.

Avant-Propos I

PREMIÈRE PARTIE

I. — La Religion 1
II. — Définition de la Religion 34
III. — La Révélation primitive 49
IV. — La Tradition primitive 69
V. — Autres *a priori* de l'histoire religieuse 82
VI. — Le Développement religieux 92
VII. — Classement des religions 126

SECONDE PARTIE

I. — Le Mythe 144
II. — Le Symbole et le Rite 163
III. — Le Sacrifice 178
IV. — Le Sacerdoce 194
V. — Le Prophétisme 209
VI. — L'Autorité religieuse 230
VII. — La Théologie 244
VIII. — La Philosophie 260
IX. — La Morale 275
X. — L'Art 290
XI. — La Civilisation 303
XII. — La Science 311

www.ingramcontent.com/pod-product-compliance
Ingram Content Group UK Ltd.
Pitfield, Milton Keynes, MK11 3LW, UK
UKHW010231240726
13926UKWH00013B/2172

9 782013 614115